AF791812

UTB 3091

Eine Arbeitsgemeinschaft der Verlage

Böhlau Verlag · Köln · Weimar · Wien
Verlag Barbara Budrich · Opladen · Farmington Hills
facultas.wuv · Wien
Wilhelm Fink · München
A. Francke Verlag · Tübingen und Basel
Haupt Verlag · Bern · Stuttgart · Wien
Julius Klinkhardt Verlagsbuchhandlung · Bad Heilbrunn
Lucius & Lucius Verlagsgesellschaft · Stuttgart
Mohr Siebeck · Tübingen
C. F. Müller Verlag · Heidelberg
Orell Füssli Verlag · Zürich
Verlag Recht und Wirtschaft · Frankfurt am Main
Ernst Reinhardt Verlag · München · Basel
Ferdinand Schöningh · Paderborn · München · Wien · Zürich
Eugen Ulmer Verlag · Stuttgart
UVK Verlagsgesellschaft · Konstanz
Vandenhoeck & Ruprecht · Göttingen
vdf Hochschulverlag AG an der ETH Zürich

STUDIENBÜCHER ERZIEHUNGSWISSENSCHAFT BAND III

In dieser Reihe sind lieferbar:

Franzjörg Baumgart (Hrsg.): Erziehungs- und Bildungstheorien. Erläuterungen – Texte – Arbeitsaufgaben. Bad Heilbrunn, 3., durchgesehene Auflage 2007 (= Studienbücher Erziehungswissenschaft, Band I).

Franzjörg Baumgart (Hrsg.): Entwicklungs- und Lerntheorien. Erläuterungen – Texte – Arbeitsaufgaben. Bad Heilbrunn, Nachdruck der 2., durchgesehenen Auflage 2007 (= Studienbücher Erziehungswissenschaft, Band II).

Franzjörg Baumgart (Hrsg.): Theorien der Sozialisation. Erläuterungen – Texte – Arbeitsaufgaben. Bad Heilbrunn, 4., durchgesehene Auflage 2008 (= Studienbücher Erziehungswissenschaft, Band III).

Franzjörg Baumgart und Ute Lange (Hrsg.): Theorien der Schule. Erläuterungen – Texte – Arbeitsaufgaben. Bad Heilbrunn, 2., durchgesehene Auflage 2006 (= Studienbücher Erziehungswissenschaft, Band IV).

Franzjörg Baumgart, Ute Lange und Lothar Wigger (Hrsg.): Theorien des Unterrichts. Erläuterungen – Texte – Arbeitsaufgaben. Bad Heilbrunn 2005 (= Studienbücher Erziehungswissenschaft, Band V).

THEORIEN DER SOZIALISATION

Erläuterungen – Texte – Arbeitsaufgaben

herausgegeben von
Franzjörg Baumgart

4., durchgesehene Auflage

VERLAG
JULIUS KLINKHARDT
BAD HEILBRUNN • 2008

Franzjörg Baumgart, geboren 1943, lehrt als apl. Professor am Institut für Pädagogik der Ruhr-Universität Bochum.

Die Deutsche Bibliothek – CIP-Einheitsaufnahme
Die Deutsche Nationalbibliothek verzeichnet diese Publikation in der Deutschen Nationalbibliografie; detaillierte bibliografische Daten sind im Internet über
http://dnb.d-nb.de abrufbar.
ISBN 978-3-7815-1606-9 (Klinkhardt)
ISBN 978-3-8252-3091-3 (UTB)

Abbildung auf Umschlagseite 1: Dirk Hupe, Essen.
Einbandgestaltung: Atelier Reichert, Stuttgart.
Druck und Bindung: Friedrich Pustet, Regensburg.

Printed in Germany 2008.
Gedruckt auf chlorfrei gebleichtem alterungsbeständigem Papier.

UTB-Bestellnummer: 978-3-8252-3091-3

Inhalt

Anhang

Vorwort

Dieses Studienbuch ist am Institut für Pädagogik der Ruhr-Universität Bochum entstanden. Es ist das Ergebnis eines Versuchs, in der Studieneingangsphase neue hochschuldidaktische Wege zu gehen, um so Studierenden den Übergang von der Schule zur Hochschule, von den Formen schulischen zu denen universitären Lernens zu erleichtern. Adressaten dieses neuartigen Lehrangebots sind Studierende im Lehramtsstudium, aber auch Studierende der anderen erziehungswissenschaftlichen Ausbildungsgänge. Mit insgesamt fünf Studienbüchern zu zentralen Themenbereichen soll ihnen ein systematischer Zugang zu Grundproblemen der Erziehungswissenschaft eröffnet werden. Das vorliegende Arbeitsbuch gehört zu diesen fünf Einführungen und erschließt die für die Entwicklung der Erziehungswissenschaft relevanten Theorien der Sozialisation.

Das Konzept dieser Einführungen ist durch zwei zentrale Annahmen geprägt: Für ein wissenschaftliches Studium ist die Grundlagenreflexion, die Kenntnis und Auseinandersetzung mit grundlegenden Theorien der Disziplin und die »Anstrengung des Begriffs« unverzichtbar. Dies ist die erste Prämisse, die für das Studium der Erziehungswissenschaft genauso wie für jedes andere Fach gilt. Damit wird zugleich ein verkürztes Verständnis von Praxisorientierung als Leitperspektive universitärer Lehre zurückgewiesen. Die zweite Annahme betrifft die Form, in der dieses Grundlagenwissen vermittelt werden soll: Im Gegensatz zu den noch immer vorherrschenden Formen universitärer Lehre geht das vorliegende Studienbuch davon aus, daß Studienanfängerinnen und -anfänger explizite methodische Erläuterungen und Hilfestellungen brauchen, um sich erfolgreich und mit Gewinn für ihr weiteres Studium in einen anspruchsvollen grundlagentheoretischen Diskurs einarbeiten zu können. Insofern weisen das Bochumer Studienreformmodell und die daraus entstandenen Einführungen deutliche Momente einer »Verschulung« der universitären Lehre auf, einer Verschulung, die allerdings nicht im Widerspruch zu Formen eines selbstverantwortlichen wissenschaftlichen Studiums steht, sondern dessen Voraussetzungen verbessern soll.

Das vorliegende Studienbuch zum Thema »Theorien der Sozialisation« kann wie die ergänzenden Einführungen ›Erziehungs- und Bildungstheorien‹, ›Lern- und Entwicklungstheorien‹, ›Theorien der Schule‹ sowie ›Theorien des Unterrichts‹ auf doppelte Weise genutzt werden. Es kann zum einen, wie dies bereits an der Ruhr-Universität Bochum der Fall ist, als gemeinsame Arbeitsgrundlage in entsprechenden erziehungswissenschaftlichen Seminaren des Grundstudiums eingesetzt werden. Die Studienbücher sind aber zum anderen so konzipiert, daß sie auch ohne ergänzende Lehrveranstaltung zur selbständigen Erarbeitung des jeweiligen Themenbereichs etwa im Blick auf eine pädagogische Zwischenprüfung dienen können.

Ohne die Zusammenarbeit mit den Kolleginnen und Kollegen des Instituts für Pädagogik, ihre Bereitschaft, an der Entwicklung und Erprobung dieser Studienbücher mitzuwirken, wären sie in der vorliegenden Form nicht entstanden. Besonders wichtig waren mir dabei die Anregungen und die Unterstützung meiner Kolleginnen Käte Meyer-Drawe und Ute Lange. Kirsten Bubenzer war als langjährige studentische Hilfskraft bei der Auswahl und Zusammenstellung der Materialien eine unverzichtbare Hilfe.

Zu danken habe ich schließlich dem Rektorat der Ruhr-Universität Bochum, der Fakultät für Philosophie, Pädagogik und Publizistik sowie dem Ministerium für Wissenschaft und Forschung NRW, die die Arbeit an diesem Studienreformprojekt finanziell unterstützt haben.

Bochum, im Frühjahr 1997 Franzjörg Baumgart

Kapitel I

Ziele, Aufbau und Inhalt des Studienbuchs

Einführung

Vorbemerkungen

1. Sozialisationstheoretisches Wissen und pädagogische Ausbildung

Es ist ein weiter Weg, den das neugeborene Kind zurücklegen muß, bis es zu dem wird, was wir in unserer Gesellschaft als erwachsene, »reife« Persönlichkeit zu bezeichnen pflegen. Während es bei seiner Geburt nur über einige wenige Reflexe und angeborene Verhaltensschemata verfügt und sich in vollständiger Abhängigkeit von seinen unmittelbaren Bezugspersonen befindet, hat sich dies zwei Jahrzehnte später grundlegend geändert. Ein mehr oder weniger breites Repertoire von Wissen über seine natürliche, soziale und kulturelle Umwelt steht dem erwachsenen Mitglied der Gesellschaft nun zur Verfügung, normative Einstellungen und Verhaltensmuster steuern sein Verhalten, und auch die Empfindungen und Ausdrucksformen seines Körpers spiegeln den vorangegangenen Lern- bzw. Sozialisationsprozeß wider.

Dieses Ergebnis läßt sich keineswegs allein oder auch nur vorrangig auf die bewußte Erziehung zurückführen, der die Heranwachsenden in der Familie oder auch in der Schule ausgesetzt sind. Es verdankt sich zum guten Teil einem spontanen und aktiven Lernen, das bewußt oder unbewußt stattfindet, wenn Menschen sich in ihrer Umwelt bewegen, mit ihr »interagieren«. Was und wie sie dabei lernen, hängt von dieser Umwelt und der Art der tätigen Auseinandersetzung mit ihr ab. Die Gesamtheit dieser Lernprozesse läßt sich als Sozialisation, die bewußte, geplante, intentionale Erziehung dagegen als deren Teilmenge bezeichnen. Sozialisation in diesem umfassenden Sinne läßt sich mit Geulen als die »Entstehung und Bildung der Persönlichkeit aufgrund ihrer Interaktion mit einer spezifischen materiellen, kulturellen und sozialen Umwelt« (Hurrelmann/Ulich 1991, S. 23) definieren.

Alle modernen Gesellschaften haben im Verlauf ihrer Entstehung Institutionen entwickelt, die sich auf die Erziehung und Sozialisation der Heranwachsenden spezialisiert haben und die traditionellen Formen der Sozialisation ergänzen. Die öffentlichen Pflichtschulen für alle Kinder und Jugendlichen sind das herausragende Beispiel dieses Institutionalisierungsprozesses. Flankiert und erweitert werden sie durch eine wachsende Zahl privater und öffentlicher pädagogischer Einrichtungen vom Kindergarten über Musikschulen bis hin zu den Organisationen der Weiterbildung und Sozialpädagogik. In ihrer Gesamtheit übernehmen diese spezialisierten Institutionen in zunehmendem Maße diejenigen Aufgaben, die in den vormodernen Gesellschaften weitgehend von der Familie und ihrem sozialen Umfeld geleistet wurden, nämlich die Vermittlung des für wichtig gehaltenen technischen und kulturellen Wissens und der für den Erhalt der Gesellschaft überlebensnotwendigen Kompetenzen an die Heranwachsenden.

Zu den Kennzeichen moderner Institutionen gehört ein für die jeweiligen Aufgaben ausgebildetes Personal, das über einen gemeinsamen Korpus von professionellem Wissen und Fachkompetenzen verfügen muß. Dies gilt auch für die Vielzahl pädagogischer Institutionen und Professionen. Die Tätigkeitsprofile pädagogischer Berufe und damit die Anforderungen an die Ausbildung zu diesen Berufen weisen eine große Spannbreite auf. Es liegt auf der Hand, daß sich das professionelle Wissen einer Gymnasiallehrerin von dem eines Sozialpädagogen, der mit Jugendlichen in einem sozialen Brennpunkt arbeitet, unterscheiden muß. Und doch sollten beide über ein gemeinsames Grundwissen verfügen, das es ihnen erlaubt, die gesellschaftlichen Voraussetzungen, Möglichkeiten und Grenzen ihrer jeweiligen Tätigkeit angemessen zu reflektieren.

Zu diesem notwendigen Grundwissen gehören ohne Zweifel zentrale Ergebnisse der Sozialisationsforschung und ein problembewußtes Verständnis konkurrierender Sozialisationstheorien. Daß der oben erwähnte Sozialarbeiter nicht nur über ein Repertoire von unterschiedlichen Handlungsstrategien im Umgang mit sozial auffälligen Jugendlichen, sondern zugleich über sozialisationstheoretische Kenntnisse verfügen sollte, ist evident. Aber gleiches gilt auch für die Gymnasiallehrerin, für deren Berufsalltag die Aufgaben der Wissensvermittlung, der Planung und Durchführung von Unterricht, der Leistungsförderung und -beurteilung im Vordergrund stehen. Bei näherer Hinsicht ist auch diese konkrete Tätigkeit des Lehrens und Beurteilens eingebettet in und abhängig von einem viel breiteren gesellschaftlichen Kontext. Welche Inhalte in der Schule unterrichtet, welche Methoden verwendet werden, welche Lernvoraussetzungen Schülerinnen und Schüler in den Unterricht mitbringen, welche Effekte die Erfolge und Mißerfolge des Lernens für die Schüler haben, dies alles erschließt sich nicht aus einer auf den Unterricht im engeren Sinne, auf die Schüler-Lehrer-Interaktion verengten Perspektive. Das professionelle Wissen des Lehrers, der Lehrerin muß sich deshalb der gesellschaftlichen Voraussetzungen und Funktionen von Schule und Unterricht bewußt sein, darf sich nicht auf ein unmittelbar handlungsbezogenes Anwendungswissen beschränken, will es sich nicht einer unreflektierten pädagogischen Praxis und ihren Notwendigkeiten blind ausliefern.

Wenn also sozialisationstheoretisches Grundwissen für alle pädagogischen Professionen unverzichtbar ist, so muß dies auch in den Ausbildungsgängen zum Ausdruck kommen. Dies ist auch zumeist der Fall. Sowohl im erziehungswissenschaftlichen Studium angehender Lehrer und Lehrerinnen als auch in den meisten Diplomstudienordnungen für das Fach Pädagogik gehören Sozialisationsforschung bzw. Sozialisationstheorien zu den obligatorischen Studienelementen.

Die Lehrerprüfungsordnung in NRW kann dafür als exemplarisch gelten. Für das erziehungswissenschaftliche Studium im Rahmen der Ausbildung für Lehrämter an Schulen bilden die »Gesellschaftlichen Voraussetzungen der Erziehung« einen von fünf obligatorischen Themenbereichen des Studiums. Kultur, sozialer Wandel und Sozialisationstheorien sind die Stichworte, die diesen Themenbereich profilieren. Den Studierenden sollen durch entsprechende Lehrangebote Erziehung und Sozialisation als Erscheinungsformen der Kultur und deren Abhängigkeit von den jeweiligen gesellschaftlichen Strukturen und ihrem historischen Wandel bewußt werden. Dazu ist die Auseinandersetzung mit Theorien erforderlich, die diese gesellschaftlichen Bedingungen von Erziehung und Sozialisation systematisch entfalten und auf den Begriff bringen. Das vorliegende Studien- und Arbeitsbuch versucht, diesen Vorgaben gerecht zu werden und Studierenden in pädagogischen Ausbildungsgängen ein sozialisationstheoretisches Grundwissen zu vermitteln.

Eine Einführung in die Sozialisationsforschung und die daraus entwickelten Sozialisationstheorien steht allerdings vor erheblichen methodischen Problemen. Der Blick auf den wissenschaftlichen Diskussionsstand kann nicht nur den Laien entmutigen. In den letzten Jahrzehnten hat sich die Sozialisationsforschung in eine Vielzahl von Spezialgebieten ausdifferenziert, deren Ergebnisse auch von den Fachleuten kaum noch zu überblicken sind. Das Handbuch für dieses interdisziplinäre, vor allem von Soziologen, Psychologen und Pädagogen bearbeitete Forschungsfeld umfaßt 750 Seiten mit einem über 100seitigen Literaturverzeichnis (Hurrelmann / Ulich 1991). Selbst eine am gegenwärtigen Forschungsstand orientierte Einführung in einzelne Dimensionen der Sozialisation, etwa hinsichtlich des Erwerbs kognitiver Fähigkeiten, der sprachlichen Sozialisation oder des Aufbaus von Wertorientierungen, käme angesichts der Ausdifferenzierung der Forschung und der Komplexitätssteigerung der Theoriebildung sehr bald an ihre Grenzen, müßte sich vermutlich den Vorwurf gefallen lassen, den aktuellen Forschungsstand nur unzureichend wiederzugeben. Ähnliches würde für eine an den zentralen Sozialisationsinstanzen, Familie oder Schule, orientierte Einführung in die Sozialisationstheorie gelten. Auch bei einem solchen Zugang ließe sich der komplexe aktuelle Forschungsstand im Rahmen einer Einführung nicht angemessen erarbeiten.

Das vorliegende Studienbuch verzichtet deshalb von vornherein auf den Anspruch, seine Leserinnen und Leser mit dem aktuellen Diskurs über Forschung und Theoriebildung zu einzelnen Dimensionen der Sozialisation oder über die Funktion ausgewählter Sozialisationsinstanzen vertraut machen zu wollen. Diese

Einführung beschränkt sich statt dessen darauf, einige »paradigmatische« Beschreibungen und Interpretationen des Phänomens »Sozialisation« vorzustellen. Es handelt sich dabei um »konkurrierende« Theorien zum Verhältnis von Gesellschaft und Sozialisation, die für die Entwicklung dieser wissenschaftlichen Teildisziplin eine herausragende Bedeutung gewonnen und die wissenschaftliche Diskussion bis in die Gegenwart hinein immer wieder beeinflußt haben. Dazu gehören die Position ÉMILE DURKHEIMS, eines französischen Soziologen, der am Beginn des Jahrhunderts den Begriff der Sozialisation in den wissenschaftlichen Diskurs eingeführt hat, die Überlegungen des Amerikaners GEORGE HERBERT MEAD über die Bedeutung der Sprache für die Sozialisation und die einflußreiche Theorie der Sozialisation als das Erlernen gesellschaftlich vorgegebener Rollen seines Landsmanns TALCOTT PARSONS. Darüber hinaus kommen auch neuere Theorieansätze zur Sprache: die gesellschaftskritische Theorie kommunikativen Handelns des deutschen Soziologen und Sozialphilosophen JÜRGEN HABERMAS und schließlich die provozierenden Thesen des französischen »Sozialphänomenologen« PIERRE BOURDIEU.

Aus dem bewußten Verzicht auf eine Darstellung aktueller Forschungsergebnisse und dem Versuch, statt dessen in allgemeine »klassische« Sozialisationstheorien einzuführen, ergibt sich eine weitere Klarstellung: Ein unmittelbar praxisrelevantes Wissen, »Rezepte«, Handlungsanweisungen für die pädagogische Praxis, lassen sich aus der Beschäftigung mit solchen Grundlagentheorien nicht oder nur in begrenztem Umfang gewinnen. Zwar enthalten alle in diesem Studienbuch vorgestellten Sozialisationstheorien zumindest implizite Annahmen über wünschenswerte Sozialisationsformen und -ergebnisse; sie beschreiben die Bedingungen, unter denen »gelingende« Sozialisation stattfinden kann und unter welchen sie verfehlt wird. So wird die Institution Schule in den meisten der nachfolgenden Theorien explizit in ihrer Bedeutung für die Sozialisation der Heranwachsenden behandelt. Aber diese Analysen und Reflexionen über Schule und schulische Sozialisation vermitteln wenig unmittelbar praktisches Wissen für eine eventuelle zukünftige Tätigkeit in der Schule. Der mögliche Gewinn dieses Studienbuchs für das professionelle Wissen und Selbstverständnis etwa zukünftiger Lehrerinnen und Lehrer liegt deshalb, wie bereits angedeutet worden ist, auf einer anderen Ebene. Es will durch die Beschäftigung mit profilierten Gesellschafts- und Sozialisationstheorien ein unreflektiertes Vorverständnis des zukünftigen Arbeitsfeldes Schule und der eigenen Rolle in Frage stellen. Verbreitete »Alltagstheorien« etwa zur Begabung der Schülerinnen und Schüler, zur Legitimierung von Unterrichtsinhalten und -methoden oder zum Leistungsprinzip sollen korrigiert werden, »Alltagstheorien«, die ohne solche Korrekturen unreflektiert die pädagogische Praxis beeinflussen können. In diesem – indirekten – Sinne kann die Beschäftigung mit hochabstrakten Theorien zugleich eine praktische Relevanz für eine spätere Berufstätigkeit in der Schule wie in anderen pädagogischen Praxisfeldern gewinnen.

Reflexion und Korrektur von Alltagswissen läßt sich als die eine wichtige Zielsetzung des Studienbuchs bezeichnen. Eine weitere kann als Beitrag zur Wissenschaftspropädeutik, als Einführung in wissenschaftliches Denken und in die Theoriebildung beschrieben werden: Dieses Studienbuch stellt unterschiedliche Sozialisationstheorien, partiell gegensätzliche Interpretationen der gesellschaftlichen Voraussetzungen und Folgen von Erziehung und Sozialisation, nicht etwa nur eine, die »richtige« Theorie vor. Auf diese Weise soll deutlich werden, daß Theorien immer nur Modelle von Wirklichkeit konstruieren, mehr oder weniger gute Modelle mit spezifischen Stärken und spezifischen Schwächen in ihrer jeweiligen Beschreibung und Interpretation sozialer Phänomene. Dabei soll sichtbar werden, daß jedem dieser Modelle fundamentale Annahmen über die »Natur« menschlichen Handelns und sozialen Zusammenlebens zugrunde liegen und daß alle Theorien zugleich praktische politische Implikationen für die Organisation von Erziehungs- und Sozialisationsprozessen enthalten. Ein solcher Theorievergleich könnte dazu führen, unhaltbare Ansprüche von Wissenschaft auf die Formulierung überzeitlicher Wahrheiten zu relativieren, ohne in das entgegengesetzte Extrem zu verfallen, nämlich die Beliebigkeit und Gleichwertigkeit wissenschaftlicher Aussagesysteme zu behaupten.

2. Hinweise zur Nutzung des Studienbuchs

Wie man der Vorbemerkung entnehmen kann, ist dieses Studienbuch aus einem Reformprojekt für Studienanfängerinnen und -anfänger an der Ruhr-Universität Bochum entstanden. Es sollte und soll einem doppelten Zweck dienen. Zum einen soll es in Einführungsseminaren zum Thema »Sozialisationstheorien« als gemeinsame Arbeitsgrundlage für die Seminararbeit fungieren, zum anderen war und ist es als Lehrangebot konzipiert, mit dessen Hilfe sich Studierende in erziehungswissenschaftlichen Ausbildungsgängen in neuer Form das für ein erfolgreiches Studium notwendige Grundwissen und ein angemessenes Problembewußtsein zu Grundfragen der Erziehungswissenschaft selbständig erarbeiten können.

Aus der Verwendung des Studienbuchs als Arbeitsgrundlage in Seminaren ist die Unterscheidung der nachfolgenden Texte in solche mit Sternchen (*) bzw. ohne diesen Hinweis zu erklären. Angesichts der begrenzten Zeit, die für eine gemeinsame Seminararbeit zur Verfügung steht, wurde zwischen den für das Verständnis der jeweiligen Sozialisationstheorie unverzichtbaren Texten und denen unterschieden, die dieses Verständnis zwar erweitern und ergänzen, aber in der Regel in einem Seminar nicht behandelt werden können und deshalb selbständig erarbeitet werden sollten. Aber auch für die Nutzer dieses Studienbuchs, die keine begleitende Seminarveranstaltung gleichen Themas besuchen, ist diese aus pragmatischen Überlegungen resultierende Unterscheidung zwischen »Fundamentum« und »Additum«, d. h. zwischen besonders wichtigen und den sie ergänzenden Texten nicht irrelevant, weil sie unterschiedliche »Nutzungsvarianten« des Studienbuchs ermöglicht.

Gleiches gilt für die Arbeitsaufgaben zu den einzelnen Texten. In dieser Hinsicht unterscheidet sich das vorliegende Studienbuch am deutlichsten von anderen Textsammlungen zu Problemen der Erziehungswissenschaft. Wird das Studienbuch – wie an der Ruhr-Universität Bochum – als Arbeitsgrundlage für ein entsprechendes Seminar benutzt, dienen diese Arbeitsaufgaben der Vorbereitung auf die gemeinsame Erarbeitung und Diskussion der Texte bzw. Theorien im Rahmen des Seminars. Aber auch ohne diesen Zusammenhang mit einem begleitenden Seminar behalten die Arbeitsaufgaben ihren hohen methodischen Stellenwert. Mit ihrer Hilfe soll der Leser oder die Leserin zu einem besseren Textverständnis geführt werden. Die Fragen orientieren sich an den zentralen Argumentationsfiguren und sollen auf die Besonderheiten der jeweiligen Argumentation im Vergleich zu anderen Positionen, die zuvor erarbeitet worden sind, aufmerksam machen. Auch wenn es aus guten Gründen keinen Anhang zu diesem Studienbuch mit den »richtigen« Antworten gibt und für viele Leserinnen und Leser auch die Kontrollinstanz einer gemeinsamen Seminardiskussion fehlen wird, kann die Bearbeitung der Aufgaben im Anschluß an die Lektüre der Texte als »Prüfstein« für das erarbeitete Wissen und ein angemessenes Problembewußtsein fungieren. Da die Fragen in zahlreichen Seminaren auf ihre Verständlichkeit und ihre problemerschließende Tauglichkeit hin erprobt worden sind, müßten sich nach einer genauen Textlektüre der Sinn der Fragen erschließen und angemessene Antworten finden lassen. Eine solche Bearbeitung der nachfolgenden Materialien geht über eine bloße Lektüre hinaus und verlangt deshalb ein gewisses Maß an Selbstdisziplin, aber dieses »Persönlichkeitsmerkmal« gehört bekanntlich zu den Voraussetzungen eines erfolgreichen Studiums.

Zu den charakteristischen Merkmalen dieses Studienbuchs gehören schließlich auch die knappen Einleitungen zu den unterschiedlichen Sozialisationstheorien. Ähnlich wie die Arbeitsaufgaben sollen diese Erläuterungen ein besseres Verständnis der Texte anbahnen. Zur Lösung der Arbeitsaufgaben könnte es zuweilen zweckmäßig sein, auf diese Hinweise zurückzugreifen. Auch wenn sich ihr Verfasser bei der Darstellung der einzelnen Sozialisationstheorien um eine auf Studierende ohne Vorkenntnisse abgestimmte »Reduktion von Komplexität«, d. h. um eine auf die Grundzüge der jeweiligen Theorie beschränkte Darstellung bemüht hat, dürften diese Erläuterungen für Studienanfänger und -anfängerinnen nicht immer leicht nachzuvollziehen sein. Eine erneute Lektüre im Anschluß an die Bearbeitung der nachfolgenden Materialien mag für ein besseres Verständnis nützlich sein. Die Hinweise können also nicht nur als erste Einführung in die jeweilige Theorie, sondern auch als zusammenfassende Nachbereitung benutzt werden.

Der letzte methodische Hinweis betrifft die Literaturempfehlungen am Schluß des Studienbuchs. Die Auswahl der Titel orientiert sich weder am Prinzip der Vollständigkeit noch dem der Neuigkeit. Es sind nur wenige, und zwar solche Veröffentlichungen aufgenommen worden, die für ein weiterführendes Studium des Themenbereichs insbesondere für Studienanfänger und -anfängerinnen als besonders geeignet erscheinen.

3. Merkmale und Gegenstandsbereich von Sozialisationstheorien

Am Beginn dieser Erläuterungen ist bereits gesagt worden, daß mit dem Begriff der Sozialisation die »Entstehung und Bildung der Persönlichkeit aufgrund ihrer Interaktion mit einer spezifischen materiellen, kulturellen und sozialen Umwelt« bezeichnet wird. Aber mit einer solchen allgemeinen Definition ist noch wenig gewonnen, weil sie eine Vielzahl weiterer Fragen aufwirft und entsprechende Erläuterungen verlangt. Was ist beispielsweise mit dem Begriff der »Persönlichkeit« gemeint? Welche Merkmale, Eigenschaften, Einstellungen und Handlungskompetenzen einer Persönlichkeit sind das Ergebnis der Sozialisation und deshalb für Sozialisationstheorien von Interesse? Und was bedeutet es, wenn die Persönlichkeit als das Ergebnis einer »Interaktion« zwischen dem Subjekt und seiner Umwelt bezeichnet wird? Mit dieser Definition stellt sich einerseits nämlich die Frage, was auf der Seite des Subjekts die körperlich-physiologischen und innerpsychischen, altersspezifischen Voraussetzungen der Sozialisation sind, und andererseits das Problem, wie der Begriff der Umwelt ausdifferenziert und konkretisiert werden kann. Das Subjekt »interagiert« im Prozeß der Sozialisation ja nicht mit einer abstrakten Umwelt, es wird nicht durch »die« Gesellschaft sozialisiert. Seine Persönlichkeit bildet sich vielmehr in konkreten Interaktionen und Tätigkeiten mit anderen, im Umgang mit konkreten Bezugspersonen. Welche dieser Interaktionen und Tätigkeiten sind für die Sozialisationsforschung von besonderem Interesse? In welcher Weise werden die Formen der jeweiligen Interaktion und damit die sozialisationsrelevanten Erfahrungen des Subjekts durch die jeweiligen »Spielregeln« der Institution geprägt, in deren Rahmen sie stattfinden? Und in welchem Zusammenhang stehen diese Institutionen mit den Anforderungen und Merkmalen der Gesellschaft insgesamt?

Solche und viele weitere Fragen gehören zum Gegenstandsbereich »Sozialisation« und werden im Rahmen der Sozialisationsforschung wissenschaftlich bearbeitet. Sozialisationstheorien, um deren Darstellung und Erarbeitung es in diesem Studienbuch geht, lassen sich in Abgrenzung von der Sozialisationsforschung als programmatische Versuche bestimmen, unter Rückgriff auf die Ergebnisse wissenschaftlicher Forschung die Genese der Persönlichkeit systematisch zu beschreiben.

Der nachfolgende Text des Bielefelder Erziehungswissenschaftlers Klaus Hurrelmann skizziert in sieben »Maximen« die Anforderungen, denen eine umfassende Sozialisationstheorie genügen muß. Er enthält also noch keine Antworten auf die oben aufgeworfenen Fragen zur Bedeutung unterschiedlicher Sozialisationsfaktoren und -instanzen und ihres internen Zusammenhangs, sondern faßt lediglich systematisch zusammen, welche Fragen im Rahmen einer Sozialisationstheorie beantwortet, welche Analyseebenen miteinander verknüpft und in welcher Weise psychologische und soziologische Forschungen in eine solche Theorie integriert werden müssen.

Die Thesen Hurrelmanns haben daher als Abschluß dieser einführenden Bemerkungen die Funktion, zusammenfassend und systematisch das Feld abzustecken, das durch die nachfolgenden Theorien genauer erkundet wird. Aufschlußreich und für Studienanfänger verständlich werden sie allerdings nur auf dem Wege der Konkretisierung und Veranschaulichung, wenn es also gelingt, die hochabstrakte Begrifflichkeit auf das immer schon verhandene Alltagswissen über Erziehung und Sozialisation zu beziehen.

Hurrelmann: Sieben Maximen der Sozialisationstheorie

Hurrelmann, K.: Einführung in die Sozialisationstheorie. Über den Zusammenhang von Sozialstruktur und Persönlichkeit. Weinheim/Basel 1986. S. 70–81.

1. Maxime

Sozialisation bezeichnet den Prozeß der Entstehung und Entwicklung der Persönlichkeit in wechselseitiger Abhängigkeit von der gesellschaftlich vermittelten sozialen und dinglich-materiellen Umwelt. Programmatisch ist mit diesem Begriff zum Ausdruck gebracht, daß das menschliche Individuum sich permanent durch soziale und gesellschaftliche Faktoren mitentwickelt und sich in einem Prozeß der sozialen Interaktion konstituiert. Die Persönlichkeit bildet sich nach dieser Vorstellung in keiner ihrer Funktionen und Dimensionen gesellschaftsfrei heraus, sondern lebenslang stets in einer konkreten Lebenswelt, die historisch vermittelt ist (Hurrelmann 1986).

Die theoretische Analyse der Persönlichkeitsbildung und -entwicklung ist darauf angewiesen, die Wechselwirkungsbeziehung zwischen Mensch und Gesellschaft, zwischen Person und Umwelt dadurch zu begreifen, daß sie bestimmte analytische Kategorien bildet. Als zentrale Analyseebenen oder Analyseeinheiten werden zum Beispiel »soziale und dinglich-materielle Umwelt«, »Persönlichkeit« und »Organismus« voneinander abgegrenzt, auch und gerade dann, wenn es im wissenschaftlichen Erkenntnisprozeß darum gehen soll, die engen Wechselwirkungsbeziehungen zwischen diesen Analyseeinheiten und -ebenen herauszuarbeiten. [...]

Konzeptionell gefaßte Analyseeinheiten der obigen Art können in ihrem Rahmen als erkenntnistheoretische Hilfsinstrumente verstanden werden. Sie erfüllen die Funktion, zusammenhängende Phänomene zu unterscheiden, die in analytischer Hinsicht als wesentlich erachtet werden. Analyseeinheiten sind nach dem Grad ihrer Komplexität und ihres Merkmals- und Funktionsreichtums voneinander unterscheidbar. Ihre Unterscheidung ist vor allem dann hilfreich, wenn unter einem ganz bestimmten Gesichtspunkt zusammengehörige Prozesse und Strukturen auch begrifflich und konzeptionell zusammengefaßt werden sollen. In diesem Sinn werden hier Analyseebenen oder Analyseeinheiten als konstitutive Teile eines verbundenen Ganzen aufgefaßt, wobei jede Analyseebene relevante Bedingungen für die anderen darstellt.

2. Maxime

Berührungspunkte zwischen verschiedenen theoretischen Konstruktionen im Bereich von Entwicklungspsychologie und Sozialisationsforschung lassen sich besonders gut auf den Punkt bringen, wenn man zwei große Analyseeinheiten voneinander unterscheidet: Zum einen die Analyseeinheit Gesellschaft, repräsentiert durch Sozial- und Wertstruktur und soziale und materielle Lebensbedingungen, hier vereinfacht auch als »äußere Realität« bezeichnet. Hierunter werden alle dem Organismus externen Gegebenheiten der materiellen und sozialen Umgebung des Menschen gefaßt. Zum anderen die Analyseeinheit *menschlicher Organismus, analog auch als »innere Realität« bezeichnet*. Unter diesem Begriff werden die organismusinternen psychischen Prozeßstrukturen, die körperlichen Grundmerkmale und die physiologischen Strukturen und Prozesse zusammengefaßt.

Im Zentrum jeder der beiden Analyseeinheiten steht die Persönlichkeit bzw. *Persönlichkeitsentwicklung, verstanden als die individuelle, in Interaktion und Kommunikation mit Dingen wie mit Menschen erworbene Organisation von Merkmalen, Eigenschaften, Einstellungen, Handlungskompetenzen und Selbstwahrnehmungen eines Menschen auf der Basis der natürlichen Anlagen und als Ergebnis der Bewältigung von Entwicklungs- und Lebensaufgaben zu jedem Zeitpunkt der Lebensgeschichte.* Mit dieser Unterscheidung und unter Anwendung der zwischen diesen Analyseebenen vermittelnden Begriffe ist über verschiedene handlungstheoretische Ansätze hinweg eine Übereinstimmung in den zentralen Analyseeinheiten möglich. Grundgedanke des reflexiv-interaktiven Modells ist es, die Persönlichkeitsentwicklung in dauerhafter Abhängigkeit von und Auseinandersetzung mit der äußeren und der inneren Realität zu verstehen. Sowohl äußere als auch innere Realität in ihrer Interdependenz müssen von einem Menschen aufgenommen, angeeignet und verarbeitet werden, wobei es zu einer subjektiven Repräsentanz der äußeren und der inneren Realität kommt, die in ihren überdauernden und gegliederten Formen die Grundstruktur der Persönlichkeit eines Menschen bildet. Persönlichkeitsentwicklung geschieht demnach in der sozialen Interaktion in einem permanenten Prozeß der Wechselwirkung zwischen zwei interdependenten Realitäten (Geulen 1977; Geulen/Hurrelmann 1980). In *Abbildung 1* wird eine schematische Darstellung dieses Zusammenhangs gegeben.

Eine Durchsicht der verschiedenen theoretischen Konzeptionen macht deutlich, daß die stärker in psychologischer Tradition stehenden Ansätze sich schwerpunktmäßig auf die Analyse der Wechselwirkungen zwischen innerer Realität und Persönlichkeitsentwicklung beziehen, während die stärker in soziologischer

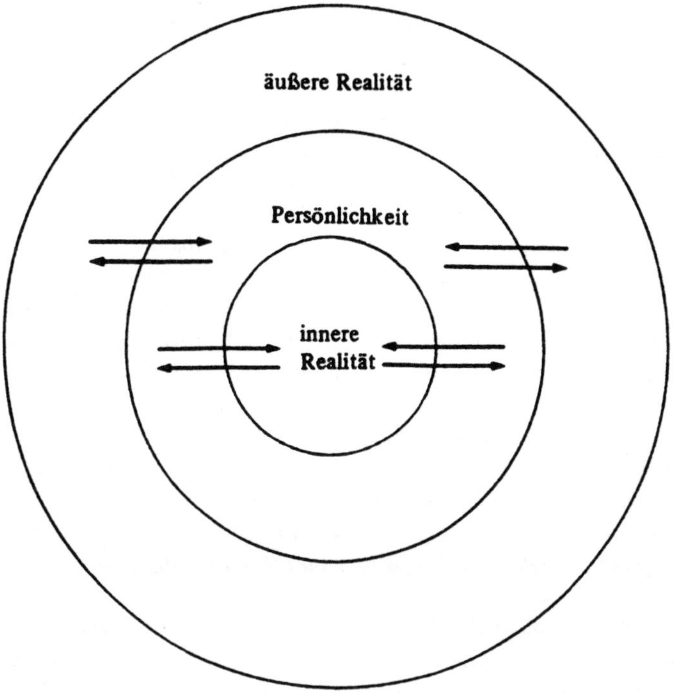

Abb. 1: Schematische Darstellung der produktiven Realitätsverarbeitung. Die Pfeile symbolisieren Prozesse der Auseinandersetzung und Verarbeitung.

Tradition stehenden Ansätze stärker auf die Beziehung zwischen Persönlichkeitsentwicklung und äußerer Realität eingehen. Diese unterschiedliche Schwerpunktsetzung entspricht den historisch gewachsenen und im Sinne einer vernünftigen Arbeitsteilung auch effektiven Abgrenzungen zwischen Soziologie und Psychologie. Die Arbeitsteilung darf aber nicht zu einer Akzentunterscheidung führen, die jeweils wesentliche Bereiche eines Gesamtzusammenhanges ausblendet. Da es wegen der disziplinären Herkunft der Wissenschaftler, die im Bereich der Entwicklungs- und Sozialisationstheorie arbeiten, auch in Zukunft bei einer disziplingebundenen Akzentsetzung von Theorien bleiben wird, kommt es darauf an, die Theoriebildung in einer solchen Weise vorzunehmen, die offen und aufnahmefähig für die jeweils andersartigen Akzentsetzungen der Nachbardisziplinen ist.

3. Maxime

Um eine Analyse der Beziehung zwischen Persönlichkeitsentwicklung und äußerer Realität vorzunehmen, ist eine systematische Untersuchung der Beschaffenheit der sozialen und materiellen Lebensbedingungen notwendig. Die historisch entwickelte Sozial- und Wertstruktur, die organisierten gesellschaftlichen Teilsysteme der Produktion, Dienstleistung, Verwaltung, Wohlfahrt und sozialen Kontrolle, die organisierten Erziehungseinrichtungen sowie die unmittelbaren sozialisationsrelevanten Kleingruppen (Familie, Freundeskreis usw.) wirken auf die Gestaltung der konkreten sozialen und räumlichen Gegebenheiten und Situationen ein, mit denen jeder Mensch in einen (inter-)aktiven Austausch tritt. Dieser Austausch, der ein Prozeß der Aneignung und Verarbeitung von äußerer Realität ist, verläuft in seinen wesentlichen Dimensionen über soziale Interaktion und Kommunikation mit anderen Menschen. In der Struktur dieser Interaktion und Kommunikation schlagen sich die gesellschaftlich bedeutsamen Strukturen, Werte und Normen nieder. *Erziehungseinrichtungen, Familien und Kleingruppen fungieren als direkte Vermittler und Erschließer der äußeren Realität, stehen aber dabei in Beziehung zu den übrigen gesellschaftlichen Teilsystemen, die ihre Entfaltungs- und Aktionsmöglichkeiten stark beeinflussen.*

Die stärker »soziologische Partie« der Entwicklungs- und Sozialisationstheorie muß demnach ihren Ausgang von einer Analyse der sich historisch entwickelnden ökonomischen, politischen, sozialen und kulturellen Struktur einer Gesellschaft nehmen und den historischen Differenzierungsprozeß gesellschaftlicher Funktionsbereiche berücksichtigen. Der Differenzierungsprozeß hat zur Auslagerung von Erziehungs- und Sozialisationsfunktionen aus der Familie und zur Konstitution eines eigenständigen gesellschaftlichen Teilsystems für Erziehung geführt. In die Analyse müssen aber nicht nur die Funktionsprobleme von Erziehungseinrichtungen, sondern auch die aller anderen sozialisationsrelevanten gesellschaftlichen Einrichtungen einbezogen werden. Denn trotz der immer stärkeren Bündelung von Erziehungsfunktionen in eigens zu diesem Zweck etablierten Teilsystemen (Kindergärten, Schulen, Berufsbildungseinrichtungen, Hochschulen usw.) kommt es, insbesondere auch durch die Ausbreitung von Massenmedien, zu einer immer breiteren Streuung von sozialisationsrelevanten Einflüssen über verschiedene Institutionen und Organisationen einer Gesellschaft.

4. Maxime

Unter jeweils sich historisch verändernden Bedingungen vollzieht sich der menschliche Aneignungsprozeß der äußeren Realität maßgeblich in der unmittelbaren sozialen

Interaktion. In der Struktur dieser Interaktion dokumentieren sich die jeweils von den Interaktionspartnern für bedeutsam erachteten Werte und Normen des sozialen Handelns. Familien, Erziehungseinrichtungen und informelle Kleingruppen fungieren als direkte Vermittler und Erschließer der äußeren Realität, stehen dabei aber in Beziehung zu den übrigen gesellschaftlichen Teilsystemen, die ihre Entfaltungs- und Aktionsmöglichkeiten stark beeinflussen. Familien, Erziehungseinrichtungen und informelle Kleingruppen wie Gleichaltrigengruppe und Freundeskreise dokumentieren in ihrer Interaktions- und Kommunikationsstruktur eine spezifische Art der Aneignung und Verarbeitung der äußeren Realität auf der Basis zurückliegender und gegenwärtiger Erfahrungen ihrer Mitglieder. In der Form und Ausprägung der Aneignung und Verarbeitung drücken sich *person- und gruppenspezifische Arten der Auseinandersetzung mit der äußeren Realität und zugleich die zurückliegende Geschichte dieser Auseinandersetzung* aus. Familien und andere sozialisationsrelevante Einrichtungen stellen auf diesem Weg spezifische Kategorisierungs- und Problemlösestrategien für die Auseinandersetzung mit der sozialen und materiellen Umwelt zur Verfügung, die von den heranwachsenden Gesellschaftsmitgliedern in individuell modifizierter Weise übernommen werden. Kinder und Jugendliche sind dabei ebenso wie Erwachsene als Gruppenmitglieder zu verstehen, die an der Gestaltung der eigenen Entwicklung und der Persönlichkeitsbildung im interaktiven Kontext beteiligt sind.

5. Maxime

Kernpunkt aller Erklärungsansätze der Sozialisationstheorie ist die Erklärung der Bildung und Entwicklung von Handlungskompetenzen einer Person. Mit dem zentralen analytischen Begriff des »Handelns« ist auf ein breites Spektrum von einschlägigen theoretischen Operationalisierungen verwiesen (in der jüngeren Literatur sei auf die formalen Kategorisierungsversuche bei Haferkamp 1975 und von Cranach/Kalbermatten/Indermühle/Gugler 1980 verwiesen). Ganz allgemein wird in diesem Theorieverständnis Handeln als spezifische Unterkategorie von Verhalten begriffen, nämlich als (zumindest teilweise) *bewußtes, auf ein Ziel gerichtetes, geplantes und beabsichtigtes Verhalten.* Eine einzelne Einheit des Handelns, die auf ein bestimmtes Ziel gerichtet ist, läßt sich als eine *Handlung* bezeichnen. [...]

»Handeln« hebt sich durch seine spezifischen Merkmale von »Verhalten« als dem Insgesamt aller menschlichen Aktivitäten einschließlich unbewußter, ungeplanter und reaktiver Formen ab, vermischt sich aber im tatsächlichen Ablauf auch immer wieder mit diesen anderen Formen. *Spezialformen des Handelns, die für die Persönlichkeitsentwicklung von großer Bedeutung sind, sind interaktives und kommunikatives Handeln.* Interaktion bezeichnet allgemein solche Verhaltensweisen von Menschen, die durch gegenseitige Beeinflussung gekennzeichnet sind; interaktive Handlungen sind aufeinander gerichtete, bewußte, geplante und beabsichtigte Handlungen. Sind diese interaktiven Handlungen an einem gemeinsamen sprachlichen und gestischen Verständigungsmuster (Code) orientiert und findet ein aufeinander bezogener Austausch von Informationen und Sinngehalten statt, dann erfüllen sie das Kriterium des kommunikativen Handelns.

Die Kompetenz zum Handeln und insbesondere auch zum interaktiven und kommunikativen Handeln ist Voraussetzung dafür, daß sich ein Mensch mit den Erfordernissen und Anforderungen der Umwelt arrangieren und dabei die eigenen Motive, Bedürfnisse und Interessen berücksichtigen und einbringen kann. Das Arrangieren ist, wie bereits erwähnt, ein aktiver Prozeß der nach zwei Seiten, nach innen und nach außen, gerichtet ist. *Im Verlauf der Persönlichkeitsbildung kommt es zum Aufbau von Handlungskompetenzen für die Auseinandersetzung mit der äußeren und der inneren Realität, wobei ein Spannungsverhältnis zwischen beiden Bereichen dauerhaft bestehen bleibt.*

6. Maxime

Persönlichkeitsbildung und -entwicklung wird als ein Geschehen begriffen, auf dessen Verlauf und Ergebnis eine Person selbst in allen Abschnitten des Lebenslaufs Einfluß hat. Lerner und Busch-Rossnagel (1981) haben das bildhaft in ihrer Metapher »Individuals as Producers of Their Development« zum Ausdruck gebracht. Sie betonen die Gemeinsamkeiten im Ergebnis zwischen ansonsten ganz unterschiedlichen Arten von Kontrolle über Entwicklung. Gemeint ist sowohl die bewußtseinsferne Verhaltenskoordination, wie sie etwa zwischen Mutter und Kind im Säuglingsalter erfolgt, als auch die Überlegtheit und Planung, mit der sich beispielsweise Erwachsene den Eindrücken einer Subkultur aussetzen, um die Entwicklung ihres Weltbilds in einer bestimmten Richtung voranzutreiben. [...]

Diese spezifische Organisation von Handlungen im Entwicklungsprozeß läßt sich auch als ein *Prozeß der Selbstregulation durch Rückkopplung* verstehen: Im Mittelpunkt stehen Orientierungen über die künftige Entwicklung, die ihrerseits das Ergebnis vorangegangener Auseinandersetzungen mit sozialen Erwartungen, biologischen Voraussetzungen und persönlichen Wünschen und Ansprüchen darstellen. Werden z. B. von einem Jugendlichen Abweichungen des jeweiligen Standes der Entwicklung von den in diesen Orientierungen festgehaltenen Zielen wahrgenommen, wird dem durch eine Folge von selbstgesteuerten Eingriffen zu begegnen versucht. Diese haben Veränderungen von inneren Bedingungen oder äußeren Kontexten zum Ziel, welche die Möglichkeit versprechen, zu den beabsichtigten Änderungen des Entwicklungsstands zu führen. Außer diesen durch die Person initiierten und getragenen Eingriffen wirken zusätzlich natürlich auch von außen kommende Einflüsse durch Familienmitglieder oder Mitglieder des Freundeskreises, die ebenfalls die Orientierungen und Zielvorstellungen eines Jugendlichen für die eigene Entwicklung zu beeinflussen trachten (Silbereisen/Kastner 1986).

Selbstregulationen des Handelns im Entwicklungsverlauf sind demnach als ein zentraler Mechanismus der Eigensteuerung der Persönlichkeit zu sehen. Sie verlangen eine ausgedehnte zeitliche Strukturierung und den etappenweisen Aufbau verschiedener Handlungsschritte aufeinander. Jeder Mensch muß die Fähigkeit entwickeln, diese unterschiedlichen Entwicklungsaufgaben, die sich alters- und situationsgemäß stellen, in angemessener Weise zu bewältigen. Die Bewältigung neuer Entwicklungspläne sollte nach Möglichkeit dann einsetzen, wenn die schon verfolgten Ziele eigener Entwicklung in ihren hauptsächlichen Teilproblemen abgearbeitet sind. Gelingt dies nicht, kann die Fähigkeit zur Selbstregulation zusammenbrechen und die Kontrolle über die Ergebnisse der Eingriffe in die eigene Entwicklung verloren gehen (Silbereisen, S. 33).

Mit voranschreitender Persönlichkeitsentwicklung im Kindes- und Jugendalter wird die Aneignungs- und Verarbeitungsfähigkeit eines Menschen normalerweise immer weiter gesteigert, so daß es zu einem wachsenden individuellen Verständnis der äußeren Realität, einer komplexeren gedanklichen Rekonstruktion situativer Gegebenheiten und einer effektiveren Verarbeitung von Wahrnehmungen und Interpretationen kommt. Hierdurch wird eine zunehmende Fähigkeit der Strukturierung und Orientierung des eigenen Handelns erreicht.

Jeder Mensch entwickelt einige feste Grundstrukturen von Strategien der Abstimmung zwischen inneren Bedürfnissen und äußeren Erwartungen, baut ein System von Erfahrungs- und Regelwissen auf und entwickelt dieses System über das ganze Leben hinweg flexibel weiter. Die Grundstrukturen dieses Systems werden in den Lebensabschnitten Kindheit und Jugend gebildet, die sich insofern qualitativ von den nachfolgenden Lebensabschnitten unterscheiden. Die grundlegenden Sprach- und Interaktionskompetenzen sowie die Fähigkeit zur bewußten Reflexion des eigenen Entwicklungsprozesses und der eigenen Persönlichkeitsbildung sind in der Regel mit dem Abschluß der Jugendphase ausgebildet. Jede neue Lebenssituation und jedes neuartige Lebensereignis in den weiteren Lebensphasen stellen anschließend veränderte situative und übergreifende Anforderungen an die eigenen Fähigkeiten der Aufgabenbewältigung, der Problemlösung und der Organisation der eigenen Handlungsfähigkeiten. Der Prozeß der Lebensbewältigung geschieht nach der Jugendphase auf einem qualitativ veränderten Niveau der Organisation der Persönlichkeit (Oerter/Montada 1982; Hurrelmann/Rosewitz/Wolf 1985).

7. Maxime

Der Mensch wird nicht nur wegen des Aufbaus der grundlegenden interaktiven und kommunikativen Handlungskompetenzen, sondern auch wegen des Aufbaus eines reflektierten Selbstbildes zu einem handlungsfähigen Subjekt. Das Bild von sich selbst ist eine innere Konzeption der Gesamtheit der Vorstellungen, Einstellungen, Bewertungen, Urteile und Einschätzungen, die ein Mensch im Blick auf die eigenen Handlungsmöglichkeiten besitzt. *Ein nicht nur realistisches, sondern zugleich auch identitätsstiftendes Selbstbild muß als die Voraussetzung für die Fähigkeit flexiblen und situationsangemessenen sozialen Handelns im Verlauf des Lebens gesehen werden. Mit Identität ist dabei die Kontinuität des Selbsterlebens auf der Basis des Selbstbildes gemeint.*

Die Bildung einer stabilen Identität wird hier, dem interaktiven Modell folgend, als der Zielpunkt der Persönlichkeitsentwicklung verstanden. Eine Kontinuität des Selbsterlebens und des inneren Sich-Selbst-Gleichseins kann nach diesem Verständnis nur aus einer Synthese von Individuation und Vergesellschaftung entstehen. Denn ein Mensch wird um so besser eine stabile Identität bilden können, je selbständiger, entscheidungsfähiger und handlungsfähiger er sich in der sozialen Umwelt bewegt, je mehr Fertigkeiten zur Bewältigung psychischer und sozialer Probleme er besitzt, und je mehr er in eine sichere soziale Beziehungsstruktur des sozialen Netzwerks einbezogen und von der sozialen Umwelt in wichtigen gesellschaftlichen Rollenzusammenhängen anerkannt ist. Zur Identität gehört aber zugleich auch eine lebensgeschichtliche Komponente, also das Erfahren des Sich-Selbst-Gleichseins im Verlaufe des Durchschreitens verschiedener Entwicklungsabschnitte, Entwicklungsaufgaben und Lebensereignisse.

Störungen der Identitätsbildung haben in dieser theoretischen Konzeption ihren Ausgangspunkt im wesentlichen in einer mangelnden Übereinstimmung zwischen den von einem Menschen erworbenen Handlungskompetenzen – die das Ergebnis der inneren Abstimmung zwischen Bedürfnissen, Motiven und Interessen sowie Umwelterwartungen sind – einerseits und den in aktuellen Lebenssituationen real werdenden Handlungsweisen andererseits. Störungen gehen also auf eine fehlende Passung von strukturell verankerten Anforderungen der Umwelt und (potentiell entfaltbaren) individuellen Fähigkeiten zurück; sie sind Indikatoren für Prozeßstrukturen, die keine den eigenen Bedürfnissen, Motiven und Interessen entsprechende Entfaltung der Persönlichkeit zulassen.

In sozialisationstheoretischer Perspektive müssen neben subjektiven Handlungskompetenzen die sozialen Ressourcen stark beachtet werden, durch die ein Mensch in die Lage versetzt wird, sich mit bestimmten Handlungssituationen kompetent auseinanderzusetzen. Die sozialen und materiellen Lebensbedingungen stellen ein mehr oder weniger geeignetes Unterstützungspotential für die Handlungsvollzüge von Menschen zur Verfügung. Jeder Mensch ist in ein Netzwerk von sozialen Beziehungen eingebunden, das bei einer Bewältigung von Problemkonstellationen Rückhalt bieten kann, hinderlich sein oder das sogar selbst als Ausgangskonstellation für Probleme auftreten kann. Ziel von sozialisationstheoretisch ableitbaren sozialen, pädagogischen und therapeutischen Interventionen muß es demnach sein, einen Menschen in die Lage zu versetzen, die handlungssituativen Anforderungen in einer Weise zu bewältigen, daß sich dabei neue Entwicklungsmöglichkeiten für die jeweilige Persönlichkeit eröffnen. Dazu ist einmal eine Veränderung des sozialen, institutionell und/oder organisatorisch strukturierten Anforderungsprofils und zum zweiten eine Verbesserung der individuellen Fähigkeiten und Fertigkeiten zur Auseinandersetzung mit diesem Anforderungsprofil notwendig (Gottlieb 1983; Brandtstädter 1985).

Arbeitsaufgaben

1. *Nach Hurrelmann verknüpfen Sozialisationstheorien und Sozialisationsforschung drei »Analyseebenen«. Sie rekonstruieren die Entstehung und Entwicklung der »Persönlichkeit« in Abhängigkeit von der »äußeren Realität« und der »inneren Realität«. Erläutern und veranschaulichen Sie diese drei Begriffe!*
2. *Suchen Sie nach Beispielen für den Einfluß der »äußeren Realität« auf die Entwicklung der »Persönlichkeit«. Dabei sollten Sie an die unterschiedlichen Sozialisationsbedingungen innerhalb unserer gegenwärtigen Gesellschaft, aber auch an die Differenzen zwischen gegenwärtigen und historischen Gesellschaftsformen denken.*
3. *Die »Persönlichkeit« ist nach Hurrelmann nicht allein das Ergebnis von Umwelteinflüssen, sondern entsteht zugleich in Abhängigkeit von der »inneren Realität«. An welchen Beispielen läßt sich dieser Einfluß der »inneren Realität« auf den Aufbau der »Persönlichkeit« veranschaulichen?*
4. *Die Genese der »Persönlichkeit« läßt sich dem Text zufolge nicht nur auf die Einflüsse der »inneren« und »äußeren Realität« zurückführen, sondern enthält*

auch Momente der »Selbstregulierung«. Was ist mit diesem Begriff gemeint, und welche Beispiele können die Bedeutung der »Selbstregulierung« im Prozeß der Sozialisation veranschaulichen?

5. *Hurrelmann skizziert in seinen Thesen eine normative Vorstellung von »Persönlichkeit«, die das Ergebnis einer »gelingenden« Sozialisation sein soll. Beschreiben Sie die aus der Sicht des Verfassers wünschenswerten Merkmale dieser »Persönlichkeit«. Beachten Sie dabei besonders den Begriff des »Handelns« in Abgrenzung von dem des »Verhaltens«.*
6. *Den Maximen Hurrelmanns für eine umfassende Sozialisationstheorie liegt eine Vorstellung menschlicher Entwicklung zugrunde, die keineswegs selbstverständlich ist. Sowohl im Bereich der Wissenschaft, etwa in der traditionellen Pädagogik oder der Biologie, aber auch im »Alltagsdenken« gibt es Vorstellungen, die mit der Auffassung Hurrelmanns zur Genese der Persönlichkeit nicht zu vereinbaren sind. Um welche Vorstellungen könnte es sich dabei handeln?*
7. *Sozialwissenschaftler und Psychologen erforschen mit unterschiedlichen Fragestellungen und Forschungsschwerpunkten die Genese der Persönlichkeit. Wie läßt sich diese »Arbeitsteilung« beschreiben?*
8. *In welchen Hinsichten könnten sozialisationstheoretische Kenntnisse und ein entsprechendes Problembewußtsein für Pädagoginnen und Pädagogen wichtig sein?*

Kapitel II

Erziehung als soziale Tatsache

Émile Durkheim

Sozialisation als Reproduktion der Gesellschaft

Émile Durkheim wurde 1858 im lothringischen Épinal geboren und starb 1917 in Paris. Er gilt als einer der Begründer der modernen Soziologie, die er zu einer am Beispiel der Naturwissenschaften geschulten Wissenschaft der »sozialen Tatsachen« machen wollte. Ein nach der soziologischen Methode (Les règles de la méthode sociologique, 1895) gewonnenes Wissen sollte nach Durkheims Vorstellung zugleich zum Fundament einer soziologischen »Morallehre« werden. Angesichts der tiefgreifenden gesellschaftlichen und politischen Auseinandersetzungen seiner Zeit, angesichts einer forcierten Industrialisierung und der daraus resultierenden Klassenkämpfe und politischen Umstürze, gelangte er nämlich zu der Ansicht, daß die traditionellen kulturellen Wertsysteme ihre die Mitglieder der Gesellschaft verbindende Kraft unaufhaltsam verlören. Durkheim war der Auffassung, daß die Erosion gemeinsamkeitsstiftender kultureller Überzeugungen auf die Auflösung traditionaler gesellschaftlicher Strukturen und Lebensverhältnisse zurückzuführen sei. Für beides machte er den für alle modernen Gesellschaften charakteristischen Prozeß einer fortschreitenden Arbeitsteilung (De la division du travail social, 1893) verantwortlich. Dieser historische Prozeß ist aus der Sicht Durkheims unaufhaltsam und unumkehrbar; er sieht freilich keinen Grund, diese Entwicklung zu beklagen und sich nach vormodernen gesellschaftlichen Zuständen zurückzusehnen. Der Prozeß zunehmender Arbeitsteilung befreie nämlich – so Durkheim – die Mitglieder der Gesellschaft aus überkommenen, »mechanischen« Zwängen und ermögliche tendenziell individuelle Freiheit. Durkheim spricht deshalb der Arbeitsteilung sogar eine »moralische Qualität« zu. Allerdings müßten moderne arbeitsteilige Gesellschaften eine ihren neuen Strukturen entsprechende Moralität, eine »organische Solidarität«, entwickeln. Geschehe dies nicht, werde also der Zerfall traditioneller Werte nicht durch eine neue Verbindlichkeiten stiftende Moralität kompensiert, so drohe der Gesellschaft insgesamt wie ihren einzelnen Mitgliedern ein Zustand der »Anomie«, eine soziale Orientierungs- und Bindungslosigkeit, die im Extremfall zum Selbstmord führe, wie Durkheim in seinen soziologischen Studien zum Suizid (Le suicide: Étude de sociologie, 1897) nachzuweisen versuchte.

Der erste der nachfolgenden Texte erläutert noch einmal ausführlicher als in diesen Vorbemerkungen die Grundannahmen der Soziologie Durkheims, seine Unterscheidung zwischen vormodernen und modernen Gesellschaften, zwischen »mechanischer« und »organischer Solidarität« als qualitativ unterschiedlichen Formen der gesellschaftlichen Integration. Der Verfasser dieses Textes, Korte, beschreibt, warum für Durkheim die Arbeitsteilung der zentrale Schlüssel zum Verständnis moderner Gesellschaften und zugleich zum Ausgangspunkt seiner

Überlegungen für eine neue, wissenschaftlich begründete Theorie der Moral und eine ihr entsprechende Pädagogik wurde.

Wenn die Kultur im Denken Durkheims als Reservoir gemeinsamer verbindender normativer Überzeugungen der Mitglieder einer Gesellschaft für deren Bestand einen so zentralen Stellenwert einnahm und Durkheims Erkenntnisinteresse auf die Entwicklung einer wissenschaftlich fundierten »Morallehre« gerichtet war, dann überrascht es nicht, daß Fragen der Erziehung bzw. Sozialisation und die Pädagogik als Theorie und Praxis den Soziologen Durkheim zeit seines Lebens stark interessierten (s. a. Éducation et sociologie, 1911). Dies hatte allerdings nicht nur theoretisch-systematische, sondern auch biographische Gründe: Seit 1887 unterrichtete er an der Universität Bordeaux Erziehungswissenschaft und Soziologie, erhielt dort 1896 einen Lehrstuhl für diese beiden Fächer und wurde 1906 schließlich zum Ordinarius für Pädagogik und Soziologie an die Pariser Universität berufen. Bereits 1902 hielt Durkheim an der Sorbonne für Lehramtsstudenten (Studentinnen befanden sich damals noch nicht unter seinen Zuhörern) eine Vorlesung zum Verhältnis von Erziehung und Gesellschaft, Pädagogik und Soziologie; die Antrittsvorlesung wird auszugsweise im zweiten der nachfolgenden Texte vorgestellt.

Welche Gründe gibt es heute noch, nahezu 100 Jahre später, sich mit Durkheims Überlegungen auseinanderzusetzen? Ein erster Grund ist wissenschaftsgeschichtlicher Art: Für die nachfolgende Entwicklung von Sozialisationstheorien hatten die Überlegungen Durkheims, wie er sie in seinen Vorlesungen des Jahres 1902 vorgestellt hatte, eine bahnbrechende Bedeutung. Anders als viele Pädagogen seiner Zeit beschrieb er die Erziehung als genuin gesellschaftliches Phänomen. Es war der erste große Versuch, Erziehung (oder besser: Sozialisation) als Bindeglied zwischen Individuum und Gesellschaft systematisch zu beschreiben, die Form der Sozialisation der Heranwachsenden aus den Bedürfnissen, der »inneren Ökonomie« der jeweiligen Gesellschaft abzuleiten und zugleich nachzuweisen, daß die Gesellschaft für ihr Überleben, für ihren inneren Zusammenhalt auf die ihr entsprechende Sozialisation angewiesen sei. Die Gesellschaft – so Durkheims zentrale These – werde nicht primär durch äußeren Zwang, durch Gesetze und polizeiliche Maßnahmen oder durch ein an den Tauschprinzipien des Marktes orientiertes Nützlichkeitsdenken der Individuen zusammengehalten. Sie müßten vielmehr die überlebensnotwendigen Regeln der Gesellschaft durch Erziehung und Sozialisation als zweite Natur verinnerlicht haben, wenn das gesellschaftliche Zusammenleben funktionieren solle. Mit dieser Annahme wird nach Durkheim die »Würde« des Individuums keineswegs den gesellschaftlichen Notwendigkeiten geopfert. Aus seiner Perspektive ist das Gegenteil der Fall: Nur durch die Sozialisation als Anpassung der »rohen« Natur an die Gesellschaft wird der Mensch zum Menschen, wird er zur vernünftig und moralisch handelnden Person.

Durkheims Annahmen stehen noch immer in einem deutlichen Gegensatz zu einem verbreiteten Verständnis von der Würde und Freiheit des Individuums und den Zielen der Erziehung. Genau hierin liegt der zweite Grund, sich eingehend mit Durkheim zu beschäftigen. Gerade wenn man – in der Tradition der Aufklärung – an den Zielperspektiven individueller Mündigkeit und Selbstbestimmung als Widerstandspotential gegen eine blinde Anpassung an gesellschaftliche Zwänge festhalten will, ist es erforderlich, die ernüchternde und aufklärerische Analyse Durkheims über die Möglichkeiten und Grenzen der Erziehung nachzuvollziehen und zu diskutieren. Der soziologische Blick Durkheims – so jedenfalls die Hoffnung – ist auch nach fast einem Jahrhundert noch geeignet, angehende Lehrerinnen und Lehrer gegen ein personalistisch verkürztes, auf das Verhältnis Erzieher/Zögling, Lehrer/Schüler reduziertes Verständnis von Pädagogik zu immunisieren. Er sieht nicht alles, aber mehr, als aus vielen aktuellen pädagogischen Veröffentlichungen zum Thema Individuum und Gesellschaft, Erziehung und Schule zu lernen ist.

Die nachfolgenden beiden Texte des Studienbuchs sind Auszüge aus den Vorlesungen, mit denen Durkheim sein in der Antrittsvorlesung skizziertes Theorieprogramm für die Arbeit zukünftiger Lehrer konkretisierte. In der Abfolge der Vorlesungen versuchte Durkheim in einem ersten Schritt, die zentralen Elemente einer neuen »Moralität« zu bestimmen, die für den Bestand moderner Gesellschaften nach seiner Ansicht unverzichtbar sind und die an die Stelle der sich auflösenden traditionellen, religiös oder metaphysisch begründeten Wertorientierungen treten müssen. In einem zweiten Schritt fragt er dann, wie diese neue »laiische« Moral im Prozeß der Sozialisation, insbesondere durch die Sozialisationsinstanz Schule vermittelt werden könne.

Es sind drei Elemente, die nach Durkheim eine moderne Moralität charakterisieren: Der an die gesellschaftlichen Regeln gewöhnte »Geist der Disziplin«, der »Anschluß an die soziale Gruppe«, d. h. die Entwicklung altruistischer Haltungen sowie die »Autonomie des Willens« als Einsicht in die Notwendigkeit und Vernunft gesellschaftlicher Regeln sind nach Durkheim diese drei Elemente, die die Heranwachsenden durch Erziehung und Sozialisation als Voraussetzungen gesellschaftlichen Zusammenlebens in modernen arbeitsteiligen Gesellschaften verinnerlichen, zu ihrer zweiten, besseren Natur machen müssen. Keines dieser Elemente der neuen Moralität darf nach Durkheim verabsolutiert werden, keinem gebührt der Vorrang vor den anderen. Nur ihr ausgewogenes Zusammenspiel ergibt den Persönlichkeitstyp, der nach Durkheim für den Erhalt und die Entwicklung moderner Gesellschaften erforderlich ist und deshalb die Zielperspektive pädagogischen Handelns darstellt.

Trotz dieses Hinweises dürften Durkheims Ausführungen über die »Schule und der Geist der Disziplin« für heutige Leser in mancher Hinsicht anachronistisch und befremdend wirken. Die Erziehung zur Disziplin, die Einübung in die Regeln der Schule, ist für Durkheim das Fundament des durch die Schule zu vermittelnden neuen Moralbewußtseins. Zwar distanziert er sich von einer autoritären Dressur und einer disziplinarischen Pedanterie im Umgang mit Schülerinnen und Schülern, aber ihre fraglose Unterwerfung unter die Regeln des Schullebens bzw. unter die Autorität der Lehrer als Repräsentanten dieses Regelsystems ist aus der Sicht Durkheims unverzichtbar. Die Einhaltung bzw. Durchsetzung von Disziplin gehört für ihn zum Kernbereich der professionellen Tätigkeit des Lehrers. Prominente Kritiker wie der amerikanische Piaget-Schüler Lawrence Kohlberg haben Durkheim deshalb vorgeworfen, daß sich dieses Erziehungsprogramm vorzüglich als Einübung in totalitäre Gesellschaftsformen eigne. Auch wenn man diesen Vorwurf für überzogen hält, könnte nach der Lektüre der Überlegungen Durkheims zur Notwendigkeit von Disziplin der Eindruck entstehen, daß die reibungslose Anpassung der Individuen an die gesellschaftlichen Verhältnisse das vorherrschende wissenschaftlich-praktische Interesse Durkheims war. Um diesem naheliegenden Eindruck entgegenzuwirken, wurden Durkheims Überlegungen zum Verhältnis individueller Autonomie und gesellschaftlichen Zwangs denen über die Erziehung zur Disziplin vorangestellt.

In der Vorlesung »Individuelle Autonomie und gesellschaftlicher Zwang« geht es um das philosophische Problem menschlicher Willensfreiheit angesichts der Zwänge, denen menschliches Handeln unterworfen ist. In Übereinstimmung mit den »modernen Tendenzen des Moralbewußtseins«, wie es in der öffentlichen Meinung und in der Verfassung moderner Gesellschaften immer deutlicher zum Ausdruck komme, konstatiert Durkheim, daß die menschliche Person »heilig« und die persönliche Autonomie deshalb unantastbar sei. Zu dieser persönlichen Autonomie gehöre, daß die Handlungen des Individuums nicht das Resultat eines bloß äußeren Zwanges, sondern aus »freien Stücken« vollzogen, das Ergebnis seiner freien Willensentscheidungen seien. Als Soziologe weiß Durkheim aber, daß die moralischen Regeln einer Gesellschaft das Produkt der historisch-gesellschaftlichen Entwicklung sind. Unter einer sozialisationstheoretischen Perspektive und im Blick auf das Handeln der Individuen könnte Moralität dann als gelungene Verinnerlichung dieser gesellschaftlichen Regeln, als Anpassung an den gesellschaftlichen Zwang interpretiert werden. Aber wie soll dann persönliche Autonomie als freie Entscheidung und freies Handeln des Individuums gedacht werden – dies ist die zentrale Frage, die Durkheim zu lösen versucht.

Mit der Denkfigur der »aufgeklärten Zustimmung« glaubt er, sie beantworten zu können. Die von der Gesellschaft dem Individuum auferlegten Gebote und Verbote, die es im Verlauf der Sozialisation gewissermaßen »blind« verinnerlicht hat, verlieren nach Durkheim ihren Zwangscharakter, wenn ihre Vernünftigkeit dem Handelnden einsichtig geworden ist. Dann nämlich folgt er ihnen aus Gründen der Vernunft und nicht eines äußeren oder verinnerlichten gesellschaftlichen Zwangs wegen. Wenn wir einsehen, so Durkheim, daß die Gebote und Verbote, die die Gesellschaft uns auferlegt, nicht willkürlich sind, sondern der inneren Logik der Gesellschaft, den unabweisbaren Anforderungen des Zusammenlebens entsprechen, dann bleiben sie zwar für das konkrete Handeln zuweilen eine unbequeme und lästige Pflicht, aber sie verstoßen nicht gegen unsere Würde und Freiheit als Person. Sie verletzen unsere Freiheit genausowenig wie die Gesetze der Natur, denen wir unterworfen sind.

Woher aber wissen wir, welche gesellschaftlichen Normen vernünftig sind, mithin unsere »aufgeklärte Zustimmung« verdienen und deshalb mit einer wohlverstandenen Autonomie des Individuums zu vereinbaren sind? In seiner Antwort verläßt sich Durkheim nicht auf die Vernunft der einzelnen oder das individuelle Gewissen. Die Soziologie als die Wissenschaft von der Gesellschaft erhält bei Durkheim die Aufgabe, die Gesetze der Gesellschaft zu entschlüsseln und sie den Mitgliedern der Gesellschaft als Leitfaden ihres vernünftigen moralischen Handelns zu vermitteln. So wie die moderne Naturwissenschaft durch eine methodisch kontrollierte Forschung die Naturgesetze aufgeklärt und damit die Handlungsmöglichkeit der Menschen erweitert hat, so soll die moderne Soziologie nach Durkheim zur Lehrerin einer »progressiven Vernunft« werden, die in der gesellschaftlichen Praxis angelegt, aber erst noch wissenschaftlich aufgeklärt und praktisch durchgesetzt werden muß.

Ob diese Antwort befriedigend ist und welche problematischen Unterstellungen sie hinsichtlich der Rationalität gesellschaftlicher Normen und der Leistung der Wissenschaft enthält, kann an dieser Stelle nicht weiter diskutiert werden.

*Korte: Durkheims Theorie moderner Gesellschaften

Korte, H.: Einführung in die Geschichte der Soziologie. Wiesbaden [8]2006. S. 66–76.

[...] Wie die anderen Soziologen vor ihm begann auch *Durkheim* mit der Frage nach den Gründen für den Zustand der zeitgenössischen Gesellschaft. Die Erklärung der gesellschaftlichen Strukturen stand für ihn am Anfang, aber ebenso wie *Marx* und *Comte* vor ihm, ging es auch ihm darum, die Gesellschaft zum Besseren zu verändern, bzw. aufzuzeigen, was das eigentliche Ziel sein mußte. *Durkheim* war historisch gebildet und geschult, aber er sah bald, daß für eine Erklärung des dominanten Phänomens der Moderne, – daß mit immer mehr Individualität gleichzeitig immer mehr Einbindung in gesellschaftliche Zwänge notwendig wurde – die Geschichtswissenschaft allein nicht ausreichte. *Durkheim* nannte das in seiner eigenen Terminologie die **Frage nach dem Verhältnis der individuellen Person zur sozialen Solidarität**.

In seinem Buch »*De la division du travail social: Etude sur l'organisation des sociétés supérieures*« (1893) untersucht *Durkheim* **den Zusammenhang von Arbeitsteilung und sozialer Solidarität**. Dabei versteht er den Begriff Solidarität nicht im traditionellen Sinne als Zusammenhalt oder als moralischen Kampfbegriff wie etwa die Arbeiterbewegung. Bei ihm erfährt der Begriff Solidarität eine relationale Verwendungsweise. Solidarität ist für *Durkheim* lediglich ein Beziehungsmodus, eine Form der Soziabilität, die den Zusammenhang von Struktur und Funktionsweise einer Gesellschaft mit dem entsprechenden Wertsystem beschreibt. Er geht davon aus, daß soziale Solidarität existiert, wenn soziale Organisationsformen und Moraltypen übereinstimmen.

Durkheim unterscheidet **zwei Formen von Solidarität, die mechanische und die organische**, wobei die mechanische Solidarität nach und nach durch die organische abgelöst wird. Diesen beiden Solidaritätstypen ordnet *Durkheim* zwei empirisch belegbare Gesellschaftsformen zu, die er auch mit entsprechendem Datenmaterial untermauert, die **segmentierte** Gesellschaft und die **arbeitsteilige** Gesellschaft. Auch hierbei geht er davon aus, daß es eine langsame, aber stetige Entwicklung von dem segmentalen Typus zum arbeitsteiligen Typus gibt.

Die unterschiedlichen Ausprägungen der mechanischen Solidarität beschreibt *Durkheim* auf drei Ebenen. Er beginnt mit einer **morphologischen Betrachtung**, d. h., zuerst untersucht er das, was man quasi von außen zur segmentierten Gesellschaft und zur arbeitsteiligen Gesellschaft feststellen kann. Er beschreibt, wie segmentierte Gesellschaften zunächst in Clans und Horden organisiert sind, wie es zwischen den einzelnen Gruppen relativ geringe Interdependenzen gibt und wie die sozialen Bindungen relativ schwach ausgeprägt sind. In segmentierten Gesellschaften ist die Bevölkerungszahl relativ niedrig.

Die organische Solidarität wird durch die Arbeitsteilung bestimmt. Sie ist für entwickelte Gesellschaften charakteristisch. Arbeitsteilige Gesellschaften bestehen aus einem System funktional differenzierter Organe, welche jeweils Sonderaufgaben zu erfüllen haben und in sich weiter unterteilt sind. Die morphologische Sichtweise zeigt das Entstehen von großen Märkten und das Wachstum der Städte, zeigt starke Interdependenzen zwischen den einzelnen Gruppierungen und auch, daß die Bevölkerungszahl relativ hoch ist.

In der zweiten Ebene untersucht *Durkheim* die verschiedenen **Normen**, die in segmentierten Gesellschaften und den arbeitsteiligen Gesellschaften vorherrschen. In segmentierten Gesellschaften mit ihrer mechanischen Solidarität dominiert das Strafrecht, repressives Recht in der Terminologie *Durkheims*. Die Strafe hat den Charakter der Sühne, da die Tat als Angriff auf das geltende Moralsystem verstanden wird. Die gesellschaftliche Integration wird durch gemeinsame Anschauungen und Gefühle und durch repressive Mechanismen der Abwehr gegen die Verletzung dieses Kollektivbewußtseins vermittelt.

In arbeitsteiligen Gesellschaften ist restitutives, d. h. »wiederherstellendes« Recht die vorherrschende Rechtsform. *Durkheim* macht darauf aufmerksam, daß in den modernen Industriegesellschaften das Strafrecht nur einen kleinen Anteil an dem gesamten Rechtssystem hat, daß vielmehr Zivilrecht, Handelsrecht und verschiedene verwaltungsrechtliche Vorschriften viel wichtiger für das Zusammenleben der Menschen sind. Auf Verstöße werde nun nicht mehr mit Strafe und Sühne, sondern mit Wiedergutmachungsforderungen und mit Resozialisierungsmaßnahmen reagiert, denn in den Verstößen wird nicht länger ein grundsätzlicher Angriff auf das Kollektivbewußtsein gesehen.

Mit der Vokabel »**Kollektivbewußtsein**« ist bereits der eigentliche Kern dieser Systematisierung angesprochen. Es ist gewissermaßen die dritte übergeordnete Ebene. In segmentierten Gesellschaften ist das Kollektivbewußtsein, man könnte den französischen Ausdruck (*conscience collective*) auch mit Kollektivgewissen übersetzen, intensiv entwickelt und hat eine allgemeine Bedeutung. Religiöse Vorstellungen dominieren, und die Bedeutung der Gesellschaft steht für die Individuen im Vordergrund. Das ist in arbeitsteiligen Gesellschaften anders. Das Kollektivbewußtsein ist weniger stark ausgeprägt, es hat auch nicht mehr die determinierende Kraft für das einzelne Individuum, vielmehr hat das Individuum nun Möglichkeiten der Eigeninitiative und der Reflexion. Auch tritt die Bedeutung der Religion in den Hintergrund, und menschenorientierte Wissenschaften bekommen immer größere Bedeutung. Die Würde des Menschen, die Gleichheit, das Arbeitsethos und die soziale Gerechtigkeit bestimmen den Inhalt der »*conscience collective*« in der arbeitsteiligen Gesellschaft. In der segmentierten Gesellschaft sind die Vorschriften sehr konkret und spezifisch, in der arbeitsteiligen Gesellschaft sind sie abstrakt und relativ allgemein gehalten.

Das vermittelnde Element in der Gesellschaftsform der organischen Solidarität ist die Arbeitsteilung. Je mehr die Gesellschaft sich arbeitsteilig organisiert, je dichter das Netz von Abhängigkeitsverhältnissen wird und je mehr spezielle Fähigkeiten der einzelnen Individuen sich herausbilden müssen, umso mehr können diese Spezialisierungen dann Ausgangspunkt für individuelle Persönlichkeitsentwicklungen werden. Diese können so die Basis des integrierenden Kollektivbewußtseins der segmentierten Gesellschaften nach und nach zerstören, bis sie schließlich in der Arbeitsteilung eine neue Zuordnung zwischen Gesellschaft und Individuum etablieren. Die Arbeitsteilung wirkt als das die Integration vermittelnde Medium. Dadurch erhält die Arbeitsteilung für *Durkheim* eine moralische Dimension. Er macht darauf aufmerksam, daß man zu Unrecht den segmentierten Gesellschaften, die noch aus der Gemeinschaftlichkeit des Glaubens handeln, die moderne Gesellschaft gegenüberstellt, die scheinbar nur noch auf Zusammenarbeit beruht. Man könne nicht der ersteren einen moralischen Charakter zubilligen und in der zweiten nur noch eine Form wirtschaftlicher Tätigkeit sehen. In Wirklichkeit habe gerade die Zusammenarbeit in der arbeitsteiligen Gesellschaft ihre eigenständige Moralität.

Dies ist ein zentraler Punkt in der Argumentation *Durkheims* und gleichzeitig der Anknüpfungspunkt für seine **Morallehre**, mit der er sich an den innenpolitischen Debatten der dritten Republik beteiligte und im Erziehungswesen großen Einfluß gewann. Zwei Zitate sollen dies beispielhaft belegen. Zunächst ein Zitat zur Entstehung der Arbeitsteilung.

> Wir können also den Schluß ziehen, indem wir sagen, daß alle sozialen Bande, die der Ähnlichkeit entstammen, allmählich ihre Kraft verlieren. Dieses Gesetz allein reicht bereits hin, um die ganze Gewichtigkeit der Rolle der Arbeitsteilung aufzuzeigen. Denn in der Tat, da die mechanische Solidarität immer schwächer wird, muß sich entweder das eigentliche soziale Leben vermindern oder eine andere Solidarität muß nach und nach an die Stelle derer treten, die im Begriff ist, sich aufzulösen. Man muß wählen. Vergeblich hält man daran fest, daß sich das Kollektivbewußtsein zugleich mit den Individuen erweitert und festigt. Wir haben bewiesen, daß die beiden sich im umgekehrten Verhältnis verändern. Trotzdem besteht der soziale Fortschritt nicht aus einer stetigen Auflösung; im Gegenteil, je mehr man fortschreitet, desto mehr gewinnen die Gesellschaften ein tiefes Gefühl ihrer selbst und ihrer Einheit. Es muß also ein anderes soziales Band geben, das dieses Ergebnis nach sich zieht. Nun gibt es aber kein anderes als jenes, das sich aus der Arbeitsteilung ableitet.

> Wenn man sich darüber hinaus daran erinnert, daß die mechanische Solidarität selbst dort, wo sie am widerstandsfähigsten ist, die Menschen nicht mit der gleichen Kraft verbindet wie die Arbeitsteilung, und daß sie im übrigen den größten Teil der heutigen sozialen Phänomene außer acht läßt, dann wird noch deutlicher, daß die soziale Solidarität dazu neigt, rein organisch zu werden. Die Arbeitsteilung übernimmt immer mehr die Rolle, die früher das Kollektivbewußtsein erfüllt hatte. Sie hauptsächlich hält die sozialen Aggregate der höheren Typen zusammen. (Emile Durkheim, [1893], 1988: 228)

Wenn man genau hinschaut, erkennt man ein bekanntes Muster. Ähnlich wie *Comte* und auch *Spencer* sieht *Durkheim* einen evolutionären Prozeß. Bei ihm verläuft dieser von der mechanischen zur organischen Solidarität, von segmentierten zu arbeitsteiligen Gesellschaften. Dies ist ein Prozeß, der in allen menschlichen Gesellschaften stattfinden muß, und den *Durkheim* mit den Mitteln der soziologischen Forschung aufspüren will. Wichtig ist dabei, daß dieser Prozeß unabhängig von den einzelnen Individuen existiert, eine soziale Realität ist, die Verdinglichung des Sozialen.

Hieraus ergeben sich eine Reihe von Schlußfolgerungen. Für die weitere Entwicklung des Faches wurde die Überzeugung *Durkheims* am wichtigsten, daß die Gesellschaft den Individuen gegenüberstehe und in sie hineinwirke. Auch hier bleibt *Durkheim* bei seinen Vorstellungen älteren Bildern verhaftet. Der physische Organismus bezieht seine Nahrung von außen. Der geistige Organismus des Individuums nährt sich von Ideen, Gefühlen und Praktiken, die er von der Gesellschaft, also ebenfalls von außen, bekommt.

Zumindest in der Zeit in Bordeaux beschäftigte sich *Durkheim* mit der Ausarbeitung seiner These, daß die Entwicklung des Sozialen eine eigene, rationale Struktur hat. Zur empirischen Untermauerung dienten ihm soziale Tatsachen – und nur sie. Soziales, so entwickelt er es vor allem in den »*Regeln der soziologischen Methode*« – der genaue französische Titel seines zweiten Buches lautet: »*Les règles de la méthode sociologique*« –, kann nur durch Soziales interpretiert werden. **Die sozialen Realitäten existieren unabhängig von den einzelnen Individuen.** Das ist nicht etwa nur ein Kunstgriff, um die Ausgangsthese vom Vorhandensein mechanischer und organischer Solidaritäten vor Gegenargumenten abzusichern, sondern auch der insgesamt als gelungen zu bezeichnende Versuch, Soziologie als eigenständige Disziplin gegen konkurrierende Wissenschaften abzugrenzen.

Das muß *Durkheim* schon deshalb tun, weil anders sein **Übergang von der Theorie in eine moralische Praxis** nicht gelingen kann. Die Verbindung von soziologischer Einsicht und gesellschaftlicher Praxis wäre nicht eindeutig herstellbar. So aber kann er den Schritt in eine Morallehre ohne Hindernisse tun und sich an den öffentlichen Debatten im Frankreich der Dritten Republik darüber, ob die

Gesellschaft in einer Krise sei und wie sie zu beheben sei, als **Fachgelehrter** beteiligen. Das zweite ausgewählte Zitat zeigt diesen Schritt von der soziologischen Einsicht zur moralischen Praxis recht deutlich. Wir wollen es in zwei Schritten erläutern. Zunächst zu den Gründen der Krise:

> Tiefgreifende Veränderungen haben sich innerhalb sehr kurzer Zeit in der Struktur unserer Gesellschaften vollzogen. Sie haben sich mit einer Geschwindigkeit und in einem Ausmaß vom segmentären Typ befreit, für welche die Geschichte kein anderes Beispiel bietet. Folglich ist die Moral, die diesem Sozialtypus entsprach, verkümmert, ohne daß sich an deren Stelle die neue genügend rasch entwickelt hat, um den Raum zu füllen, den die andere in unserem Bewußtsein hinterlassen hat. (...); das individuelle Urteil hat sich vom Kollektivurteil gelöst. Andererseits aber haben die Funktionen, die sich im Verlauf des Umschwungs voneinander getrennt haben, noch keine Zeit gehabt, sich einander anzupassen; das neue Leben, das sich plötzlich entfaltet hat, hat sich noch nicht vollständig organisieren können und hat sich vor allem nicht so organisiert, daß es das Bedürfnis nach Gerechtigkeit zu befriedigen vermöchte, das in unseren Herzen so glühend erwacht ist. (Emile Durkheim, 1988: 479)

Es mangelt also an einer adäquaten Ausformung der Moral der arbeitsteiligen Gesellschaft. *Durkheim* gewinnt die gewünschte Normalität in der Gesellschaft, indem er Abweichungen und Krisen und deren Folgen untersucht und hieraus das eigentlich Richtige ableitet. Normalität bezieht sich aber immer auf bestimmte Gesellschaftstypen, hier also auf die ausdifferenzierte arbeitsteilige Gesellschaft.

Die Orientierung am Normalen, an der Ordnung und an den gegebenen Zwängen der Gesellschaft ist unübersehbar. Das wäre für *Durkheim* allerdings kein Gegenargument gewesen, sondern die Bestätigung, daß seine Absicht richtig erkannt wurde. Die Soziologie, so sein Programm, sollte der Gesellschaft nützlich sein. Wie konnte sie – so dachte er – das besser tun, als den Weg zur richtigen Normalität aufzuzeigen und Hinweise zu geben, wie sie zu erreichen sei. Das zeigt dann der zweite Teil des Zitates, der mit einer Absage an traditionelle Vorstellungen beginnt:

> Wenn das so ist, dann kann das Hilfsmittel gegen dieses Übel nicht in dem Versuch liegen, die Traditionen und Praktiken wiederzubeleben zu suchen, die den gegenwärtigen Bedingungen des sozialen Zustandes nicht länger entsprechen und die nur künstliches, scheinbares Leben gewinnen könnten. Wichtig ist, daß diese Anomie endet und daß man die Mittel zur Herstellung eines harmonischen Zusammenspiels derjenigen Organe findet, die sich noch unharmonisch aneinander stoßen, daß man deren Beziehungen gerechter organisiert, indem man jene äußeren Ungleichheiten mehr und mehr vermindert, die die Quelle des Übels sind. (...) Mit einem Wort: Unsere erste Pflicht besteht heute darin, uns eine neue Moral zu bilden. Ein derartiges Werk kann nicht in der Stille der Studierstube ersonnen werden; es muß aus sich selbst entstehen, nach und nach, unter dem Druck innerer und notwendiger Ursachen. (Emile Durkheim 1988: 479 f)

Wichtig ist für *Durkheim*, das sei noch einmal wiederholt, daß die **Anomie** ein Ende findet. Mit diesem Begriff bezeichnet er den Zustand des Auseinanderfallens individueller Handlungen und gesellschaftlicher Bindungen. Nachdem er gezeigt hat, daß die Arbeitsteilung das moralische Grundprinzip der solidarischen Gesellschaftsform ist, muß er feststellen, daß es noch vielerlei Brüche zwischen den Einzelnen und ihrer Gesellschaft gibt, daß es noch kein durchgreifendes Kollektivbewußtsein in der neuen industriell-städtischen und arbeitsteiligen Gesellschaft gibt, das den Zusammenhalt zwischen den Menschen und ihren sozialen Gruppen sicherstellt.

Diesem Problem war das Buch über den **Selbstmord** »*Le Suicide: Etude de sociologie*« gewidmet. Es war die erste soziologisch-empirische Studie über den Selbstmord. Sie ist in mancher Hinsicht bis heute nicht überholt. *Durkheim* suchte nach Gründen für den Selbstmord, etwa für die unbestreitbaren Unterschiede in den Selbstmordraten in verschiedenen Staaten oder in den verschiedenen geschichtlichen Phasen einer Gesellschaft. Er prüfte alle denkbaren Fakten – von geographischen über ökonomische bis zu psychologischen – mit dem Ergebnis, daß nur eine soziologische Antwort befriedigen kann. Das war gewiß auch als Abgrenzung zu den etablierten Wissenschaften gedacht: indem deren Unfähigkeit zur Erklärung sozialer Tatbestände nachgewiesen wurde, konnte gleichzeitig die Soziologie als Fachdisziplin für Soziales erfolgreich behauptet werden. Das Ergebnis seiner Untersuchungen lautet:

> Die Anomie ist also in unseren modernen Gesellschaften ein regelmäßig auftretender und spezifischer Selbstmordfaktor; sie ist eine der Quellen, aus der sich alljährlich das Kontingent speist. Infolgedessen haben wir einen neuen Typus vor uns, der von den anderen unterschieden werden muß. Er unterscheidet sich dadurch, daß er nicht von der Art und Weise bestimmt ist, in der der einzelne mit seiner Gesellschaft verbunden ist, sondern in der Art, in der diese ihre Mitglieder reguliert. Der egoistische Selbstmord bestimmt sich daraus, daß die Menschen im Leben keinen Sinn mehr sehen; der altruistische Selbstmord daher, daß ihnen dieser Sinn als außerhalb des eigentlichen Lebens liegend erscheint; die dritte Art von Selbstmord, die wir eben festgestellt haben, daß ihr Handeln regellos wird und sie darunter leiden. Wegen seines Ursprungs wollen wir dieser letzten Art den Namen *anomischer Selbstmord* geben. (Emile Durkheim, 1983: 295 f)

Auch bei der Studie über den Selbstmord folgt Durkheim also zunächst seiner zentralen Fragestellung nach dem Verhältnis von Individualität und gesellschaftlichen Regeln. Er findet in einem zweiten Schritt heraus, daß es **anomische Zustände** gibt, die zu anomischem Verhalten führen. Die Anomie kann, und das ist hier der dritte Schritt, nur mit der Einsetzung neuer, angemessener moralischer Maßstäbe behoben werden.

Diese neuen moralischen Maßstäbe, die das gesellschaftliche Leben in der arbeitsteiligen Gesellschaft zur organischen Solidarität, ihrer angemessenen gesellschaftlichen Form führen sollen, braucht *Durkheim* auch, um die Frage nach den

Gründen für die zeitgenössischen Formen sozialer Ungleichheit befriedigend beantworten zu können. Auch dies ist für ihn eine Folge der Brüche zwischen dem Individuum und seiner Gesellschaft. Im Falle der sozialen Ungleichheit sind es die Brüche zwischen den natürlichen Anlagen der Menschen und ihren sozialen Funktionen. Zwar weiß er, daß es keinen direkten Zusammenhang zwischen Erbanlagen und bestimmten Berufen gibt, aber er geht davon aus, daß es einen Zusammenhang zwischen (wahrscheinlich angeborenen) Neigungen und Fähigkeiten und einer angemessenen Berufsposition gibt.

> Zweifellos sind wir von Geburt aus nicht für einen ganz bestimmten Beruf vorgesehen; aber wir haben Neigungen und Fähigkeiten, die unsere Wahl begrenzen. Wird ihnen nicht Rechnung getragen, so werden sie durch unsere täglichen Beschäftigungen ständig verletzt; wir leiden und suchen ein Mittel, um unsere Leiden zu beenden. Nun gibt es aber kein anderes als die bestehende Ordnung zu ändern und eine neue herzustellen. Damit die Arbeitsteilung die Solidarität erzeugt, genügt es also nicht, daß jeder seine Aufgabe hat, es muß auch jene sein, die ihm liegt. (Emile Durkheim, 1988: 444)

Soziale Ungleichheit ist demnach akzeptabel, wenn es im Zustand organischer Solidarität keine Unzufriedenheit gibt und jeder den Beruf ausübt, der ihm angemessen ist. Und auch hier ist die Quintessenz klar: Eine neue Moral wird gebraucht, und die Soziologie stellt sie zur Verfügung.

So schuf sich *Durkheim* in wenigen Jahren die theoretische Grundlage einer Soziologie, die zweierlei war: **eine adäquate Wissenschaft des sozialen und eine Morallehre der modernen Gesellschaft**. Die Soziologie mußte sich als Wissenschaft von der Gesellschaft, von den etablierten Disziplinen wie Theologie, Philosophie, Naturwissenschaften und Nationalökonomie emanzipieren. Dies erlaubte aber auch eine Abkehr von theologischen, philosophischen und staatstheoretischen Regeln des gesellschaftlichen Lebens und die Formulierung einer neuen Moral.

Arbeitsaufgaben

1. *Beschreiben Sie mit Durkheim die Unterschiede zwischen »segmentierten« und »arbeitsteiligen« Gesellschaften, und erläutern Sie in diesem Zusammenhang die Bedeutung der »mechanischen« und der »organischen« Solidarität.*
2. *Charakterisieren Sie das Geschichtsbild, das Durkheims Verständnis von der Gesellschaft zugrunde liegt.*
3. *Durkheim argumentiert, daß in modernen Gesellschaften wegen der zunehmenden Arbeitsteilung die Verbindlichkeit des Kollektivbewußtseins für das einzelne Individuum, dem immer mehr Gewicht zugemessen werde, zurückgehe. Begründen*

Sie, ob aus der Sicht Durkheims diese ›Individualisierungsprozesse‹ als Befreiung aus gesellschaftlichen Bindungen interpretiert werden können. Veranschaulichen Sie die gemeinten Sachverhalte mit Hilfe von Beispielen.

4. *Worin besteht laut Durkheim die gesellschaftliche Krise seiner Zeit, und welche Aufgabe schreibt er der Soziologie für die Lösung dieser Krise zu?*

5. *Stellen Sie auf der Basis Ihrer bisherigen Arbeitsergebnisse Vermutungen darüber an, welche Bedeutung der von Durkheim entworfenen Soziologie für die Pädagogik zukommt.*

Durkheim: Erziehung und Gesellschaft

Durkheim, É.: Erziehung, Moral und Gesellschaft. Frankfurt/Main 1984. S. 37–55. Siehe S. 258.

[...] Da ich Soziologe bin, werde ich als Soziologe von der Erziehung sprechen. Das bedeutet übrigens keineswegs, die Dinge aus einem schiefen Winkel zu sehen und zu behaupten, sie seien verzerrt. Ich bin im Gegenteil davon überzeugt, daß es keine geeignetere Methode gibt, ihre wahre Natur zum Vorschein zu bringen. Ich stelle nämlich als Postulat einer jeden pädagogischen Theorie auf, daß die Erziehung eine eminent soziale Angelegenheit ist, und zwar durch ihren Ursprung wie durch ihre Funktionen, und daß folglich die Pädagogik stärker von der Soziologie abhängt als jede andere Wissenschaft. Da dies die Leitidee meiner Lehre ist, erscheint es mir nützlich, diese erste Vorlesung dafür zu verwenden, sie herauszustellen und zu verdeutlichen, damit Sie sie in ihrer Anwendung besser verfolgen können. Es handelt sich nicht darum, ihre Darstellung in einer einzigen Vorlesung vollständig geben zu wollen. Ein derart allgemeines Prinzip, dessen Auswirkungen so weitgreifend sind, kann nur allmählich überprüft werden, schrittweise und in dem Maß, wie man in den Einzelheiten der Fakten weiterkommt und sieht, wie es darauf angewendet wird. Es ist aber jetzt schon möglich, Ihnen einen Gesamtüberblick zu geben, d. h. Ihnen die wichtigsten Gründe aufzuzeigen, die von Anfang der Untersuchung an als vorläufige Annahme und unter dem Vorbehalt der nötigen Überprüfungen dafür sprechen. Das Ziel dieser ersten Vorlesung ist schließlich, Ihnen ihre Tragweite und gleichzeitig ihre Grenzen aufzuzeigen.

I

Es ist umso notwendiger, Ihre Aufmerksamkeit auf dieses Grundaxiom zu lenken, als es allgemein unbekannt ist. Bis in die letzten Jahre – und die Ausnahmen können heute noch gezählt werden – stimmten die modernen Pädagogen fast einmütig darin überein, in der Erziehung eine rein individuelle Angelegenheit zu sehen, folglich die Pädagogik unmittelbar und direkt allein aus der Psychologie folgen zu lassen. Für Kant wie für Mill, für Herbart wie für Spencer hat die Erziehung vor allem den Zweck, in jedem Individuum (und zwar bis zur höchstmöglichen Vollendung) die für wesentlich gehaltenen Eigenschaften der menschlichen Gattung schlechthin zur Vollendung zu bringen. Man setzte als unbestreitbare Wahrheit voraus, daß es nur eine einzige Erziehung gäbe, die unter Ausschluß einer jeden anderen, unterschiedslos allen Menschen entspricht, wie immer auch die historischen und sozialen Bedingungen sein mögen, von denen sie abhängen. Dieses abstrakte und einzige Ideal zu bestimmen, nahmen sich die Erziehungstheoretiker vor. Man nahm an, daß es *eine* menschliche Natur gibt, deren Formen und Eigenschaften ein für allemal bestimmbar wären. Das pädagogische Problem bestand darin, zu erforschen, auf welche Weise die erzieherische Tätigkeit auf diese derart definierte menschliche Natur zu wirken habe. Kein Zweifel, niemand hat je angenommen, daß der Mensch von vornherein, sobald er ins Leben tritt, all das ist, was er sein kann und sein soll. Es ist nur zu offensichtlich, daß sich der Mensch nur allmählich bildet, im Laufe eines langsamen Werdens, das mit der Geburt beginnt und sich mit der Reife vollendet. Aber man nahm an, daß dieses Werden nur solche Wirkkräfte verwirklicht, d. h. latente Energien ans Licht bringt, die schon vorgeformt im physischen und geistigen Organismus des Kindes existieren. Der Erzieher hätte also nichts Wesentliches zum Werk der Natur beizutragen. Er schafft nichts Neues. Seine Rolle würde sich darauf beschränken zu verhindern, daß diese bestehenden Wirkkräfte nicht durch Nichtstun verkümmern oder von ihrer normalen Richtung abgelenkt werden oder sich zu langsam entwickeln. Damit verlieren die Bedingungen der Zeit und des Ortes, die Zustände, in denen sich die soziale Umwelt befindet, jedes Interesse für die Pädagogik. Da der Mensch in sich selbst alle Keime seiner Entwicklung trägt, muß man einzig und allein ihn beobachten, wenn man zu bestimmen versucht, in welchem Sinn und auf welche Weise diese Entwicklung gelenkt werden soll. Wichtig ist nur, zu wissen, welches seine eingeborenen Fähigkeiten sind und welcher Art ihre Natur ist. Die Wissenschaft aber, die den individuellen Menschen zu beschreiben und zu erklären strebt, ist die Psychologie. Es scheint also, als ob sie allein für alle Bedürfnisse der Pädagogik aufkommen könnte.

Leider steht diese Auffassung der Erziehung in direktem Widerspruch zu allem, was uns die Geschichte lehrt: Es gibt kein Volk, wo sie jemals praktiziert wurde. Es gibt auch keine allgemeingültige Erziehung für das ganze Menschengeschlecht; ja, es gibt sozusagen keine Gesellschaft, in der nicht verschiedene pädagogische Systeme nebeneinander existieren und parallel funktionieren. Ist die Gesellschaft aus Kasten gebildet, so unterscheidet sich die Erziehung von Kaste zu Kaste: Die Erziehung der Patrizier ist nicht die Erziehung der Plebejer; die Erziehung der Brahmanen ist nicht die Erziehung des Sudra. Wie groß war nicht im Mittelalter der Abstand zwischen der Ausbildung, die der Page erhielt, der in alle Künste des Rittertums eingeführt wurde, und der Erziehung eines Bauernjungen, der in der Pfarrschule einige magere Elemente des Comput, des Gesangs und der Grammatik lernte! Sehen wir nicht heute noch, wie sich die Erziehung mit den sozialen Klassen oder sogar mit dem Wohnort verändert? Die Erziehung in der Stadt ist nicht die Erziehung auf dem Land, die Erziehung des Bürgers nicht die Erziehung des Arbeiters. Man könnte sagen, daß eine solche Organisation moralisch nicht gerechtfertigt ist, daß man in ihr nur ein Überbleibsel der Vergangenheit sehen kann, das zum Verschwinden verurteilt ist? Diese These ist leicht zu verteidigen. Es ist klar, daß die Erziehung unserer Kinder nicht vom Zufall abhängen dürfte, der sie hier und nicht dort zur Welt kommen läßt und von diesen und nicht von jenen Eltern. Aber selbst wenn das soziale Bewußtsein unserer Zeit die Befriedigung erhalten hätte, die es erwartet, so würde die Erziehung dadurch nicht einheitlicher werden. Selbst wenn die Laufbahn eines jeden Kindes nicht mehr (oder nicht mehr zum größten Teil) durch ein blindes Erbrecht vorherbestimmt sein würde, würde die soziale Verschiedenheit der Berufe eine große pädagogische Verschiedenheit nach sich ziehen. Denn jeder Beruf stellt eine Welt *sui generis* dar, die besondere Fähigkeiten und spezielle Kenntnisse erfordert und in der bestimmte Ideen, bestimmte Bräuche und Ansichten herrschen. Da das Kind im Blick auf die Aufgabe, die es einmal erfüllen soll, vorbereitet werden muß, kann die Erziehung von einem gewissen Alter an nicht mehr für alle, an die sie sich wendet, die gleiche sein. In allen zivilisierten Ländern können wir daher beobachten, wie sie sich immer mehr verzweigt und spezialisiert. Diese Spezialisierung setzt immer früher ein. Die Ungleichartigkeit, die so entsteht, beruht nicht wie jene, deren Existenz wir eben festgestellt haben, auf ungerechter Ungleichheit; trotzdem ist sie nicht geringer. Um eine völlig gleichartige und gleichwertige Erziehung zu finden, müßte man bis in die prähistorische Gesellschaft vordringen, in deren Schoß es keine Abstufungen gibt; aber selbst diese Art von Gesellschaften stellt nur einen logischen Augenblick in der Geschichte der Menschheit dar.

Nun ist es offensichtlich, daß diese Spezialerziehungen nicht im Hinblick auf individuelle Ziele organisiert sind. Zweifellos kommt es manchmal vor, daß sie in einem Einzelnen besondere Fähigkeiten entwickeln, die bereits in ihm lagen und nur verlangten, hervorgerufen zu werden. In diesem Sinn kann man sagen, daß sie ihm helfen, seine Natur zu verwirklichen. Aber wir wissen, wie selten diese eng definierten Berufungen sind. Im allgemeinen sind wir nicht durch unsere intellektuelle oder soziale Veranlagung für eine bestimmte Funktion prädestiniert. Der Durchschnittsmensch ist außerordentlich plastisch. Er kann in sehr verschiedenen Berufen eingesetzt werden. Wenn er sich also spezialisiert, und wenn er sich eher unter dieser als unter jener Form spezialisiert, so nicht aus Gründen, die ihm innewohnen; Notwendigkeiten seiner Natur zwingen ihn nicht dazu. Um sich erhalten zu können, braucht er aber die Gesellschaft, die die Arbeit zwischen ihren Mitgliedern, und eher in dieser Form als in jener, aufteilt. Darum bereitet sie selber über die Erziehung die Spezialarbeiter vor, deren sie bedarf. Für sie und durch sie ist die Erziehung so vielfältig. [...]

Welches auch die Bedeutung dieser speziellen Erziehungen sei, so sind sie unstreitig nicht die ganze Erziehung. Man kann sogar sagen, daß sie sich nicht einmal selbst genügen. Überall, wo man ihnen begegnet, unterscheiden sie sich voneinander nur von einem gewissen Punkt ab, innerhalb dessen sie sich vermischen. Alle ruhen sie auf einer gemeinsamen Basis. Es gibt kein Volk, in dem nicht eine gewisse Anzahl von Ideen, von Gefühlen und von Praktiken existiert, die die Erziehung unterschiedlos allen Kindern beibringen muß, welcher sozialen Kategorie sie auch angehören. Diese gemeinsame Erziehung wird im allgemeinen sogar als die einzig wahre Erziehung angesehen. Sie scheint voll und ganz zu verdienen, daß man sie mit diesem Namen nennt. Man gewährt ihr auch vor allen anderen einen Vortritt. Von ihr also müssen wir wissen, ob sie, wie man behauptet, ganz im Begriff des Menschen enthalten ist und ob sie davon abgeleitet werden kann.

Was die Erziehungssysteme anbelangt, die uns die Geschichte bekanntgemacht hat, braucht die Frage allerdings nicht einmal gestellt zu werden. Sie sind so offensichtlich mit bestimmten sozialen Systemen verbunden, daß sie davon untrennbar sind. Wenn es trotz den Unterschieden, die das Patriziat von der *plebs* trennte, in Rom eine für alle Römer gemeinsame Erziehung gab, dann kennzeichnet diese Erziehung, wesentlich römisch zu sein. Sie schloß die Organisation des Gemeinwesens ein, dessen Basis sie zu gleicher Zeit war. Was von Rom zu sagen ist, könnte man von allen historischen Gesellschaften wiederholen. Jeder Volkstypus hat seine Erziehung, die ihm eigen ist, und die dazu dienen kann, ihn auf dieselbe Weise zu definieren wie seine moralische, politische und religiöse Organisation. Sie ist ein Element seiner Physiognomie. Das ist der Grund, warum die Erziehung so außerordentlich nach Zeit und Ort verschieden ist; warum sie hier das Individuum daran gewöhnt, seine Persönlichkeit ganz dem Staat zu widmen, während sie sich dort im Gegenteil bemüht, ein autonomes Wesen aus ihm zu machen, das über sein Verhalten selbst bestimmt; warum sie im Mittelalter asketisch war, in der Renaissance liberal, im 17. Jahrhundert literarisch und zu unserer Zeit wissenschaftlich. Die Menschen haben sich nicht, weil sie sich falsche Vorstellungen gebildet haben, über die Natur des Menschen und über ihre Bedürfnisse getäuscht, sondern die Bedürfnisse haben sich geändert; sie haben sich verändert, weil die sozialen Bedingungen, von denen die menschlichen Bedürfnisse abhängen, nicht mehr die gleichen waren.

Was man aber für die Vergangenheit leicht zugibt, weigert man sich, für die Gegenwart und noch mehr für die Zukunft anzuerkennen. [...]

Aber gliche es nicht eher einem Wunder, daß die Erziehung, nachdem sie Jahrhunderte hindurch und in allen Gesellschaften alle Züge einer sozialen Einrichtung aufgewiesen hat, so vollständig ihre Natur soll verändert haben? Eine derartige Umwandlung wäre umso überraschender, wenn man bedenkt, daß der Augenblick, in dem sie sich vollzog, der Augenblick ist, in dem die Erziehung begonnen hat, zu einem wahrhaft öffentlichen Dienst zu werden: denn seit Ende des letzten Jahrhunderts kann man nicht nur in Frankreich, sondern in ganz Europa feststellen, daß sie sich immer direkter unter die Kontrolle und die Leitung des Staates zu stellen strebt. Die Ziele, die sie verfolgt, lösen sich zweifellos mit jedem Tag mehr von den lokalen und ethnischen Bindungen, die sie früher charakterisierten; sie werden allgemeiner und abstrakter. Trotzdem sind sie wesentlich kollektiv. Denn ist es nicht die Kollektivität, die sie uns aufzwingt? Befiehlt sie uns nicht, vor allem beim Kind die Eigenschaften zu entwickeln, die es mit allen Menschen gemeinsam hat? Mehr noch: Sie übt nicht nur auf uns mittels der öffentlichen Meinung einen moralischen Druck aus, damit wir über unsere erziehlichen Pflichten einig sind, sie legt auch einen derartigen Wert darauf, daß sie sich, wie ich soeben sagte, selber der Aufgabe unterzieht. Es ist leicht vorauszusehen, daß sie, wenn sie an diesem Punkt derart festhält, dies tut, weil sie daran interessiert ist. In der Tat kann nur eine weitgehend humane Bildung den modernen Gesellschaften die Menschen geben, die sie braucht. Weil jedes der großen europäischen Völker einen ungeheuren Wohnraum einnimmt, sich aus den verschiedensten Rassen zusammensetzt und die Arbeit ins Unendliche geteilt hat, sind die Individuen dieser Völker untereinander so verschieden, daß sie fast nichts mehr gemeinsam haben außer ihrer Eigenschaft als Mensch im allgemeinen. Sie können also die für jeden sozialen *consensus* nötige Homogenität nur unter der Bedingung bewahren, daß sie in der einzigen Hinsicht so ähnlich wie möglich sind, in der sie sich alle gleichen, d. h. insofern sie alle menschliche Wesen sind. Mit anderen Worten, in derart differenzierten Gesellschaften kann es keinen anderen Kollektivtypus geben als den Gattungstypus des Menschen. Verlöre er auch nur etwas von dieser seiner Allgemeinheit, ließe er sich auch nur ein wenig zu seinem alten Partikularismus verleiten, unsere großen Staaten lösten sich in das Gebrösel kleiner Einzelgruppen auf und zerfielen. So kann man also unser pädagogisches Ideal durch unsere soziale Struktur erklären, genauso wie man das der Griechen und der Römer nur durch die Organisation der Stadtstaaten erklären kann. Wenn unsere moderne Erziehung nicht mehr eng national ist, so muß man in der Verfassung der modernen Nationen den Grund dafür suchen.

Aber das ist nicht alles. Die Gesellschaft hat nicht nur denjenigen Menschentypus zum Modell erhoben, den der Erzieher bemüht sein muß, stets aufs neue hervorzubringen, sondern sie gestaltet ihn auch und sie gestaltet ihn nach ihren Bedürfnissen. Es ist ein Irrtum zu glauben, daß er gänzlich in der natürlichen Konstitution des Menschen vorgebildet ist, daß man ihn dort nur durch eine methodische Beobachtung zu entdecken brauche, mit dem Vorbehalte, ihn dann dank der Einbildungskraft zu verschönern, indem man alle Keime, die vorhanden sind, durch den Gedanken zur höchsten Entwicklung bringt. Der Mensch, den die Erziehung in uns verwirklichen muß, ist nicht der Mensch, den die Natur gemacht hat, sondern der Mensch, wie ihn die Gesellschaft haben will; und sie will ihn so haben, wie ihn ihre innere Ökonomie braucht. Der Beweis liegt in der Art, wie sich unser Begriff des Menschen je nach den Gesellschaften geändert hat. Denn auch die Alten glaubten, genauso wie wir, aus ihren Kindern Menschen zu machen. Wenn sie sich weigerten, ihr Ebenbild im Fremden zu sehen, so darum, weil in ihren Augen die Erziehung der Stadtstaaten einzig und allein menschliche Wesen richtig bilden konnte. Sie begriffen die Menschheit auf ihre Weise, die nicht mehr die unsrige ist. Jede ein wenig bedeutende Veränderung in der Organisation einer Gesellschaft hat als Folge eine gleichwertige Veränderung in der Idee, die sich der Mensch von sich selber macht. Wenn sich die soziale Arbeit unter dem Druck der erhöhten Konkurrenz immer weiter teilt, wenn die Spezialisierung eines jeden Arbeiters sowohl deutlicher als auch früher eintritt, verengt sich der Kreis der Dinge, den die gemeinsame Erziehung notwendigerweise umfaßt, und folglich verarmt der menschliche Typus an Charakteren. Früher sah man die literarische Bildung als ein wesentliches Element einer jeden menschlichen Kultur an; aber wir nähern uns einer Zeit, in der sie vielleicht nur mehr eine Spezialität sein wird. Wenn es eine als gültig anerkannte Hierarchie unter unseren Fähigkeiten gibt und wenn es Fähigkeiten gibt, denen wir eine Art Vorrecht einräumen und die wir aus diesem Grund mehr als die anderen entwickeln müssen, so ist diese Würde kein Wesensbestandteil von ihnen. Die Natur hat ihnen nicht für alle Ewigkeit diesen Vorrang eingeräumt; sie haben nur für die Gesellschaft einen größeren Wert. Da diese Stufenleiter notwendigerweise mit den Gesellschaften wechselt, ist diese Hierarchie niemals zu zwei verschiedenen Zeitpunkten der Geschichte dieselbe geblieben. Gestern war es der Mut, der an erster Stelle stand, mit allen Fähigkeiten, die die militärische Tugend enthält; heute ist es der Gedanke und die Überlegung; morgen ist es vielleicht die Feinheit des Geschmacks, die Empfindsamkeit für die Dinge der Kunst. Unser pädagogisches Ideal ist, jetzt wie in der Vergangenheit, bis in die Einzelheiten das Werk der Gesellschaft. Sie zeichnet uns das Porträt des Menschen vor, das wir sein müssen, und in diesem Porträt spiegeln sich dann alle Besonderheiten ihrer Organisation.

II

Statt daß die Erziehung das Individuum und sein Interesse als einziges und hauptsächliches Ziel hat, ist sie vor allem das Mittel, mit dem die Gesellschaft immer wieder die Bedingungen ihrer eigenen Existenz erneuert. Die Gesellschaft kann nur leben, wenn unter ihren Mitgliedern ein genügender Zusammenhalt besteht. Die Erziehung erhält und verstärkt diesen Zusammenhalt, indem sie von vornherein in der Seele des Kindes die wesentlichen Ähnlichkeiten fixiert, die das gesellschaftliche Leben voraussetzt. Aber ohne eine gewisse Vielfalt wäre andererseits jede Zusammenarbeit unmöglich. Die Erziehung sichert die Fortdauer dieser notwendigen Vielfalt, indem sie sich selbst vervielfältigt und spezialisiert. Sie besteht also unter der einen wie der anderen Ansicht aus einer methodischen Sozialisierung der jungen Generation. Man kann sagen, daß in jedem von uns zwei Wesen existieren, die zwar nur durch Abstraktion trennbar, trotzdem aber deutlich unterscheidbar sind. Das eine besteht aus allen Geisteszuständen, die sich nur auf uns selbst und auf die Ereignisse unseres persönlichen Lebens beziehen. Man könnte dies das individuelle Wesen nennen. Das andere ist ein System von Ideen, von Gefühlen und Gewohnheiten, die in uns nicht unsere Persönlichkeit, dafür aber die Gruppe oder die verschiedenen Gruppen ausdrücken, denen wir angehören. Das sind die religiösen Überzeugungen, die moralischen Ansichten und die Gewohnheiten, die nationalen und professionellen Traditionen, die kollektiven Meinungen aller Art. Ihre Summe bildet das soziale Wesen. Dieses Wesen in uns zu bilden, ist die Aufgabe der Erziehung.

Hier zeigt sich übrigens am besten die Bedeutung ihrer Rolle und die Fruchtbarkeit ihrer Wirkung. In der Tat ist dieses soziale Wesen (nicht) in der primitiven Konstitution des Menschen fertig gegeben; es ist auch nicht das Ergebnis einer spontanen Entwicklung. Spontan wäre der Mensch keineswegs geneigt, sich einer politischen Autorität zu unterwerfen, eine moralische Disziplin zu befolgen, sich hinzugeben und sich zu opfern. Nichts gab es in unserer eingeborenen Natur, das uns geneigt gemacht hätte, die Diener von Gottheiten zu werden, dieser symbolischen Sinnbilder der Gesellschaft, ihnen einen Kult zu widmen und selbst zu darben, um sie zu verehren. In dem Maß, wie sich die Gesellschaft selbst bildet und festigt, hat sie aus sich heraus die großen moralischen Kräfte gezogen, vor denen der Mensch seine Minderwertigkeit gefühlt hat. Wenn man die vagen und ungewissen Neigungen abzieht, die vielleicht vererbt sind, dann bringt das Kind bei seiner Geburt nichts mit außer seiner Natur als Individuum. Die Gesellschaft muß mit jeder neuen Generation sozusagen wieder von vorne anfangen. Sie muß auf dem raschesten Weg dem eben geborenen egoistischen und asozialen Wesen ein anderes Wesen hinzufügen, das imstande ist, ein soziales und moralisches Leben zu führen. Das ist die Aufgabe der Erziehung und Sie können ihre ganze Tragweite ermessen. Sie begnügt sich nicht damit, den individuellen Organismus in der von der Natur vorgezeichneten Richtung zu entwickeln und verborgene Kräfte, die nur geweckt werden möchten, sichtbar zu machen. Sie erschafft im Menschen einen neuen Menschen, und dieser Mensch besteht aus allem, was gut in uns ist, aus allem, was dem Leben Wert und Würde gibt. Diese schöpferische Kraft ist im übrigen ein spezielles Privileg der menschlichen Erziehung. Die Erziehung, die die Tiere erhalten, ist ganz anders, wenn man überhaupt mit diesem Namen das fortschreitende Training bezeichnen kann, dem sie von ihren Eltern unterworfen sind. Sie kann wohl die Entwicklung gewisser Instinkte, die im Tier schlummern, vorantreiben; aber sie führt sie nicht in ein neues Leben ein. Sie erleichtert das Spiel der natürlichen Funktionen; aber sie schafft nichts Neues. Von dem Muttertier belehrt, kann das Junge schneller fliegen und sein Nest bauen; aber es lernt fast nichts von seinen Eltern, was es nicht durch seine persönliche Erfahrung entdecken könnte. Die Tiere leben eben entweder isoliert oder sie bilden ziemlich einfache Gesellschaften, die dank einem Triebmechanismus funktionieren, den jedes einzelne Tier von Geburt an in sich trägt. Die Erziehung kann also der Natur nichts Wesentliches hinzufügen, da die Natur allein genügt, für das Leben der Gruppe so gut wie für das Leben des Individuums. Beim Menschen dagegen sind die verschiedenartigen Fähigkeiten, die das soziale Leben voraussetzt, viel zu kompliziert, als daß sie sich gewissermaßen in unserem Gewebe verkörpern und sich unter der Form von organischen Veranlagungen materialisieren könnten. Daraus folgt, daß sie sich nicht von einer Generation zur anderen vererben können. Die Übertragung erfolgt durch die Erziehung. [...]

Wenn man auch begreifen kann, daß die eigentlich moralischen Eigenschaften, weil sie dem Individuum Entbehrungen aufzwingen, weil sie seine natürlichen Bewegungen behindern, in uns nur durch eine von außen kommende Wirkung erregt werden können, so wird man doch fragen, ob es nicht auch andere gibt, die jeder Mensch gerne lernen möchte und spontan sucht? Etwa die verschiedenen Eigenschaften der Intelligenz, die ihm gestatten, sein Verhalten besser der Natur der Dinge anzupassen; oder die physischen Eigenschaften und alles, was zur Kraft und Gesundheit des Organismus beiträgt. Für sie zumindest kommt die Erziehung anscheinend, indem sie sie entwickelt, der Entwicklung der Natur selber entgegen und führt das Individuum zu einem Grad relativer Vollendung, zu dem es von sich aus tendiert, obwohl es ihn rascher mit Hilfe der Gesellschaft erreicht. – Daß aber trotz diesem Anschein die Erziehung hier wie anderswo vor allem auf äußere Notwendigkeiten antwortet, d. h. auf soziale Notwendigkeiten, zeigt sich daran, daß es Gesellschaften gibt, in denen diese Eigenschaften überhaupt nicht gepflegt oder jedenfalls sehr verschieden, je nach den Gesellschaften, verstanden worden sind. Die Vorteile einer soliden intellektuellen Kultur wurden durchaus nicht von allen Völkern anerkannt. Der Wissenschaft, dem kritischen Geist, den wir heute so hoch halten, ist lange Zeit mit Argwohn begegnet worden. Ist uns nicht eine große Glaubenslehre bekannt, die die Armen im Geist glücklich preist? Man muß sich davor hüten zu glauben, daß diese Gleichgültigkeit gegenüber dem Wissen den Menschen künstlich, unter Vergewaltigung ihrer Natur, aufgezwungen worden ist. Von sich aus hatten sie nicht den Wunsch nach Wissenschaft, aus dem einfachen Grund, weil die Gesellschaften, denen sie angehörten, kein Bedürfnis danach hatten. Um leben zu können, brauchten sie starke und geachtete Traditionen. Die Tradition aber erweckt nicht den Gedanken und die Überlegung, ja sie schließt sie eher aus. Genauso steht es mit den physischen Eigenschaften. Wenn die soziale Umwelt eher zum Asketentum neigt, wird die physische Erziehung spontan in den Hintergrund gedrängt. Das war zum Teil der Fall in den Schulen des Mittelalters. Außerdem versteht man, je nach den Strömungen der öffentlichen Meinung, diese Erziehung auf verschiedene Weise. In Sparta hatte sie das Ziel, den Körper gegen die Müdigkeit zu wappnen; in Athen war sie ein Mittel, um den schönen Körper zu erzielen; in der Zeit des Rittertums verlangte man von ihr bewegliche und geschmeidige Krieger; heute hat sie nur mehr einen hygienischen Zweck und macht sich Gedanken, wie sie die gefährlichen Wirkungen einer allzu intensiven intellektuellen Bildung eindämmt. Diese Eigenschaften aber, die auf den ersten Blick so wünschenswert erscheinen, sucht das Individuum nur, wenn die Gesellschaft es dazu veranlaßt, und es sucht sie nur in der Art, wie sie es ihm vorschreibt.

Hier sieht man, wie die Psychologie für sich allein in der Pädagogik nicht ausreicht. Nicht nur schreibt die Gesellschaft, wie ich Ihnen gezeigt habe, dem Individuum das Ideal vor, das es durch die Erziehung verwirklichen soll, sondern es gibt nicht einmal in der individuellen Natur bestimmte Neigungen, keine bestimmte Zustände, die ein erstes Streben auf dieses Ideal hin wären und als dessen innere und vorweggenommene Form angesehen werden könnten. [...]

[...] Selbst wenn das menschliche Bewußtsein kein Geheimnis mehr für uns enthielte, selbst wenn die Psychologie eine vollausgebaute Wissenschaft wäre, könnte sie den Erzieher doch nicht über das Ziel belehren, das er zu verfolgen hat. Nur die Soziologie kann uns helfen, dieses Ziel zu verstehen, indem sie es an die sozialen Zustände knüpft, von denen es abhängt und die es ausdrückt, oder aber sie kann uns helfen, dieses Ziel zu entdecken, wenn das getrübte und schwankende öffentliche Bewußtsein nicht mehr weiß, was es sein soll.

III

Wenn die Rolle der Soziologie ausschlaggebend in der Bestimmung der Ziele ist, die die Erziehung verfolgen soll, hat sie dann auch die gleiche Bedeutung, was die Wahl der Mittel anbelangt?

Hier ist es unwiderlegbar, daß die Psychologie ihre Rechte wieder zurückgewinnt. Wenn das pädagogische Ideal vor allem die sozialen Notwendigkeiten ausdrückt, so kann es doch nur in dem Individuum und durch dieses selbst erfüllt werden. Damit es etwas anderes sei als nur eine simple Geistesschöpfung, eine leere Aufforderung der Gesellschaft an ihre Mitglieder, muß man ein Mittel finden, um das Bewußtsein des Kindes danach zu bilden. Nun hat aber das Bewußtsein seine eigenen Gesetze, die man kennen muß, um sie verändern zu können, wenn man sich wenigstens das außerwissenschaftliche Herumtasten ersparen will, das die Pädagogik ja gerade auf ein Minimum reduzieren will. Um die Aktivität anzuregen, sich in eine bestimmte Richtung zu entwickeln, muß man zuerst wissen, welches die Triebfedern sind, die sie bewegen und welches ihre Natur ist. Denn unter dieser Bedingung und in Kenntnis der Gründe ist es erst möglich, die notwendigen Maßnahmen anzuwenden. Handelt es sich z. B. darum, die Vaterlandsliebe oder den Sinn für die Menschlichkeit zu erwecken, dann können wir umso besser die moralische Sensibilität unserer Schüler in dem einen wie in dem anderen Sinn lenken, je vollständigere und genauere Kenntnisse wir von der Gesamtheit der Phänomene haben, die man Neigungen, Gewohnheiten, Wünsche, Regungen usw. nennt, von den verschiedenen Bedingungen, von denen sie abhängen, von der Form, die sie beim Kind annehmen. Sieht man in den Neigungen ein Ergebnis von angenehmen oder unangenehmen Erfahrungen, die die Gattung hat machen können, oder im Gegenteil eine ursprüngliche Tatsache, die vor den Affektivzuständen liegt, die ihr Funktionieren begleiten, so muß man auf sehr verschiedene Weise darauf reagieren, um ihre Entwicklung zu regeln. Es ist die Aufgabe der Psychologie und besonders der Kinderpsychologie, diese Fragen zu lösen. Wenn sie also zwar nicht zuständig ist, das Ziel oder vielmehr die Ziele der Erziehung festzulegen, so ist doch nicht zweifelhaft, daß sie in der Beschaffung der Methoden eine nützliche Rolle zu spielen hat. Da keine Methode in gleicher Weise auf die verschiedenen Kinder angewendet werden kann, müßte uns die Psychologie im weiteren helfen, uns in der Vielfalt der Intelligenzen und der Charaktere zurechtzufinden. Leider wissen wir, daß wir noch weit von dem Augenblick entfernt sind, wo sie diesen Wünschen gerecht werden kann.

Es ist also keine Rede davon, die Dienste zu verkennen, die die Psychologie, die Wissenschaft des Individuums, der Pädagogik leisten kann; wir werden ihr ihren Anteil gerne zugestehen. Aber selbst im Umkreis der Probleme, über die sie auf nützliche Weise die Pädagogik aufklären kann, wird sie auf die Hilfe der Soziologie nicht verzichten können.

Die Ziele der Erziehung sind soziale Ziele; die Mittel, mit denen diese Ziele erreicht werden können, müssen also notwendigerweise soziale Mittel sein. In der Tat gibt es unter allen pädagogischen Einrichtungen vielleicht keine einzige, die nicht die Analogie einer sozialen Institution ist, die sie nicht unter einer verkürzten und verkleinerten Form in ihren Hauptzügen wiederholt. [...]

Man kann also erwarten, daß die Soziologie, die Wissenschaft von den sozialen Institutionen, uns zu verstehen hilft, was die pädagogischen Institutionen sind, oder wenigstens mutmaßen läßt, was sie sein sollten. Je besser wir die Gesellschaft kennen, umso besser können wir uns über alles Rechenschaft geben, was im sozialen Mikrokosmos der Schule passiert. Im Gegensatz dazu sehen wir, mit welcher Vorsicht und mit welcher Zurückhaltung, selbst wenn es sich um die Festlegung der Methoden handelt, man die Angaben der Psychologie verwenden muß. Sie allein könnte uns nicht die notwendigen Elemente für die Errichtung einer Kunstlehre liefern, die, ihrem Begriffe nach, ihren Prototyp nicht im Individuum, sondern in der Kollektivität hat.

Im übrigen beschränken die sozialen Zustände, von denen die pädagogischen Ziele abhängen, ihre Wirkung damit keineswegs. Sie berühren auch die Gestaltung der Methoden: denn die Natur des Zwecks berührt zum Teil die Natur der Mittel. Wenn sich die Gesellschaft z. B. im Sinn des Individualismus ausrichtet, dann erscheinen alle Erziehungsmaßnahmen, die das Individuum vergewaltigen und seine innere Spontaneität verkennen könnten, als unerträglich und werden zurückgewiesen. Wenn sie dagegen unter dem Druck andauernder oder vorübergehender Umstände das Bedürfnis hat, allen den stärksten Konformismus aufzuzwingen, dann wird alles, was die Initiative der individuellen Intelligenz hervorrufen könnte, verboten. Jedesmal, wenn das System der erzieherischen Methoden tiefgehend verändert worden ist, geschah es unter dem Einfluß irgendeiner großen sozialen Strömung, die auf der ganzen Breite des kollektiven Lebens fühlbar wurde. [...]

Von welcher Seite man auch die Erziehung betrachtet, überall zeigt sie uns dieselbe Ansicht. Ob es sich um die Ziele handelt, die sie verfolgt, oder um die Mittel, immer antwortet sie auf soziale Notwendigkeiten; sie drückt kollektive Ideen und kollektive Gefühle aus. Zweifellos findet dabei das Individuum selbst seinen Gewinn. Haben wir nicht ausdrücklich gesagt, daß wir ihr das Beste in uns verdanken? Das Beste in uns ist aber sozialen Ursprungs. Man muß eben immer zum Studium der Gesellschaft zurückkehren. Nur hier kann der Pädagoge die Prinzipien seiner Überlegungen finden. Die Psychologie kann ihm wohl sagen, wie er es am besten anstellt, um diese Prinzipien auf das Kind zu übertragen, aber sie könnte ihm nicht helfen, sie zu entdecken. [...]

Ich glaube nicht, einem Vorurteil nachzugeben und eine unangemessene Vorliebe für eine Wissenschaft zu zeigen, die ich mein ganzes Leben gepflegt habe, wenn ich sage, daß der Erzieher nichts nötiger braucht als eine soziologische Bildung. Die Soziologie kann uns nicht fertige Verfahren reichen, deren wir uns nur zu bedienen hätten. Gibt es die überhaupt? Aber sie kann mehr und sie kann es besser: Sie kann uns das geben, was wir am dringendsten brauchen, d. h. ein Bündel richtungsweisender Ideen, die die Seele unserer Praxis sind und die sie stützen, die unserem Tun einen Sinn geben und uns an sie binden. Das ist die Bedingung, daß dieses Tun auch fruchtbar sei. [...]

Arbeitsaufgaben

1. *Stellen Sie das »Grundaxiom« Durkheims, d. h. seine Annahmen über den inneren Zusammenhang zwischen Erziehung und Gesellschaft dar. Welchen Stellenwert hat dieses Axiom vor dem Hintergrund der zeitgenössischen pädagogischen Diskussion?*
2. *Welche doppelte Aufgabe hat die Erziehung nach Ansicht Durkheims in allen Gesellschaften zu erfüllen?*
3. *Das nachfolgende Zitat stammt von Berthold Otto, einem der maßgeblichen Theoretiker der deutschen Reformpädagogik zu Beginn des 20. Jahrhunderts. Erläutern Sie diese Position Ottos, und kommentieren Sie sie aus der Sicht Durkheims.*

   Ich glaube in der Tat, daß der meiste Schaden, den wir in der Erziehung anrichten, aus einer Art von Verachtung der Kindernatur entspringt, zu der sich gewiß niemand von uns so leicht bekennen wird, deren Bekenntnis in Taten sich aber dem sorgfältigen Beobachter Tag für Tag aufdrängt. Auch theoretische Ausführungen über Erziehung gehen meist von dem unausgesprochenen Grundsatz aus, daß alles, was das Kind aus sich selbst denkt und will, böse sei, auf Abwege führe. Alle guten Eigenschaften will man dem Kind immer erst einpflanzen, als ob die Kindesseele ein Feld sei, auf dem von selbst nur Unkraut wachse. [...]

Aber das ist meine feste Überzeugung, daß, solange dieser Grundsatz eingestanden oder uneingestanden unsere Erziehungs- und Unterrichtstätigkeit leitet, daß, solange alle Erziehung und aller Unterricht – geradeheraus gesagt – mehr schadet als nützt. Wer sich nicht zu dem Glauben aufschwingen kann, daß in jedem Menschen ein guter Kern steckt, aus dem sich das Gute von selbst entwickelt, wenn wir nur Hemmungen und Schädlinge fernzuhalten wissen, der sollte sich nicht mit Erziehung und Unterricht befassen.

4. *Durkheim weist der Soziologie, der Psychologie und der Pädagogik unterschiedliche Aufgaben hinsichtlich der Erziehung zu. Beschreiben Sie diese »Arbeitsteilung«.*

5. *Durkheim schlägt vor, im Blick auf den einzelnen Menschen zwischen dem »individuellen Wesen« und dem »sozialen Wesen« zu unterscheiden. Wie charakterisiert und bewertet er das »individuelle« und das »soziale Wesen«, und warum betont er, daß beide nur auf dem Weg der Abstraktion zu unterscheiden seien?*

6. *Erläutern Sie mit Durkheim den »Kollektivtypus«, der für die modernen Gesellschaften typisch ist, und die Ursachen für seine Entstehung.*

7. *Wie charakterisiert und bewertet Durkheim die Verteilung der Individuen auf höhere und niedere soziale Positionen in* vormodernen *Gesellschaften? In welcher Weise müßte seiner Auffassung nach die Verteilung der Individuen auf unterschiedliche Positionen in* modernen *Gesellschaften erfolgen? Ziehen Sie zur Beantwortung dieser Frage auch den einführenden Text von Korte heran.*

8. *In Frankreich wurde kürzlich eine heftige Auseinandersetzung um die Frage geführt, ob islamische Mädchen im Unterricht ein Kopftuch tragen dürften. Mit welchen Argumenten hätte Durkheim in diesem Streit mutmaßlich Position bezogen? Lassen Sie sich bei Ihren Überlegungen von der nachfolgenden Meldung »Kulturkampf in den Schulen: Dürfen moslemische Mädchen mit Kopftuch zum Unterricht?« aus dem Nachrichtenmagazin ›Der Spiegel‹ anregen.*

Ein Gesetz von 1905 trennte in dem zu 80 Prozent katholischen Frankreich Staat und Kirche und verbannte den Klerus aus den staatlichen Schulen. Dort gibt es keinen Religionsunterricht, selbst die frechsten Witze über den Papst werden nicht geahndet. »La laïcité«, festgeschrieben in der Verfassung der Fünften Republik, gilt Franzosen aller politischen Richtungen als unverzichtbar für die Einheit der Nation und als Garant für Frieden in den Schulen.

Drei mit dem islamischen Hidschab verhüllte Teenager, die ein Schulleiter in Creil, nördlich von Paris, vom Unterricht ausschloß, reichten 1989 aus, um Frankreich in eine erbitterte nationale Debatte zu stürzen. Ein türkischer Imam, der die Moslems aufforderte, »Allahs Gesetz über französisches Recht« zu stellen, wurde ausgewiesen.

Angesichts der neuen Woge redet jetzt nicht einmal mehr die Antirassismus-Organisation »SOS-Racisme« von Toleranz. Aus »drei oder vier« Schülerinnen mit Kopftuch vor fünf Jahren, so Erziehungsminister François Bayrou (»Ich bin gläubiger Katholik«), seien 2000 geworden. In

Goussainville und in Mantes-la-Jolie, in Nantua, Lille oder Orléans tauchten vor den Schulpforten immer mehr Mädchen mit dem islamischen Kleidungsstück auf.

Bestürzt erkannten Lehrer unter den Vermummten Schülerinnen, die noch vor wenigen Monaten Lederjacken getragen hatten. Verhüllten die sich tatsächlich freiwillig? Maignien: »Dahinter stecken immer die Väter und Brüder.« Die Hidschab-Teenies verweigern die Teilnahme am Sport, am Physik-, Chemie-, und Biologieunterricht, und sie boykottieren zuweilen Literaturstunden – es könnte ja Liebeslyrik gelesen werden. Die Schulleiter sind ratlos: Ausschluß bedeutet Diskriminierung der Mädchen, Duldung untergräbt die »laïcité«.

Suchen Sie nach zusätzlichen ähnlichen Schulkonflikten, die aus christlich-fundamentalistischen Weltanschauungen von Eltern und Schülern resultieren können.

9. *Erziehung in modernen Gesellschaften muß nach Durkheim für eine gewisse Homogenität ihrer Mitglieder sorgen und zugleich der Notwendigkeit der Arbeitsteilung Rechnung tragen. Das Bildungssystem wird deshalb zugleich einheitlicher* und *differenzierter. Veranschaulichen Sie diese These Durkheims im Blick auf das Bildungssystem der Bundesrepublik. Berücksichtigen Sie dabei, daß diese doppelte Tendenz sowohl in den Organisationsstrukturen als auch in den Inhalten des schulischen Unterrichts zum Ausdruck kommen kann.*

10. *Seit einiger Zeit erleben wir nicht nur in der Bundesrepublik eine »Hochkonjunktur« von Schulgründungen in privater, weltanschaulicher Trägerschaft. Wie würde Durkheim diese Entwicklung mutmaßlich beurteilen?*

11. *Worin sehen Sie die Stärken und die fortdauernde Aktualität der Position Durkheims, und wo liegen nach Ihrer Ansicht die Schwächen seiner Argumentation?*

*Durkheim: Individuelle Autonomie und gesellschaftlicher Zwang

Durkheim, É.: Erziehung, Moral und Gesellschaft. Frankfurt/Main 1984. S. 153–170. Siehe S. 258.

[...] Wir hatten bisher die Moral als ein System von Regeln dargestellt, die außerhalb des Individuum stehen und die sich ihm von außen, zwar nicht mit materieller Kraft, dafür aber mit der Autorität, die in ihnen liegt, aufzwingen. Von diesem Gesichtspunkt aus ist es nicht weniger wahr, daß der individuelle Wille wie durch ein Gesetz geregelt wird, das nicht sein Werk ist. In der Tat machen nicht wir die Moral. Da wir aber zur Gesellschaft gehören, die sie ausarbeitet, so hilft in einem gewissen Sinn jeder von uns an ihrer Ausarbeitung mit. Aber erstens ist der Anteil einer jeden Generation an der Moralentwicklung sehr gering. Die Moral unserer Zeit steht in ihren wesentlichen Linien schon in dem Augenblick fest, in dem wir geboren werden. Die Veränderung, die sie im Lauf einer individuellen Existenz erfährt, also jene Veränderungen, an denen jeder von uns teilnehmen kann, sind äußerst begrenzt. Denn die großen moralischen Veränderungen verlangen immer viel Zeit. Zweitens sind wir nur eine jener unzähligen Einheiten, die daran mitarbeiten. Unser persönlicher Anteil ist immer nur ein winziger Faktor der komplizierten Resultate, in der er unerkannt verschwindet. Wir sind also gezwungen anzuerkennen, daß wir, wenn die Moralregeln ein Kollektivwerk ist, viel mehr empfangen als daß wir an ihr arbeiten. Unsere Haltung ist viel eher passiv als aktiv. Wir werden viel mehr gehandelt als wir selber handeln. Nun ist aber diese Passivität im Widerspruch mit einer modernen Tendenz des Moralbewußtseins, die von Tag zu Tag stärker wird. In der Tat ist eines der Hauptaxiome unserer Moral (man könnte sogar sagen, das Hauptaxiom), daß die menschliche Person heilig ist. Sie hat Recht auf den Respekt, den der Gläubige aller Religionen seinem Gott vorbehält. Dank diesem Prinzip erscheint uns jeder Übergriff auf unser Innerstes als unmoralisch, weil es eine Vergewaltigung unserer persönlichen Autonomie ist. Heute gibt jeder zu, wenigstens in der Theorie, daß eine bestimmte Denkart uns niemals und auf keinen Fall aufgezwungen werden darf, und sei es im Namen einer Moralautorität. [...]

Einerseits erscheinen uns die Moralregeln deutlich als etwas, das außerhalb des Willens liegt; sie sind nicht unser Werk, und wenn wir uns ihnen folglich unterwerfen, gehorchen wir einem Gesetz, das wir nicht gemacht haben. Wir erdulden ihren Zwang, der, wenn er auch moralisch ist, trotzdem sehr wirklich ist. Andererseits ist es gewiß, daß das Gewissen gegen eine solche Abhängigkeit protestiert. Wir können uns einen moralischen Akt nur dann als rein moralisch vorstellen, wenn wir ihn in voller Freiheit und ohne irgendeinen Druck ausgeführt haben.

Wir sind aber nicht frei, wenn das Gesetz, nach dem wir unser Benehmen regeln, uns aufgezwungen wird, und wenn wir es nicht freiwillig gewollt haben. Diese Tendenz des Moralbewußtseins, die Moralität des Aktes an die Autonomie des Handelnden zu binden, ist eine Tatsache, die man nicht verleugnen kann und über die man sich Rechenschaft geben muß. [...]

In der Tat besteht die Moralität daraus, unpersönliche, allgemeine und vom Individuum und seinen Interessen unabhängige Ziele zu erfüllen. Nun geht aber die Vernunft nach ihrer natürlichen Veranlagung von selbst auf das Allgemeine und das Unpersönliche; denn sie ist bei allen Menschen gleich und sogar bei allen vernünftigen Wesen. Es gibt also nur eine Vernunft. Wenn wir also nur von der Vernunft getrieben sind, handeln wir moralisch und zu gleicher Zeit in voller Autonomie, denn wir tun nichts anderes, als dem Gesetz unserer vernunftbegabten Natur zu folgen. Woher kommt aber dann das Gefühl der Verpflichtung? In der Tat sind wir keine rein rationalen Wesen, wir sind auch Gefühlswesen. Das Gefühl aber ist die Fähigkeit, durch die sich die Individuen voneinander unterscheiden. Mein Vergnügen kann nur mir angehören und es spiegelt mein persönliches Temperament wider. Das Gefühl läßt uns also nach individuellen, egoistischen, irrationalen und immoralischen Zielen hinneigen. Es besteht also zwischen dem Gesetz der Vernunft und unserer Gefühlsfähigkeit ein wahrer Antagonismus, und folglich kann sich das erste dem zweiten nicht ohne einen wahren Zwang aufdrängen. Das Gefühl dieses Zwanges führt zum Gefühl der Verpflichtung. [...]

Die Verpflichtung ist ein wesentliches Element einer Moralvorschrift; warum das so ist, haben wir bereits erklärt. Unsere ganze Natur muß gezügelt, beschränkt und begrenzt werden, und zwar die Vernunft genauso wie die Leidenschaft. [...]

Da wir immer sensible und zugleich vernünftige Wesen sind und sein werden, so wird es immer zwischen diesen beiden Teilen von uns Streit geben, und die Heteronomie wird in der Tat, wenn nicht gar zu Recht, die Regel sein. Das moralische Bewußtsein verlangt aber eine wirkliche und wahre Autonomie, nicht die von irgendeinem Idealwesen, sondern von dem Wesen, das wir sind. Die Tatsache selbst, daß wir in diesem Punkt immer anspruchsvoller werden, beweist, daß es sich hier nicht um eine einfache logische Möglichkeit, um eine immer gleich wahre Möglichkeit einer ganz abstrakten Wahrheit handelt, sondern um etwas, das wächst, das ständig wird, das sich in der Geschichte entwickelt.

Um zu sehen, woraus diese progressive Autonomie besteht, müssen wir zuerst beobachten, wie sie sich in unseren Beziehungen mit der physischen Umwelt realisiert. Denn wir ersehnen uns nicht nur in der Ordnung der Moralideen eine größere Unabhängigkeit; wir wollen sie auch erreichen. Wir befreien uns immer mehr von der Abhängigkeit, in der wir den Dingen gegenüber waren; und das ist uns bewußt. Trotzdem kann man die menschliche Vernunft nicht als die Gesetzgeberin des physischen Universums betrachten. Es hat nicht von uns sein Gesetz erhalten. Wenn wir uns also von ihnen in gewisser Weise befreien, dann ist das nicht unser Werk. Wir verdanken diese relative Befreiung der Wissenschaft. Nehmen wir der Einfachheit halber an, daß die Wissenschaft der Dinge vollendet wäre und daß jeder von uns sie ganz besäße. Dann wäre, um genau zu sein, die Welt nicht mehr außerhalb unser selbst; sie wäre ein Element von uns geworden, denn sie hätte in uns ein System der Darstellungen, die sie adäquat ausdrückt.

[...] Um die Welt zu denken und um das, was unser Benehmen in bezug auf sie sein muß, zu regeln, müssen wir uns nur aufmerksam denken und unser selbst bewußt werden; was einen ersten Grad der Autonomie darstellt. Aber das ist nicht alles. Weil wir von allem die Gesetze kennen, kennen wir auch den Grund von allem. Wir kennen also den Grund der universalen Ordnung. Mit anderen Worten: Wenn wir, um einen archaischen Ausdruck zu gebrauchen, nicht selbst den Plan der Natur gemacht haben, so werden wir ihn durch die Wissenschaft wiederfinden; wir werden ihn wieder denken und verstehen, warum er das ist, was er ist. In dem Maß, in dem wir uns versichern, daß er alles ist, was er sein muß, d. h. so wie ihn die Natur der Dinge beinhaltet, können wir uns ihm unterwerfen, nicht einfach, weil wir dazu materiell gezwungen sind und nicht ohne Befehl anders handeln können, sondern weil wir überzeugt sind, daß er gut ist und daß wir es nicht besser machen können. Das ist der Grund, warum der Gläubige zugibt, daß die Welt im Prinzip gut ist, weil sie das Werk eines guten Wesens ist; wir können das *a posteriori* in dem Maß tun, in dem uns die Wissenschaft erlaubt, vernunftmäßig zu begründen, was der Glaube *a priori* postuliert. Eine derartige Unterwerfung ist nicht passiv, sie ist eine aufgeklärte Zustimmung. Sich einer Ordnung der Dinge unterwerfen, weil man sicher ist, daß alles so ist, wie es sein muß, heißt in Kenntnis der Sachlage zustimmen. Denn freiwillig wollen heißt nicht das wollen, was absurd ist; im Gegenteil: es heißt wollen, was vernünftig ist, d. h. nach der Natur der Dinge handeln wollen. Allerdings kommt es vor, daß die Dinge unter dem Einfluß von zufälligen und anormalen Umständen von ihrer Natur abweichen. Dann macht uns die Wissenschaft darauf aufmerksam und zu gleicher Zeit gibt sie uns das Mittel, sie richtigzustellen und zu verbessern, weil sie uns ja gelehrt hat, was normalerweise diese Natur ist und welches die Gründe sind, die diese anormalen Abweichungen hervorgerufen haben. Natürlich ist diese Hypothese ganz idealistisch. Die Wissenschaft der Natur ist nicht und wird niemals vollständig sein. Aber das, was ich als vollendet angesehen habe, ist eine ideale Grenze, der wir uns ständig nähern. In dem Maß, in dem die Wissenschaft sich vollendet, trachten wir in den Beziehungen zu den Dingen immer mehr nur von uns selber abzuhängen. Mit ihrem Verständnis machen wir uns frei; und zur Befreiung gibt es gar kein anderes Mittel. Die Wissenschaft ist die Quelle unserer Autonomie.

In der Moralordnung nun ist für dieselbe Autonomie Platz, aber für keine andere. Da die Moral die Natur der Gesellschaft ausdrückt und da sie genausowenig direkt bekannt ist wie die physische Natur, so kann die Vernunft des Individuums ebensowenig die Gesetzgeberin der Moralwelt sein wie die der materiellen Welt. Die verwirrten Vorstellungen, die sich der Ungebildete von der Gesellschaft macht, drücken sie genausowenig angemessen aus, wie unser Gehör und unser Geseh die objektive Natur der materiellen Phänomene ausdrücken, d. h. Ton und Farbe, denen sie entsprechen. Aber diese Ordnung, die das Individuum als Individuum nicht geschaffen hat, die es nicht mit Bewußtsein geschaffen hat, durch die Wissenschaft kann es sich ihrer bemächtigen. Die Natur dieser Moralregeln, die wir zuerst passiv erdulden, die das Kind von außen durch die Erziehung erhält und die sich ihm dank ihrer Autorität aufzwingen, können wir suchen, wie ihre nahen und fernen Bedingungen und ihre Daseinsberechtigung. Wir können, mit einem Wort, eine Wissenschaft daraus machen. Nehmen wir an, diese Wissenschaft wäre vollendet, dann hätte die Heteronomie ein Ende. Wir sind die Herren der Moralwelt. Sie hat aufgehört, außerhalb unser zu existieren, da sie hiermit in uns durch ein System von klaren und deutlichen Ideen dargestellt ist, deren gesamte Beziehungen wir kennen. Dann sind wir in der Lage, uns zu versichern, in welchem Maß sie in der Natur der Dinge liegt, d. h. in der Gesellschaft; d. h. in welchem Maß sie ist, was sie zu sein hat. Und in dem Maß, in dem wir sie als solche erkennen, können wir ihr freiwillig zustimmen. Denn wollen, daß sie anders sei, als es die natürliche Bestimmung der Wirklichkeit, die sie ausdrückt, beinhaltet, hieße, unter dem Vorwand, freiwillig zu wollen, dummes Zeug zu reden. Wir können auch sagen, in welchem Maß sie nicht begründet ist – denn sie kann auch immer amoralische Elemente enthalten. Dann haben wir aber, dank der Wissenschaft selbst, die wir als vollendet annehmen, das Mittel in der Hand, sie auf ihren normalen Zustand zurückzuführen. Unter der Bedingung, ein angemessenes Verständnis der Moralgebote, der Gründe, von denen sie abhängen, und der Funktionen, die jede von ihnen erfüllt, zu besitzen, sind wir imstande, uns ihr mit voller Überlegung und in voller Kenntnis der Gründe anzupassen. Ein derart zugestandener Konformismus hat nichts Zwingendes mehr. Zweifellos sind wir von diesem Idealzustand, was das Moralleben anbelangt, noch weiter entfernt, als was das physische Leben betrifft; denn die Wissenschaft von der Moral stammt von gestern und ihre Erkenntnisse sind noch unsicher. Aber daran liegt es nicht. Übrig bleibt, daß es für unsere Befreiung ein Mittel gibt, und das ist es, was am Wunsch des öffentlichen Bewußtseins nach einer größeren Autonomie des Moralwillens berechtigt ist.

Aber, wird man sagen, wenn wir den Sinn der Moralregeln kennen und uns ihnen freiwillig unterwerfen, verlieren sie dann nicht ihren imperativen Charakter?

[...] Weil uns die Wissenschaft der moralischen Tatsachen lehrt, welches die Daseinsberechtigung des Imperativcharakters ist, der den Moralregeln innewohnt, bleiben sie nach wie vor imperativ. Weil wir wissen, daß es nützlich sein kann, kommandiert zu werden, folgt, daß wir freiwillig gehorchen, aber nicht, daß wir nicht gehorchen. Wir können sehr leicht begreifen, daß es in unserer Natur liegt, durch Kräfte begrenzt zu werden; folglich müssen wir freiwillig diese Begrenzung übernehmen, weil sie natürlich und gut ist, ohne daß sie damit aufhört, wirklich zu sein. Durch die Tatsache aber unserer aufgeklärten Zustimmung hört sie auf, für uns eine Erniedrigung und ein Zwang zu sein. Eine derartige Autonomie läßt also den Moralprinzipien alle ihre Unterscheidungsmerkmale, selbst den Zug, den sie zu verneinen scheint und den sie in einem Sinn wirklich verneint. Die beiden antithetischen Ausdrücke versöhnen und vermischen sich. Wir sind weiter »begrenzt«, weil wir endliche Wesen sind; in einem Sinn sind wir der Regel gegenüber, die uns befiehlt, noch passiv. Nur wird diese Passivität zu gleicher Zeit Aktivität durch den aktiven Anteil, den wir daran haben, daß wir sie freiwillig wollen; und wir wollen sie, weil wir ihren Sinn kennen. [...]

Das ist die einzige Autonomie, die wir beanspruchen können und die einzige, die für uns einen Wert hat. Das ist keine Autonomie, die wir fertig von der Natur bekommen, die wir bei der Geburt unter unseren Grundeigenschaften vorfinden. Wir machen sie uns selber in dem Maß, wie wir die Dinge nach und nach besser begreifen. Sie beinhaltet also nicht, daß die menschliche Person mit irgendeinem ihrer Teile der Welt und ihren Gesetzen entwischt. Wir sind ein integrierender Teil der Welt; sie wirkt auf uns, sie durchdringt uns von allen Seiten, und so muß es auch sein; denn ohne diese Durchdringung wäre unser Bewußtsein ohne jeden Inhalt. Jeder von uns ist der Punkt, in dem eine gewisse Anzahl von äußeren Kräften zusammentrifft, und aus dieser Überkreuzung entwickelt sich unsere Persönlichkeit. Wenn die Kräfte aufhören, dort zusammenzutreffen, und wenn dort nur mehr ein mathematischer Punkt und ein leerer Platz übrigbleibt, wo hätte sich dann ein Bewußtsein und eine Persönlichkeit entwickeln können? Nur wenn wir in einem gewissen Maß das Ergebnis der Dinge sind, können wir uns durch die Wissenschaft sowohl der Dinge, die auf uns wirken, als auch der Wirkung selbst bewußt werden. Und damit werden wir wieder unsere Herren. Der Gedanke befreit den Willen. [...]

Wir können die Moralwelt nur so erobern, wie wir die physische Welt erobern: indem wir die Moraldinge wissenschaftlich erforschen.

So können wir ein drittes Element der Moralität bestimmen. Um moralisch zu handeln, genügt es nicht, d. h. jetzt: genügt es nicht mehr, die Disziplin zu respektieren und an eine Gruppe angeschlossen zu sein; wir müssen uns auch, indem wir uns der Regel fügen oder uns einem Kollektivideal weihen, der Gründe unseres Handelns bewußt sein, und zwar so deutlich und so vollständig wie möglich. Dieses Bewußtsein vermittelt unserer Handlung jene Autonomie, die das öffentliche Bewußtsein von nun an von jedem wirklich und völlig moralischen Wesen verlangt. Wir können also sagen, daß das dritte Element der Moral die Einsicht der Moral ist; die Moralität besteht nicht mehr einfach daraus, gewisse bestimmte Handlungen bewußt zu vollbringen; die Regel, die diese Handlung vorschreibt, muß auch frei gewollt sein, d. h. frei angenommen, und diese freie Annahme ist nichts anderes, als eine aufgeklärte Annahme. Das ist vielleicht die große Neuheit, die das Moralbewußtsein der heutigen Völker darstellt; nämlich daß die Intelligenz ein Element der Moralität geworden ist und es immer mehr wird. [...]

Das erklärt den Platz, den wir der Moralerziehung in unseren Schulen zuweisen. Denn die Moral lehren heißt nicht, sie predigen und eintrichtern: es heißt, sie erklären. Wenn man aber dem Kind jede Erklärung dieser Art verweigert und nicht versucht, ihm die Gründe der Regeln, denen es folgen soll, begreiflich zu machen, so heißt das, es zu einer unvollständigen und niedrigen Moralität zu verurteilen. Statt daß eine derartige Erziehung, wie man sie manchmal angeklagt hat, der öffentlichen Moral schadet, wird sie von nun an notwendige Bedingung. Natürlich ist diese Erziehung sehr schwer zu vermitteln; denn sie muß sich auf eine Wissenschaft stützen, die erst am Anfang ist. Wie heute die soziologischen Studien stehen, ist es nicht immer leicht, jede besondere Pflicht an einen bestimmten Zug der sozialen Organisation zu binden, durch die sie erklärt wird. Trotzdem gibt es schon heute allgemeine Hinweise, die mit Nutzen gegeben werden können und die dem Kind einsichtig machen, nicht nur welches seine Pflichten sind, sondern welche die Gründe dieser Pflichten sind. Wir kommen auf diese Frage zurück, wenn wir direkt behandeln, was der Moralunterricht in der Schule zu sein hat.

Dieses dritte und letzte Element der Moralität stellt das Ausgleichscharakteristikum der laiischen Moral dar; denn logischerweise kann es keinen Platz in einer religiösen Moral einnehmen. Es schließt in der Tat ein, daß es eine menschliche Wissenschaft der Moral gibt, und daß die moralischen Tatsachen folglich natürliche Phänomene sind, die von der Vernunft allein abhängen. Denn eine Wissenschaft ist nur von dem möglich, was die Natur gibt, d. h. in der beobachtbaren Wirklichkeit. Weil Gott außerhalb der Welt ist, ist er außerhalb und über jeder Wissenschaft; wenn also die Moral von Gott kommt und ihn ausdrückt, so ist sie darum allein schon außerhalb unseres Vernunftvermögens. Weil die Moral Jahrhunderte hindurch eine enge Gemeinschaft mit den religiösen Systemen gebildet hat, hat sie jenen Zaubercharakter bewahrt, der sie noch jetzt in den Augen gewisser Personen außerhalb der eigentlichen Wissenschaft hebt. Man verweigert der menschlichen Vernunft das Recht, sich ihrer, wie des Restes der Welt zu mächtigen. Es scheint, als ob man mit ihr das Mysterium beträte, wo sich die gewöhnlichen Verfahren der wissenschaftlichen Forschung nicht gehören, und derjenige, der sie wie ein natürliches Phänomen zu behandeln beginnt, eine Art Skandal erregt, der jenem Skandal gleicht, den die Entweihung erregt. Zweifellos wäre dieser Skandal berechtigt, wenn man die Moral nicht rationalisieren könnte, ohne sie jener Autorität und jener Majestät, die in ihr liegen, zu berauben. Aber wir haben gesehen, daß es möglich ist, diese Majestät zu erklären und ihr einen rein wissenschaftlichen Ausdruck zu geben, ohne sie zum Verschwinden zu bringen, ja, ohne sie überhaupt zu vermindern.

Arbeitsaufgaben

1. *Für das »moderne Moralbewußtsein« – so Durkheim – ist der Gedanke des »autonomen« Individuums unverzichtbar. In welchem Zusammenhang stehen nach seiner Ansicht die in der Gesellschaft vorzufindende Moralität und die individuelle Autonomie?*
2. *Warum empfinden wir nach Durkheim die Regeln der Moral vielfach als Zwang? Berücksichtigen Sie in diesem Zusammenhang auch Durkheims Auffassung von der Natur des Menschen.*
3. *Wodurch unterscheiden sich im Sinne Durkheims durch Sitte und/oder Sanktionen bestimmte Moralregeln von dem, was er unter »entwickelten« Moralregeln versteht? Aus welchen Bestandteilen setzt sich dem Text zufolge eine der Moderne angemessene Moralität zusammen?*
4. *Inwiefern wird durch diese moderne Moralität der Gegensatz zwischen individueller Autonomie und gesellschaftlichem Zwang entschärft?*

5. *Skizzieren Sie den Beitrag, den die Soziologie laut Durkheim zur Entwicklung des modernen Moralbewußtseins leisten soll. Beachten Sie in diesem Kontext die Parallelisierung zwischen der Soziologie und den Naturwissenschaften.*
6. *In modernen Gesellschaften sind bis heute immer wieder normative Gegensätze und entsprechende soziale Auseinandersetzungen anzutreffen. Diskutieren Sie, inwieweit sich diese Phänomene mit Durkheim erklären lassen.*

Durkheim: Die Schule und der Geist der Disziplin

Durkheim, É.: Erziehung, Moral und Gesellschaft. Frankfurt/Main 1984. S. 173–198. Siehe S. 258.

Die Disziplin und die Psychologie des Kindes

Nachdem wir die verschiedenen Elemente der Moralität bestimmt haben, wollen wir nun versuchen, auf welche Weise es möglich ist, sie beim Kind auszubilden und zu entwickeln. Wir fangen also mit dem ersten Element an, das wir unterschieden haben, d. h. mit dem Geist der Disziplin.

Aus der Natur der Frage ergibt sich die Methode, die wir anwenden müssen. Wir kennen das anzustrebende Ziel, auf das wir das Kind hinführen müssen. Aber die Art, wie man es hinbringt, und der Weg, den es gehen muß, hängen notwendigerweise davon ab, was es am Ausgangspunkt ist. Die Erziehertätigkeit wirkt nämlich nicht auf eine *tabula rasa*. Das Kind hat eine eigene Natur, und da es sich darum handelt, diese Natur zu bilden, müssen wir sie, um in Kenntnis der Dinge auf sie wirken zu können, kennenlernen. Wir müssen uns also zuerst fragen, in welchem Maß und auf welche Art das Kind dem Geistzustand zugänglich ist, den wir in ihm erreichen wollen; welche unter seinen natürlichen Eigenschaften die Eigenschaften sind, auf die wir uns stützen können, um das gewünschte Ergebnis zu erhalten. Der Augenblick ist also gekommen, wo wir die Kinderpsychologie befragen müssen, die allein imstand ist, uns über diesen Punkt die nötigen Informationen zu geben.

Wir haben in der ersten Vorlesung gesagt, daß die Geistzustände, die die Erziehung beim Kind erwecken muß, vorerst nur aus sehr allgemeinen Möglichkeiten bestehen, die von der endgültigen Form, die sie später anzunehmen berufen sind, noch sehr weit entfernt sind. Diese Annahme läßt sich besonders dort überprüfen, wo es sich um den Geist der Disziplin handelt. Tatsächlich kann man sagen, daß keines der Elemente, aus denen er sich zusammensetzt, ganz ausgebildet im Bewußtsein des Kindes vorhanden ist.

Es handelt sich um zwei Elemente.

Zuerst die Vorliebe für eine regelmäßige Existenz. Da die Pflicht unter den gleichen Umständen immer die gleiche ist, und da die wesentlichen Umstände unseres Lebens ein für allemal durch unser Geschlecht, durch unseren Zivilstand und durch unseren sozialen Status bestimmt sind, ist es unmöglich, mit Liebe seine Pflicht zu erfüllen, wenn man mit allem, was regelmäßige Gewohnheit ist, hadert. Die ganze Moralordnung beruht auf dieser Regelmäßigkeit. Denn das Kollektivleben könnte nicht harmonisch funktionieren, wenn jeder, der mit irgendeiner sozialen, häuslichen, bürgerlichen oder professionellen Funktion betraut ist, sich nicht ihrer auf die vorgeschriebene Weise im gegebenen Augenblick entledigt. Im Gegensatz dazu ist die Kindertätigkeit durch die absolute Unregelmäßigkeit ihrer Äußerungen gekennzeichnet. Das Kind gleitet von einem Eindruck zum anderen, von einer Tätigkeit zur anderen, von einem Gefühl zum anderen, und das mit der größten Geschwindigkeit. Seine Stimmung hat nichts Festes; der Zorn bricht mit der gleichen Plötzlichkeit aus wie er wieder verschwindet; die Tränen folgen dem Lachen, die Zuneigung der Abneigung oder umgekehrt, ohne objektiven Grund oder zum mindesten unter dem Einfluß des geringsten Anlasses. Das Spiel, das es beschäftigt, hält es nicht lange gefangen; es ermüdet rasch und geht dann auf ein anderes über.

Von einem zweiten Gesichtspunkt aus bedeutet der Geist der Disziplin, wie wir gesagt haben, die Mäßigung der Wünsche und die Selbstbeherrschung. Die tägliche Erfahrung genügt zum Beweis, daß sie im Kind vor einem ziemlich fortgeschrittenen Alter völlig fehlen. Das Kind hat keineswegs das Gefühl, daß ihm für seine Bedürfnisse normale Grenzen gesetzt sind. Weder bleibt es selbst stehen noch möchte es, daß man es aufhält. Es wird nicht einmal von jenem Begriff zurückgehalten, den der Erwachsene von der Notwendigkeit der Naturgesetze hat: denn es hat nicht das Gefühl ihrer Existenz. Es kann nicht das Mögliche vom Unmöglichen unterscheiden, und folglich fühlt es nicht, daß die Wirklichkeit seinen Wünschen unüberwindbare Grenzen setzt. Ihm scheint, als ob alles vor ihm weichen müßte, und es wird über den Widerstand der Dinge genauso wie über den Widerstand der Menschen erbost.

Man sieht also den Abstand zwischen dem Punkt, von dem das Kind ausgeht, und dem Punkt, auf den man es bringen muß: einerseits ein stetig fließendes Bewußtsein, ein wahres Kaleidoskop, das sich in keinem Augenblick gleicht, und leidenschaftliche Bewegungen, die bis zur Erschöpfung durchgehen; andrerseits die Freude an einer regelmäßigen und abgemessenen Tätigkeit. Diesen ungeheuren Abstand, den die Menschheit Jahrhunderte gebraucht hat, um ihn zu durchmessen, muß das Kind mit Hilfe der Erziehung in einigen Jahren überbrücken. Es handelt sich also nicht einfach darum, latente Tendenzen tätig werden zu lassen und zu stimulieren, Tendenzen, die nur darauf warten, geweckt und entwickelt zu werden. Man muß im Gegenteil von Grund auf Eigenständigkeiten schaffen, die wir in der Konstitution des Kindes nicht vorgeformt vorfinden. Wenn aber die Natur nicht von vornherein in die geeignete Richtung neigt, derart, daß man nur ihre natürliche Entwicklung zu überwachen und zu lenken braucht, wenn sie uns fast alles zu tun übrigläßt, dann ist es andrerseits klar, daß wir unser Werk nicht vollbringen können, wenn wir die Natur gegen uns haben und wenn sie sich der Ausrichtung, die wir ihr notwendigerweise geben müssen, völlig widersetzt. Sie ist nicht so knetbar, daß sie jede Form annähme, zu der sie sich nicht eignet. Das Kind braucht also, wenn schon nicht die Zustände, die man erreichen will, so doch wenigstens allgemeine Anlagen, deren wir uns für unsere Ziele bedienen und die als Hebel dienen können, um das Erziehungswerk bis auf den Grund des kindlichen Bewußtseins voranzutreiben. Ist das nicht der Fall, bleibt es uns verschlossen. Wir können das Kind zwar materiell und von außen zwingen, gewisse Handlungen zu vollführen, aber die Triebfedern seines inneren Lebens entschlüpfen uns. Daraus wird Dressur, aber keine Erziehung.

In der Tat gibt es zwei Grundveranlagungen, zwei Grundzüge der kindlichen Natur, die es für unseren Einfluß öffnen: 1. der kindliche Traditionalismus und 2. die Aufgeschlossenheit des Kindes für die Beeinflussung, besonders für die imperative Beeinflussung.

Im Gegensatz dazu, der eigenartig erscheinen könnte, der aber genauso sicher ist und den wir in einigen Augenblicken erklären werden, ist das Kind, das uns bisher als die Beweglichkeit selbst erschienen ist, zu gleicher Zeit ein wahres Gewohnheitstier. Wenn es einmal Gewohnheiten angenommen hat, dann bedeuten sie für es eine viel bedeutendere Herrschaft als für den Erwachsenen. Wenn es mehrere Male eine Handlung vollführt hat, fühlt es ein Bedürfnis, sie auf die gleiche Art zu wiederholen; die leichteste Veränderung ist ihm verhaßt. Wir wissen z. B., wie die Mahlzeiten, wenn sie einmal festliegen, heilig und unverletzlich sind. Das Kind treibt sogar den Respekt der Gewohnheit bis zur kleinlichsten Manie. Es will, daß seine Tasse, sein Besteck immer auf dem gleichen Platz liegen; es will von der gleichen Person bedient werden. Die kleinste Abweichung ist ihm schmerzlich. Vorher haben wir gesehen, mit welcher Leichtigkeit es von einem Spiel zum anderen geglitten ist. Wenn es sich aber andrerseits an ein Spiel gewöhnt hat, wiederholt es das Spiel unendlich. Es liest immer wieder das gleiche Buch, es betrachtet die gleichen Bilder, ohne zu ermüden oder sich zu langweilen. Wie oft haben wir unseren Kindern die gleichen Geschichten erzählt; man könnte sagen, daß sie für sie immer wieder neu sind. Wenn das Neue eine unbedeutende Veränderung in ihren täglichen Gewohnheiten bedeutet, so ist das für sie eine wahre Verfremdung.

Das Kind respektiert aber nicht nur seine eigenen Gewohnheiten, es respektiert auch jene, die es bei seiner Umgebung beobachtet. Wenn es feststellt, daß sich alle Welt um es unter den gleichen Umständen immer gleich benimmt, glaubt es, daß ein anderes Benehmen unmöglich ist. Jede Abweichung von der Gewohnheit ist ein Ärgernis, das eine Überraschung erregt, in die sich leicht Gefühle der Ablehnung und der Empörung einmischen. Zweifellos ist auch der Erwachsene diesen Fetischismen unterworfen; aber das Kind weit mehr als der Erwachsene. Wenn man Gesten, selbst die unbedeutendsten, ständig vor ihm auf die gleiche Weise wiederholt, so werden sie in seinen Augen integrierende Elemente einer unwandelbaren Ordnung, von der nicht abgewichen werden darf. [...]

Wenn diese traditionalistische Tendenz auch selbst noch keinen Moralzustand darstellt, so bildet sie doch einen Anhaltspunkt für die Tätigkeit, mit der wir auf das Kind wirken wollen. Denn diese Macht, die eine Gewohnheit aufgrund der Unbeständigkeit des psychischen Lebens auf das Kind hat, kann uns dienen, um gerade diese Unbeständigkeit zu verbessern und zu begrenzen. Wir müssen es dahin bringen, daß es für alles, was die wesentlichen Umstände seiner Existenz betrifft, Gewohnheiten annimmt. Unter dieser Bedingung bietet sein Leben nicht mehr dieses widersprüchliche Schauspiel einer äußersten Beweglichkeit, die ständig von einer fast manischen Routine abgelöst wird; was flüchtig und beweglich ist, wird fest; es regelt und ordnet sich in seiner Gesamtheit: Es ist so etwas wie eine erste Einführung in das Moralleben. [...]

Aber die Lust am regelmäßigen Leben ist nicht, wie wir wissen, der ganze Geist der Disziplin. Es gibt noch die Lust am Maß, die Gewohnheit, seine Wünsche einzuschränken und den Sinn für die normale Begrenzung. Es genügt nicht, daß man das Kind daran gewöhnt, unter den gleichen Umständen die gleichen Handlungen zu vollziehen; es muß auch das Gefühl haben, daß es außer ihm noch moralische Kräfte gibt, die seine Kräfte einschränken, mit denen es rechnen und vor denen sich sein Wille beugen muß. Da es sich aber um moralische Kräfte handelt, sieht sie das Kind nicht. Es gibt kein Sinnesorgan, mit dem man die Unterscheidungsmerkmale einer moralischen Autorität wahrnehmen könnte. Es gibt eine ganze Welt, die es von allen Seiten umgibt und die ihm trotzdem in einem gewissen Sinn unsichtbar ist. Zwar sieht es die materiellen Körper der Menschen und der Dinge, die seine Umgebung bevölkern, d. h. seine Familie; es fühlt, daß die Erwachsenen, d. h. seine Eltern, imstand sind, ihm ihren Willen aufzuzwingen. Aber dieser physische Zwang kann ihm keineswegs den Eindruck jener Anziehung *sui generis* aufzwingen, die die Moralkräfte ausüben, und die es zuwege bringt, daß der Wille spontan ihrem Impuls mit respektvoller Zustimmung und nicht aus rein materiellem Zwang nachgibt. Wie kann man beim Kind diesen notwendigen Eindruck erwecken? Wir verwenden hierzu seine große Empfänglichkeit für alle Arten von Anregungen. [...]

Die Schuldisziplin

In der letzten Vorlesung haben wir untersucht, welches die natürlichen Veranlagungen des Kindes sind, deren wir uns bedienen können, um ihm den Geist der Disziplin beizubringen.

Wir haben gesehen, wie wir, dank seiner sehr großen Empfänglichkeit für die Gewohnheit, seine Beweglichkeit und seine konstitutionelle Unbeständigkeit eindämmen und ihm das regelmäßige Leben schmackhaft machen können; wie wir ihm, dank seiner ungeheuren Beeinflußbarkeit, eine Art erstes Gefühl der moralischen Autorität geben können. Wir besitzen also zwei mächtige Hebel, die so mächtig sind, daß man sie nur mit Vorsicht ansetzen darf. Wenn man sich nämlich vorstellt, was das Bewußtsein des Kindes ist, seine geringe Dichte und seine geringe Widerstandskraft, wie kleinster äußerer Druck schon dauernde und tiefe Zeichen zurücklassen kann, dann muß man mehr den Mißbrauch befürchten, zu dem sich der Erzieher leicht hinreißen lassen kann, als seine Ohnmacht. Da die Eingriffe des Lehrers oder der Eltern auch zu weit gehen können, sind Maßnahmen nötig, um die Freiheit des Kindes gegen sie zu verteidigen. Eine der wirksamsten Vorsichtsmaßnahmen in dieser Hinsicht ist, zu verhindern, daß die Kinder in einem einzigen Milieu und vor allem von einer einzigen Person erzogen werden. Das ist einer der zahlreichen Gründe, warum die häusliche Erziehung ungenügend ist. Ein Kind, das nur in der Familie erzogen wird, wird das Ding der Familie; es klatscht alle ihre Eigenheiten ab, alle Züge und alle Schrullen der Familienphysiognomie; seine eigene Physiognomie dagegen kann es nicht entwickeln. Die Schule befreit von dieser zu engen Abhängigkeit. In der Schule selbst, und zwar aus dem gleichen Grund, soll das Kind hintereinander verschiedene Lehrer haben. Wenn es, wie man es erst kürzlich für unsere Sekundarschulen vorgeschlagen hat, mehrere Jahre hintereinander dem Einfluß eines einzigen Lehrers ausgesetzt ist, so würde es notwendigerweise die Kopie dieses Vorbildes, das es ständig vor Augen hat. Aber diese Unterwerfung des Menschen unter den Menschen ist immoralisch. Nur der unpersönlichen und abstrakten Regel darf sich der menschliche Wille unterwerfen.

Wie mächtig auch die Wirkmöglichkeiten sind, die uns die kindliche Natur anbietet, sie können von sich aus nicht die Moralwirkung erreichen, die man erwarten darf. Diese Veranlagungen bilden selbst noch keine eigenen Moralzustände, die bereits erworben und verwirklicht wären; sie können aber nach der Art, wie man sie anwendet, zu den entgegengesetztesten Zielen dienen. [...]

Wir wollen also nichts davon hören, daß das Kind vom Erbgut her bestimmte moralische Veranlagungen hat. Die Waffen, die uns die Natur zur Verfügung stellt, sind zweischneidig: alles hängt von der Art ab, wie man sie verwendet. Daher sind alle Diskussionen, die immer wieder angefangen werden, müßig über die Frage, ob das Kind moralisch oder immoralisch geboren wird, ob es wenigstens positive Elemente der Moralität oder der Immoralität in sich birgt. Stellt man die Frage auf diese Weise, so hat sie keine gültige Lösung. Moralisch handeln heißt, sich den Regeln der Moral unterordnen. Nun liegen aber die Moralregeln außerhalb des kindlichen Bewußtseins; sie werden außerhalb seiner erarbeitet; es kommt erst in einem bestimmten Augenblick seiner Existenz mit ihnen in Berührung. Es ist also unmöglich, daß es bei seiner Geburt schon irgendeine vorweggenommene Vorstellung davon habe, genausowenig wie es, ehe es die Augen öffnet, irgendein ererbtes Bild der äußeren Welt hat. Alles, was es bei der Geburt mitbringt, sind allgemeine Veranlagungen, die sich nach der einen oder der anderen Seite entwickeln werden, je nach der Richtung, die der Erzieher ausübt oder nach der Art, wie er sie arbeiten läßt.

Wir haben schon gesagt, daß dieser Prozeß in der Familie und von der Wiege an beginnen konnte und mußte. Wir haben auch unterwegs auf jenen Beginn einer Moralerziehung hingewiesen, der dadurch entstand, daß man dem Kind sofort regelmäßige Gewohnheiten anerzieht; wie die Eltern das Mittel haben, in ihm sehr früh so etwas wie ein erstes Gefühl der Moralautorität zu erwecken. Wir können also mit Recht annehmen, daß sich das Kind, wenn es in die Schule kommt, nicht mehr in dem Zustand einer moralischen Neutralität befindet, der es bei seiner Geburt auszeichnete; daß diese sehr allgemeine Veranlagungen, von denen wir gesprochen hatten, schon einen Anfang von Bestimmung bekommen haben. Vor allem ist gewiß, daß das Kind, wenn es ein regelmäßiges häusliches Leben hinter sich hat, leichter für die Regelmäßigkeit empfänglich sein wird; daß es, wenn es in einer moralisch gesunden Familie aufgewachsen ist, dem Beispiel folgend an diesem gesunden moralischen Leben teilnehmen wird. Obwohl die häusliche Erziehung eine erste und ausgezeichnete Vorbereitung auf das moralische Leben ist, ist ihre Wirkung doch sehr begrenzt, besonders was den Geist der Disziplin anbelangt; denn was daran das Wesentliche ist, d. h. der Respekt vor der Regel, das kann in der häuslichen Umwelt nicht entwickelt werden. In der Tat ist die Familie heute eine sehr kleine Gruppe von Personen, die sich sehr gut kennen und im beständigen persönlichen Kontakt miteinander leben; folglich sind ihr Beziehungen keiner allgemeinen, unpersönlichen und unwandelbaren Reglementierung unterworfen; sie sind immer freier und ungezwungener, und müssen das normalerweise auch sein, was sie aber einer starren Festlegung unzugänglich macht. Die häuslichen Pflichten sind dadurch gekennzeichnet, daß man sie nicht ein für allemal in bestimmten Rezepten fixieren kann, die immer auf die gleiche Weise angewendet werden. Sie neigen im Gegenteil dazu, sich der Verschiedenheit der Charaktere und der Umstände zu beugen. Temperament und gegenseitige Anpassung erleichtern die Zuneigung und Gewöhnung. Es handelt sich um eine Umwelt, die durch ihre natürliche Wärme besonders geeignet ist, die ersten altruistischen Regungen und die ersten Gefühle der Zusammengehörigkeit aufblühen zu lassen. Aber die Moral, die hier geübt wird, ist vor allem affektiv. Die abstrakte Idee der Pflicht spielt hier eine geringere Rolle als die Sympathie und die spontanen Regungen des Herzens. Alle Mitglieder dieser kleinen Gesellschaft sind einander zu nah; sie haben wegen ihrer moralischen Nähe das Gefühl ihrer gegenseitigen Abhängigkeit; sie sind einander zu sehr bewußt, als daß es nötig oder gar nützlich wäre, ihre gegenseitige Unterstützung durch Vorschriften zu sichern. [...]

Trotzdem muß das Kind die Regel befolgen lernen; es muß lernen, seine Pflichten zu erfüllen, weil es seine Pflicht ist, weil es sich dazu verpflichtet fühlt, ohne daß ihm die Sensibilität zu sehr die Aufgabe erleichtert. Diese Lehre, die nur sehr unvollständig in der Familie sein konnte, muß die Schule erfüllen. In der Tat gibt es in der Schule ein ganzes System von Regeln, die das Verhalten des Kindes im voraus bestimmen. Es muß regelmäßig zur Schule kommen; es muß pünktlich sein; in geziemendem Gewand und in geziemender Haltung erscheinen. In der Klasse darf es nicht die Ordnung stören; es muß seine Aufgaben gelernt und gemacht haben und es muß sie mit genügendem Fleiß gemacht haben. Es gibt also eine Menge von Verpflichtungen, denen sich das Kind unterwerfen muß. Alle zusammen ergeben, was man die Schuldisziplin nennt. Durch die Anwendung der Schuldisziplin wird es möglich, dem Kind den Geist der Disziplin im allgemeinen beizubringen.

Leider macht man sich von der Schuldisziplin nur allzu oft eine Vorstellung, die es nicht erlaubt, ihr eine so bedeutende moralische Rolle beizumessen. Man sieht in ihr ein einfaches Mittel, die äußere Ordnung und die Ruhe in der Klasse zu sichern. Von diesem Gesichtspunkt aus hat man diese imperativen Forderungen und diese Tyrannei der komplizierten Regeln, denen man das Kind unterwirft, barbarisch gefunden. Man hat gegen diese Fessel protestiert, die ihm (aus dem einzigen Grund, wie es schien) auferlegt war, um dem Lehrer die Arbeit zu erleichtern, indem man die Kinder gleichschaltete. Muß ein solches System beim

Schüler nicht Feindschaft gegenüber dem Lehrer erregen, statt der liebevollen Zuneigung, die zwischen ihnen herrschen sollte?

In Wirklichkeit sind aber die Natur und die Funktion der Schuldisziplin ganz anders. Sie ist kein Kunstgriff, um in der Schule einen äußeren Frieden herzustellen, der einen ruhigen Ablauf des Unterrichts erlaubt. Sie ist die Moral der Klasse, wie die eigentliche Moral die Disziplin der Gesellschaft ist. Jede Sozialgruppe, jede Art von Gesellschaft hat ihre Moral (sie kann gar nicht ohne ihre Moral auskommen), die ihr Wesen ausdrückt. Nun ist aber die Klasse eine kleine Gesellschaft: Es ist also natürlich und notwendig, daß sie eine eigene Moral hat, die mit der Zahl, der Natur der Elemente, die sie zusammensetzen, und mit der Funktion, deren Organ sie ist, in Beziehung steht. Die Disziplin ist diese Moral. Die Verpflichtungen, die wir eben aufgezählt haben, sind die Pflichten des Schülers, genauso wie die bürgerlichen oder professionellen Verpflichtungen, die der Staat oder die Berufsverbände dem Erwachsenen abverlangen, deren Pflichten sind. Andrerseits ist die Schulgesellschaft der Gesellschaft der Erwachsenen viel näher, als es die Familie war. Nicht nur, daß sie zahlreicher ist, die Individuen, Lehrer und Schüler, rücken einander nicht näher durch persönliche Gefühle und ausschließende Zusammengehörigkeit, sondern aus allgemeinen und abstrakten Gründen, durch die soziale Funktion der einen und die geistigen Bedingungen, in der sich die anderen wegen ihres Alters befinden. Aus all diesen Gründen kann sich die Schulregel nicht mit der gleichen Geschmeidigkeit wie die der Familie allen umstandsgebundenen Anpassungen beugen. Sie kann sich nicht mit denselben Temperamenten abfinden. Die Schulpflicht ist schon kälter und unpersönlicher; sie wendet sich stärker an die Vernunft und spricht weniger an die Empfindsamkeit; sie verlangt eine größere Anstrengung und eine größere Spannung. Obwohl man (wir werden noch darauf hinweisen) diesen Zug nicht übertreiben darf, ist er unerläßlich, damit die Schuldisziplin das ist, was sie sein soll, und damit sie ihre Aufgabe erfüllt. Denn nur unter dieser Bedingung kann sie als Bindeglied zwischen der liebevollen Moral der Familie und der strengeren Moral des Zivillebens dienen. Indem das Kind die Schulregel befolgt, lernt es, die Regel zu beachten, gewöhnt es sich daran, sich zurückzuhalten und sich einzuschränken, weil es sich zurückhalten und einschränken muß. Sie ist die erste Einführung in die Strenge der Pflicht. Der Ernst des Lebens beginnt.

Das ist die wahre Weihe der Disziplin. Sie ist kein Mittelchen, um das Kind zum Arbeiten zu bringen, um seinen Wissensdurst zu entfachen oder um die Kräfte des Lehrers zu schonen. Sie ist das schwer ersetzbare Instrument der Moralerziehung. Der Lehrer, dem sie anvertraut ist, kann sie nicht sorgsam genug behüten. Denn es handelt sich nicht nur um sein Interesse und um seine Ruhe. Man kann ohne Übertreibung sagen, daß die Moralität der Klasse auf seiner Entschlossenheit beruht. [...]

Die Schuldisziplin kann ihre nützliche Wirkung, die man zu Recht von ihr erwarten muß, nur unter der Bedingung hervorbringen, daß sie sich selbst in gewissen Grenzen einschränkt. Es ist notwendig, daß das Klassenleben in seinen großen Linien festgelegt ist; andrerseits ist es unnötig, daß die Vorschriften bis in die letzten Einzelheiten hinabreichen. Regeln sind unbedingt erforderlich; es ist aber schlecht, wenn alles geregelt ist. Nicht alle Handlungen der Erwachsenen sind den Regeln der Moral unterworfen; es gibt Regeln, die man einhalten oder nicht einhalten kann, die man befolgen kann, so wie man es versteht, die, mit einem Wort, nicht von einer moralischen Bewertung abhängen. Genausowenig darf sich die Schuldisziplin auf das ganze Schulleben ausdehnen. Die Haltung der Kinder, die Art, wie sie zu stehen und zu gehen haben, wie sie ihre Lektionen aufzusagen, ihre Aufgaben zu machen oder ihre Hefte zu halten haben, darf nicht mit Pingeligkeit festgelegt sein. Denn eine derart ausgeweitete Disziplin läuft den Interessen der wahren Disziplin genauso zuwider, wie der Aberglaube den Interessen der wahren Religion zuwiderläuft. Das hat zwei Gründe: Erstens kann das Kind in solchen Forderungen nur hassenswerte und absurde Maßnahmen sehen, die nur dazu da sind, um es zu beleidigen und zu langweilen; das aber kompromittiert in seinen Augen die Autorität der Regel. Oder es gewöhnt sich daran, wenn es sich ihnen passiv und ohne Widerstand unterwirft, nichts mehr ohne Befehl zu tun; und das läßt jede Initiative verlöschen. Unter den augenblicklichen moralischen Bedingungen, unter denen das Individuum gezwungen ist, selbst zu handeln und eine persönliche Rolle im Kollektivleben zu spielen, hätte eine derartig überbordende Reglementierung den schlechtesten Einfluß auf die Moralität des Kindes. Wenn sie aus ihm keinen Revolutionär macht, so macht sie eben einen moralisch Deprimierten. Wie schwer auch die Folgen eines solchen Mißbrauches sind, der Lehrer ist trotzdem nur zu leicht geneigt, ihn zu begehen; er muß also wissen, was er tut. Wie jede Kraft, die nicht begrenzt ist, sich grenzenlos auszuweiten trachtet, so muß auch die Reglementiergewalt, über die er verfügt, begrenzt sein. In der Klasse aber steht er vor Kindern, die außerstande sind, ihm zu widerstehen. Er muß sich also selber widerstehen. Wahrscheinlich sind es diese Auswüchse der Schuldisziplin, die man lange Jahre durchgehen ließ, die jene Reaktion gegen die Disziplin hervorgerufen haben, die ich vorhin erwähnt habe, und die nun ebenfalls Gefahr läuft, das rechte Maß zu verlieren.

Da wir jetzt wissen, was die Schuldisziplin und welches ihre Funktion ist, wollen wir untersuchen, wie wir uns verhalten müssen, damit die Kinder sie auch praktizieren. Es genügt nicht, sie ihnen gewaltsam aufzuzwingen oder sie mechanisch daran zu gewöhnen und sie ihnen schmackhaft zu machen. Das Kind muß selbst fühlen, was in der Regel liegt und bewirkt, sich ihr *freiwillig* zu unterwerfen. Mit anderen Worten: Es muß die Moralautorität fühlen, die in der Regel liegt und sie achtenswert macht. Sein Gehorsam ist nur dann wahrhaft moralisch, wenn er der äußere Ausdruck eines inneren Respektgefühls ist. Wie bringt man ihm aber dieses Gefühl bei?

Da das Kind die Regel durch den Lehrer kennenlernt, hängt alles Weitere vom Lehrer ab. Die Regel kann keine andere Autorität haben als die Autorität, die er ihr gibt, d. h. diejenige, deren Ideen er den Kindern vermittelt. Die Frage lautet also folgendermaßen: Welche Bedingungen muß der Lehrer erfüllen, um Autorität um sich auszustrahlen?

Dafür sind natürlich gewisse individuelle Eigenschaften nötig. Vor allem muß der Lehrer geistige Festigkeit und einige Willensenergie besitzen. Wie ein Befehl den Wesenszug hat, Zweifel und Zögern zum Schweigen zu bringen, so kann die Regel nur dann dem Kind verpflichtend erscheinen, wenn es sie entschieden angewendet sieht, wenn derjenige, der damit betraut ist, sie ihm bekannt zu machen, immer weiß, was sie zu sein hat. Im Grund sind das aber zweitrangige Bedingungen. Worauf es vor allem ankommt, ist, daß der Lehrer die Autorität, die er vermitteln und für die er das Gefühl erwecken soll, selbst in sich fühlt. Sie ist eine Kraft, die er nur zeigen kann, wenn er sie wirklich besitzt. Woher aber nimmt er sie? Nimmt er sie aus der materiellen Macht, die er hat; aus dem Recht, zu strafen und zu belohnen? Die Furcht vor der Strafe ist aber etwas anderes als der Respekt vor der Autorität. Sie hat nur dann einen moralischen Charakter und einen moralischen Wert, wenn die Strafe von dem, der sie erleidet, als gerecht empfunden wird. Das ist aber die Frage. Der Lehrer darf seine Autorität nicht von außen, nicht von der Angst, die er einflößt, bekommen. Sie kann nur aus seinem Inneren kommen. Er darf nicht an sich glauben, auch nicht an die höheren Eigenschaften seiner Intelligenz oder seines Willens, er muß an seine Aufgabe und an die Größe seiner Aufgabe glauben. Die hohe Meinung, die er von seiner Mission hat, machen die Autorität aus, die sich so leicht in seiner Haltung und in seinem Predigtton widerspiegelt. Denn er spricht im Namen eines Gottes, den er in sich fühlt und dem er glaubt, näher zu sein als die Menge der Ungläubigen, an die er sich wendet. Selbstverständlich muß und soll der Lehrer dieses Gefühl haben. Auch er ist das Organ einer großen moralischen Wirklichkeit, die über ihn hinausgeht und mit der er direkter in Verbindung steht als das Kind, denn erst durch seine Vermittlung kommt das Kind mit ihr in Verbindung. So wie der Priester der Mittler Gottes ist, so ist er der Vermittler der großen moralischen Ideen seiner Zeit und seines Landes. [...]

Aber von einer anderen Seite bilden der überwiegende Anteil, den der Lehrer in der Entstehung des Gefühls hat, und die persönliche Rolle, die er spielt, eine Gefahr, der man zuvorkommen muß. In der Tat muß man nämlich befürchten, daß sich das Kind daran gewöhnt, die Idee der Regel zu eng mit der Idee seiner Person zu verbinden und daß es sich die Schulvorschriften unter einer all zu konkreten Form als den Ausdruck des Lehrerwillens vorstellt. Im übrigen haben die Völker zu allen Zeiten das Bedürfnis verspürt, sich das Gesetz des Verhaltens als von einer göttlichen Persönlichkeit eingesetzt vorzustellen. Eine derartige Auffassung wäre aber dem Zweck entgegengesetzt, den wir erreichen wollen. Denn die Regel hört auf, sie selbst zu sein, wenn sie nicht unpersönlich ist und nur als solche dem Geist dargestellt wird. Der Lehrer muß also versuchen, sie nicht als sein persönliches Werk darzustellen, sondern als eine über ihm stehende moralische Macht, deren Organ er ist und nicht ihr Autor. Er muß den Kindern verständlich machen, daß er, wie sie, ihr unterworfen ist, daß er sie nicht aufheben oder verändern kann, daß er sie anwenden muß, daß sie ihn beherrscht und verpflichtet, wie sie die Kinder verpflichtet. Denn nur unter dieser Bedingung kann er bei ihnen ein Gefühl erwecken, das in einer demokratischen Gesellschaft wie der unsrigen, an der Basis des öffentlichen Bewußtseins liegt oder liegen müßte: die Ehrfurcht vor der Gesetzlichkeit, die Ehrfurcht vor dem unpersönlichen Gesetz, das aus seiner Unpersönlichkeit selbst seinen Einfluß zieht. Denn von dem Augenblick an, wo das Gesetz nicht mehr in einer bestimmten Persönlichkeit verkörpert ist, die es sinnenhaft vor die Augen stellt, muß der Geist notwendigerweise lernen, es sich unter einer allgemeinen und abstrakten Form vorzustellen und ihm unter dieser Form zu gehorchen. Ist nicht die unpersönliche Autorität des Gesetzes das einzige was überlebt und normalerweise an einer Gesellschaft überleben kann, in der der Vorrang der Kasten und der Dynastien nicht mehr anerkannt wird? Denn sie kann sich nicht verringern, ohne daß sich die ganze kollektive Disziplin lockert. Leider darf man sich nicht verheimlichen, daß eine derartige Auffassung auf alte, seit Jahrhunderten eingewurzelte Gewohnheiten stößt, und daß eine umfassende Bildung nötig ist, um sie den Menschen zu vermitteln. Die Schule würde eine ihrer wichtigsten Pflichten vernachlässigen, wenn sie sich dieser Aufgabe entzöge.

Arbeitsaufgaben

1. *Was versteht Durkheim unter dem »Geist der Disziplin«, und inwiefern ist dieser Begriff vom herkömmlichen Sprachverständnis abzugrenzen? Warum stellt nach Durkheim der »Geist der Disziplin« ein wesentliches Element für das Zusammenleben in modernen Gesellschaften dar?*
2. *Was bezeichnet Durkheim in dem vorliegenden Text als die »Natur des Kindes«? Vergleichen Sie diese Äußerungen mit der in den Arbeitsmaterialien zu É. Durkheim (Erziehung und Gesellschaft) vorgestellten Position Berthold Ottos.*
3. *Welche Momente der »Natur des Kindes« stehen dem Text zufolge einer Erziehung zur Disziplin im Wege, und an welche dieser Momente kann angeknüpft werden?*
4. *Inwiefern unterscheiden sich Familie und Schule hinsichtlich ihres Beitrags zur Disziplin? Warum hält Durkheim die Schulerziehung für eine unabdingbare Ergänzung der Familienerziehung?*
5. *Wie grenzt Durkheim die notwendige Disziplin bzw. Disziplinierung von autoritären Fehlformen der Erziehung ab?*
6. *Welche Rolle wird dem Lehrer im Rahmen schulischer Erziehung zugeschrieben?*
7. *Diskutieren Sie abschließend Durkheims Konzeption der Schuldisziplin und der Rolle des Lehrers.*

Kapitel III

Handeln in gesellschaftlichen Systemen

Talcott Parsons

Sozialisation als Erlernen von Rollen

Talcott Parsons, dessen Beitrag zu einer Theorie der Sozialisation bzw. der gesellschaftlichen Funktionen des Bildungssystems mit den nachfolgenden Texten erarbeitet werden soll, ist der vielleicht bedeutendste, sicher aber einflußreichste amerikanische Soziologe dieses Jahrhunderts. Er wurde 1902 in der Nähe von Colorado Springs geboren, studierte in England und Deutschland, wo er 1927 in Heidelberg promovierte, übernahm danach eine Lehrtätigkeit an der renommierten Havard-Universität, an der er schließlich 1946 zum ordentlichen Professor ernannt wurde. In seiner wissenschaftlichen Arbeit wurde er vor allem von dem britischen Soziologen Herbert Spencer, dem Franzosen Émile Durkheim und besonders von dem deutschen Sozialwissenschaftler Max Weber beeinflußt, mit dessen Gesellschaftstheorie er sich bereits in seiner Dissertation auseinandersetzte. Während seiner langen und produktiven Forschungstätigkeit – Parsons starb 1979 auf einer Vortragsreise in Deutschland – veröffentliche er zahlreiche grundlegende Arbeiten zur Theorie sozialer Systeme und sozialen Handelns. Seine sozialisationstheoretischen Überlegungen entwickelte er 1955 zus. mit N. S. Smelser in *Family, Socialization, and Interaction Process*. Die soziologische »Schule«, die Parsons maßgeblich initiiert und geprägt hat, wird als »Strukturfunktionalismus« bzw. als »Systemtheorie« oder zusammenfassend als »strukturfunktionalistische Systemtheorie« bezeichnet. In diesen Bezeichnungen kommt bereits Parsons' zentrale Grundannahme, seine spezifische Sicht der Gesellschaft zum Ausdruck, die ihn von anderen soziologischen Klassikern deutlich unterscheidet: In Analogie zu lebenden Organismen versteht er Gesellschaften als komplexe Systeme, die sich von ihrer Umwelt abgrenzen und zu ihrem Überleben Strukturen entwickeln, welche spezifische Funktionen für die Bestandserhaltung des Gesamtsystems erfüllen.

Anders als etwa Karl Marx, Max Weber, aber auch Émile Durkheim, die die Veränderungen von Gesellschaften in den Mittelpunkt ihres Forschungsinteresses gerückt hatten, geht es bei Parsons vorrangig um die internen Voraussetzungen für die Stabilität von Gesellschaftssystemen, und zwar in einer ahistorischen Perspektive. Anders formuliert: Seine Theorie ist der ambitionierte Versuch, ein abstraktes Modell zu entwickeln, mit dessen Hilfe über alle historisch-gesellschaftlichen Besonderheiten hinweg die Bedingungen benannt werden, die für die Stabilität bzw. Bestandserhaltung von Gesellschaftssystemen verantwortlich sind. Parsons entwirft also – wie Korte es formuliert hat – »eine Theorie für alle Fälle«, also für die unterschiedlichsten Formen von Gesellschaften.

Jede Gesellschaft, so der Ausgangspunkt seiner Überlegungen, strebt nicht anders als natürlich-biologische Systeme nach Selbsterhaltung in Auseinandersetzung mit ihrer natürlichen Umwelt und mit anderen Gesellschaftssystemen. Für die Stabilität von Gesellschaftssystemen ist eine relativ störungs- und konfliktfreie

»Zusammenarbeit« der verschiedenen Teilbereiche, der »Teilsysteme« der Gesellschaft, erforderlich. Diese Teilsysteme erbringen jeweils unterschiedliche Beiträge (Funktionen) für das Gesamtsystem. So muß das ökonomische System z. B. die materiellen Ressourcen, Waren und Dienstleistungen, für das Überleben der Gesellschaft produzieren, während das politische System Zielvorgaben entwickelt, Interessen ausgleicht, Gesetze erläßt. Damit die Teilsysteme ihren funktionalen Beitrag zur Bestandserhaltung angemessen erfüllen können, entwickeln sie spezifische Institutionen mit jeweils unterschiedlichen »Spielregeln« für das Handeln in diesen Institutionen. Parlamente unterscheiden sich deshalb von Fabriken, Kasernen (zumindest teilweise) von Schulen und Krankenhäusern. Bei aller Unterschiedlichkeit ihrer Funktionen und Strukturen müssen die Teilsysteme aber zugleich aufeinander bezogen sein, wenn es keine gravierenden »Reibungsverluste« geben soll, die die Stabilität des Gesamtsystems in Frage stellen würden.

Von den in diesen gesellschaftlichen Zusammenhängen handelnden Individuen war bislang noch nicht die Rede. Für Parsons hängt die Stabilität von Gesellschaftssystemen maßgeblich davon ab, daß die Handlungen der einzelnen Gesellschaftsmitglieder und die Wünsche, Interessen und Bedürfnisse, die diesen individuellen Handlungen zugrunde liegen, mit den funktionalen Anforderungen der Gesellschaft bzw. mit den jeweiligen »Spielregeln« in den Teilsystemen harmonieren oder zumindest nicht in unlösbarem Widerspruch zu den gesellschaftlichen Erwartungen und Anforderungen stehen. Dies ist ein Problem, das bereits Durkheim beschäftigt hatte und das Parsons in einem neuen theoretischen Zugriff zu lösen versucht, indem er seine Systemtheorie mit einer Theorie des Handelns verknüpft. Seine »Handlungstheorie« ist eine neue Antwort auf die alte Frage, was die Individuen veranlaßt, im allgemeinen systemkonform zu handeln.

Ausgangspunkt seiner Überlegungen ist die schlichte Annahme, daß die Menschen eine »Veranlagung« haben, nicht nur körperlichen Schmerz, sondern auch soziale Sanktionen zu vermeiden. Soziales Handeln ist deshalb zuerst einmal außengesteuertes Handeln. Aber von Durkheim hat Parsons gelernt, daß diese Erklärung nicht hinreichend ist. Für ein den funktionalen Anforderungen der Gesellschaft und ihrer Teilsysteme angemessenes individuelles Handeln ist es erforderlich, daß die für den Bestand der Gesellschaft wichtigen Wertorientierungen von den handelnden Individuen als Orientierungsmuster erlernt, motivational verankert und so zum Antrieb ihres Handelns werden. Mit der Verinnerlichung gesellschaftlicher Wertorientierungen werden die natürlichen Bedürfnisse begrenzt, und zugleich wird systemkonformes Handeln vom Individuum als befriedigend empfunden. Wenn in einer Gesellschaft wie der unsrigen z. B. individuelle Leistung zu den zentralen Wertorientierungen gehört, dann konkretisiert sich dieser Wert (im unterschiedlichen Maße) in den »Spielregeln« der verschiedenen Subsysteme sowie ihrer Institutionen und muß als verinnerlichte Leistungsorientierung das Handeln der Individuen steuern.

Die Kultur als Inbegriff der für eine Gesellschaft relevanten Werte verklammert also das Gesellschaftssystem mit den »personalen Systemen«, d. h. den handelnden Individuen. Die Kultur spielt für die System- und Handlungstheorie Parsons' deshalb die zentrale Rolle: Die jeweils dominierenden kulturellen Wertorientierungen einer Gesellschaft steuern die interne Ausdifferenzierung der Gesellschaft in Teilsysteme und Institutionen, konkretisieren sich in dem, was bisher als »Spielregeln« der Teilsysteme bezeichnet wurde und in der Terminologie Parsons' »Rollenerwartungen« heißt, und finden sich schließlich in den handelnden Individuen als Orientierungsmuster wieder.

Diese knappen Hinweise auf das Erkenntnisinteresse und die Grundannahmen der System-und Handlungstheorie Parsons' sollen durch den nachfolgenden Text von Klaus-Jürgen Tillmann erweitert und vertieft werden. Im Schlußteil erörtert Tillmann auch die Sozialisationstheorie, die Parsons im Rahmen seines Gesamtwerks entwickelt hat. Die generelle Perspektive, unter der Parsons Erziehung und Sozialisation diskutiert, dürfte nach dem bisher Gesagten auf der Hand liegen: Sozialisation muß nach Parsons den Heranwachsenden einer Gesellschaft die Fähigkeit und Bereitschaft zum Handeln in Rollen vermitteln; die Wertorientierungen einer Gesellschaft, die sich – wie wir gesehen haben – in ihren Rollensystemen konkretisieren, müssen von den Individuen im Interesse der Bestandserhaltung des Gesamtsystems und seiner Teilsysteme als »Richtlinien«, Orientierungsmuster des Handelns verinnerlicht werden. Das bedeutet allerdings nicht, daß bereits im Laufe von Kindheit und Jugend die ganze Vielfalt unterschiedlicher Rollen, mit der die erwachsenen Mitglieder einer Gesellschaft konfrontiert sind, erlernt werden müßten. Wie man die Rolle eines kompetenten Kraftfahrzeugmechanikers, einer Finanzbeamtin, eines liebevollen Vaters oder einer engagierten Pfarrerin spielt, ist das Ergebnis späterer Lernprozesse. Für diese Lernprozesse werden nach Parsons aber durch die vorangegangene Sozialisation die entscheidenden Voraussetzungen gelegt. Die Heranwachsenden werden durch die Sozialisation »trainiert«, unterschiedliche Typen von Rollenspielen auseinanderzuhalten, ihr Handeln auf die jeweiligen Spielregeln einzustellen und sich mit diesen Spielregeln, den an die Rollen geknüpften Erwartungen, zu identifizieren. Im Laufe der Sozialisation müssen sie also lernen, daß die Rollenanforderungen in der Familie andere als die in der Schule oder beim Einkaufen in einem Supermarkt sind.

Die Handelnden »wissen« dann, daß die Rollenerwartungen und -anforderungen im Familiensystem persönlicher, weniger klar definiert, gefühlsbetonter, in der Terminologie Parsons': »partikularistisch« sind, während sich die Spielregeln zwischen Steuerbeamten und Steuerzahlern an anderen, unpersönlichen, »universalistischen« Werten zu orientieren haben. Es sind solche unterschiedlichen Grundmuster (pattern variables) des Rollenhandelns, die durch die Sozialisation verinnerlicht und zur Richtschnur situationsadäquaten Handelns werden müssen.

Diese Sozialisationsleistung kann zumindest in modernen, hochkomplexen Gesellschaften, in denen der Typ der universalistischen, unpersönlichen Rolle eine immer größere Bedeutung gewinnt, nicht mehr allein von der »Sozialisationsinstanz« Familie erbracht werden, deren interne Spielregeln ja gerade durch eine partikularistische Ausrichtung gekennzeichnet sind. Es ist deshalb kein Zufall, daß moderne Gesellschaften spezialisierte Institutionen, z. B. Schulen entwickelt haben, die die Sozialisation der Heranwachsenden in der traditionellen Sozialisationsinstanz Familie ergänzen und weiterführen. Weil sie eine von der Familie abweichende Funktion für die Sozialisation der Heranwachsenden übernehmen, muß die Schule auch andere Strukturen und »Rollenspielregeln« als die Familie entwickeln. Dies ist das Thema des 1959 erschienenen Aufsatzes »Die Schulklasse als soziales System«, in dem Parsons die gesellschaftlichen Funktionen der Schule im Verhältnis zur Familie und zu den »Peer-groups« als einer weiteren Sozialisationsinstanz diskutiert. Zwar konkretisiert er seine Annahmen am Beispiel des amerikanischen Schulsystems der 50er Jahre, doch können sie – als »Theorie für alle Fälle« – für eine aktuelle Analyse des Schulsystems in der Bundesrepublik fruchtbar gemacht werden. Im Mittelpunkt seiner Analyse steht die »Grundschule«, d. h. die in der Regel sechsjährige amerikanische »elementary school«, an deren Beispiel er seine schultheorethischen Überlegungen entwickelt. Diese Analyse wird im Originaltext durch einen anschließenden Exkurs zur Sozialisationsfunktion der nachfolgenden »Oberschule«, der »senior high school«, ergänzt, der aus Platzgründen im vorliegenden Studienbuch nicht aufgenommen wurde.

Ein letzter Hinweis könnte das Verständnis dieses Aufsatzes fördern: Bislang war nur davon die Rede, daß die Heranwachsenden durch die Sozialisation die Fähigkeiten und Voraussetzungen zum Rollenhandeln erwerben, Orientierungsmuster für ihr Handeln verinnerlichen müssen. *Wie* dies geschieht, ist dagegen noch nicht geklärt worden. Parsons bedient sich im Rahmen seiner Sozialisationstheorie unterschiedlicher Erklärungsmodelle. Er verwendet zum einen die Forschungsergebnisse von George Herbert Mead, die im Rahmen dieses Studienbuchs noch vorgestellt werden. Zum anderen stützt er sich auf die behavioristische Lerntheorie Skinners (vgl. Studienbücher Erziehungswissenschaft Bd. 2: Entwicklungs- und Lerntheorien, S. 128–140). Lernen wird unter dieser Perspektive als Verhaltensänderung definiert, die durch die positiven oder negativen Reaktionen der Umwelt auf ein zuvor gezeigtes Verhalten eines Individuums bewirkt wird. Selbst komplexe Verhaltensmuster und Einstellungen sind nach Skinner als Resultat solcher »Konditionierungsprozesse« zu verstehen. Die Übernahme und Erfüllung von Rollenerwartungen wären demnach auf soziale Kontrolle bzw. positive oder negative Sanktionen der Umwelt zurückzuführen.

Für Parsons ist diese lerntheoretische Erklärung allerdings noch nicht hinreichend. In seinen sozialisationstheoretischen Überlegungen kombiniert er deshalb den behavioristischen Ansatz mit der Theorie psychosexueller Entwicklung Freuds. Auch in seinem Aufsatz über die Schulklasse als soziales System wird dies deutlich. Mit Freud (vgl. ebenda, S. 59–77) nimmt Parsons an, daß das »biologische System« Mensch aufgrund seiner Körperkonstitution spezifische Entwicklungsstadien bis zum Erwachsenenalter durchläuft, denen jeweils eine charakteristische Ausprägung seines »psychischen Apparats« (Freud) entspricht. Dieses »biologische System« steht unter dem Imperativ der Selbsterhaltung und des Lustgewinns. Das Kind weitet auf der Grundlage seiner körperlichen Reifung seine Erfahrungsmöglichkeiten sukzessiv aus, seine Triebenergie (Libido) richtet sich auf neue Objekte des Lustgewinns. Dies betrifft sowohl seinen eigenen Körper als auch seine sozialen Bezugspersonen, die ihm Lust gewähren oder versagen können. Wird das Neugeborene ausschließlich von seinen Triebwünschen – in der Terminologie Freuds: von seinem »Es« – bestimmt, deren Befriedigung im Lippen-Mundraum zentriert ist, so verfügt das dreijährige Kind bereits über erweiterte Erfahrungsmöglichkeiten hinsichtlich seines Körpers und seiner sozialen, d. h. familialen Umwelt; es verfügt jetzt über die psychische Instanz des »Ich«, das zwischen sich und der Umwelt zu unterscheiden weiß und die Triebwünsche des »Es« an die Anforderungen der Realität, d. h. vor allem an die Bedürfnisse und Möglichkeiten der unmittelbaren Bezugspersonen anzupassen versucht. Diese Bezugspersonen, in diesem Alter vor allem die Mutter, werden als Quellen möglicher Lust »libidinös besetzt« und damit zugleich zum Objekt des Lernens, eines Lernens, das mit dem auf Belohnung und Strafe basierenden Lernkonzept der Behavioristen nicht hinreichend erfaßt wird. Indem das Kind sich mit seinen Bezugspersonen identifiziert, übernimmt es – in einem konfliktreichen Lernprozeß – auch deren Verhaltensmuster und Wertorientierungen. Sanktionen, positive oder negative Verstärkungen, unterstützen diesen Prozeß, können ihn aber nicht hinreichend erklären.

Für die Funktion schulischer Sozialisation, die Parsons in seinem Aufsatz thematisiert, ist die nachfolgende, die phallisch-ödipale Phase in der psychosexuellen Entwicklung des Kindes von größter Bedeutung: Im Vorschulalter richten sich die sexuellen Triebwünsche des Kindes nach Freud auf den andersgeschlechtlichen Elternteil, wird der gleichgeschlechtliche Elternteil dagegen als Konkurrent bzw. Konkurrentin empfunden. Im Laufe dieser psychosexuellen Entwicklungsphase macht der Junge die schmerzliche Erfahrung, daß er den Vater nicht in der Gunst der Mutter, das Mädchen, daß es die Mutter nicht in der Gunst des Vaters verdrängen kann. Die psychische Folge: Das Kind identifiziert sich (in der Regel) auf eine neue, intensive Weise mit dem überlegenen Konkurrenten bzw. der Konkurrentin, deren Vorbild zur Grundlage einer weiteren psychischen Instanz, dem »Über-Ich«, wird. Damit ist die psychosexuelle Entwicklung nicht abgeschlossen, wohl aber hat sich die Grundstruktur der menschlichen Psyche herausgebildet. Mit dem »Über-Ich« ist nun die psychische Instanz vorhanden, in der die gesellschaftlichen Werte, deren Verinnerlichung nach Parsons für ein reibungsloses Rollenhandeln erforderlich ist, über Identifikationsprozesse und Sanktionen gewissermaßen zur »zweiten Natur«, zum »sozialen Gewissen« des Individuums werden können.

Auf dem Hintergrund dieser Freudschen Entwicklungstheorie versucht Parsons, seine Vorstellung von Sozialisation als Rollenlernen zu präzisieren: Er nimmt an, daß der Erwerb der Grundqualifikationen des Rollenhandelns mit den psychosexuellen Entwicklungsstufen im Sinne Freuds korrespondiert, daß auf jeder Entwicklungsstufe das Repertoire von Rollenmustern auf spezifische Weise erweitert wird. Im Blick auf seinen Aufsatz über die Schulklasse als soziales System heißt dies, daß die Schulzeit für die Kinder nicht zufällig mit etwa 6 Jahren beginnt. Ihre psychosexuelle Entwicklung und die Kompetenz zum Rollenhandeln, die sie im Rahmen der Familie durchlaufen bzw. erworben haben, ist in der Regel jetzt so weit gediehen, daß sie die durch diese neue Sozialisationsinstanz repräsentierten Rollenanforderungen erlernen und verinnerlichen können. Es sind nach Parsons zwei Grundmuster des Rollenhandelns bzw. die mit ihnen verknüpften Wertorientierungen, die am Ende der phallischen Phase vom Kind erworben worden sind, nämlich die Geschlechts- und Generationenrolle. Zum einen hat das Kind über die unterschiedliche Ausprägung der Vater- und Mutterrolle gelernt, daß sich Rollen hinsichtlich ihrer Affektivität und Instrumentalität unterscheiden. Mit der Internalisierung der Generationenrolle hat das Kind zum anderen die natürliche Differenz zwischen machtvollen Erwachsenen und abhängigen Heranwachsenden verinnerlicht und damit zugleich akzeptiert, daß es zugewiesene Rollen gibt, die sich im Blick auf Autonomie und Abhängigkeit unterscheiden.

Der gleiche Zusammenhang zwischen physiologischer Reifung und Rollenlernen wird auch im Blick auf die wechselnden Formen der Peer-groups vor und nach dem Eintritt der Pubertät sichtbar. Auch diese wechselnden Formen gehorchen einer sozialen Logik, indem sie einen unterschiedlichen funktionalen Beitrag zur Erweiterung der Rollenkompetenz der Heranwachsenden leisten. Zugleich entsprechen sie in ihrer Form einer jeweils neuen Phase in der psychosexuellen Entwicklung der Kinder bzw. Jugendlichen. Familie, Schule und Peergroups sind aus der Sicht Parsons' also die wichtigsten Träger, »Instanzen« für die Sozialisation der nachwachsenden Generation. Auf der Grundlage der altersspezifischen psychosexuellen Entwicklung von Kindern und Jugendlichen übernehmen sie dank ihrer unterschiedlichen strukturellen Merkmale unterschiedliche, aber jeweils unverzichtbare Aufgaben, für die Sozialisation der Heranwachsenden im Sinne des Erlernens eines gesellschaftlich notwendigen Rollenverhaltens. Die Sozialisation ist nach dem Durchlaufen dieser Sozialisationsinstanzen keineswegs abgeschlossen, wohl aber sind damit – im Regelfall – die entscheidenden Voraussetzungen für die Integration in die Gesellschaft, in die Welt der Erwachsenen gelegt.

Tillmann: Gesellschaft und Sozialisation aus der Sicht Parsons'

Tillmann, K. J.: Sozialisationstheorien. Eine Einführung in den Zusammenhang von Gesellschaft, Institution und Subjektwerdung. Reinbek 1989. S. 108–118.

Grundannahmen und zentrale Begriffe

Parsons verfolgte zeit seines Lebens die Idee, ein System von logisch zusammenhängenden Begriffen zu entwickeln, durch welche sich alle bedeutsamen Aspekte der gesellschaftlichen Realität erfassen lassen (vgl. Hauck 1984, S. 133). Entsprechend komplex, abstrakt und vielfach vernetzt sind die Begriffe seiner Theorie, die er in mehr als 150 Aufsätzen und Büchern darstellte (vgl. Jensen 1976, S. 10). Wir wählen einen (zwangsläufig selektiven) Zugang zu seiner Theorie, indem wir bei seinem Verständnis der Gesamtgesellschaft als einem sozialen System ansetzen: Soziale Systeme entstehen nach Parsons aus der Interaktion zwischen Menschen, die umfassendste Form eines Sozialsystems ist die »Gesellschaft als Gesamtsystem« (1976, S. 88), die intern in hierarchische Ebenen gegliedert ist:

> An der Basis der hierarchischen Struktur ist das Sozialsystem in konkreten Menschen als *physischen Organismen* verwurzelt, die in einer physischen Umwelt agieren. Als *Persönlichkeit* nimmt das Individuum an Prozessen sozialer Interaktion mittels verschiedener *Rollen* teil. Rollen sind organisiert und zu *Kollektiven* aggregiert, die ihrerseits durch zunehmend generalisierte *institutionelle Normen* gesteuert werden. Die »Spitze« des Systems bildet die *Gesellschaft als Gesamtsystem*, heute meist in Form eines einzigen politischen Kollektivs, in dem ein einziges mehr oder minder integriertes Wertsystem institutionalisiert ist (1976, S. 87f).

Im folgenden betrachten wir die oberen Ebenen genauer, also das Verhältnis zwischen dem Gesamtsystem und seinen institutionalisierten Subsystemen, um die drei Grundbegriffe System, Struktur und Funktion zu verdeutlichen. Anschließend beschäftigen wir uns mit der nächst ›niedrigeren‹ Ebene, indem wir das inner-institutionelle Handeln in Rollen (als Vermittlung zwischen Persönlichkeit und Gesellschaft) betrachten.

Die Gesellschaft als soziales System

Eine Gesellschaft besteht letztlich aus vielen Millionen handelnden Individuen. Eine Einheitlichkeit als System entsteht jedoch erst, wenn vor dem Hintergrund einer gemeinsamen Kultur ein Komplex von Institutionen und Organisationen dafür sorgt, daß die Vielfalt und Besonderheit auf den untersten Ebenen zu der »notwendigen Einheit und Integration« zusammengefügt wird (Parsons 1976, S. 88). So verstanden besteht eine Gesellschaft aus einer Vielzahl von institutionalisierten Subsystemen (z. B. Beschäftigungssystem, Verkehrssystem, Wissenschaftsbetrieb, religiöse Organisationen), die alle ihren Beitrag zur Stabilität und zum Fortbestand des Gesamtsystems zu leisten haben. Innerhalb dieser Subsysteme agieren die Individuen in Rollen, auf die noch zurückzukommen sein wird.

Parsons' systemorientierte Sichtweise der Gesellschaft wird wohl am ehesten verständlich, wenn man von einer Analogie ausgeht, die er selbst gewählt hat. Er bezeichnet den menschlichen Körper als ein *System*, an dem sich statische Elemente und prozeßhafte Vorgänge unterscheiden lassen: »Den festen Bezugspunkt für alle physiologischen Funktionsanalysen bildet die anatomische Struktur des Organismus. Die Kriterien für die Bedeutung von Prozessen wie Atmung, Ernährung usw. und ihrer dynamischen Interdependenz ergeben sich aus ihrer Funktion in bezug auf die Erhaltung dieser Struktur in einer gegebenen Umwelt« (1968 a, S. 39). In diesem Zitat werden die beiden zentralen Aspekte eines jeden Systems genannt: Struktur und Funktion; diese Begriffe geben diesem theoretischen Ansatz ihren Namen. Um im Bild zu bleiben: Die *Struktur* des Systems ›menschlicher Körper‹ besteht aus einer sinnvollen Anordnung verschiedener Körperteile (Subsysteme). Zwischen diesen Körperteilen finden ununterbrochen Austauschprozesse statt (Atmung, Ernährung etc.), die alle auf die übergeordnete *Funktion* ausgerichtet sind, den Körper (Gesamtsystem) zu erhalten. Die einzelnen Körperteile leisten dazu unterschiedliche funktionale Beiträge.

Bevor wir dieses Bild auf die Gesellschaft als soziales System übertragen, gilt es festzuhalten: Struktur beschreibt den statischen, Funktion den prozeßhaft-dynamischen Aspekt eines Systems. Die funktionalen Beiträge der Subsysteme sind auf die Stabilität des Gesamtsystems ausgerichtet. Parallel dazu muß man sich das gesellschaftliche System vorstellen als einen geordneten Zusammenhang von einzelnen, meist institutionalisierten Subsystemen. Dabei ist die »Grundeinheit aller sozialen Systeme« zwar »das Individuum *als Handelnder*« (1968 a, S. 52); dieses Individuum ist jedoch in Rollenmuster und institutionelle Strukturen eingebunden.

Parsons' Interesse richtet sich vor allem darauf, nach den Bedingungen von *Stabilität* in sozialen Systemen zu fragen: Wie ist bei der Vielzahl der einzelnen Handelnden gesellschaftliche Ordnung möglich? Wie ist es möglich, »die Beziehungen zwischen den Individuen so zu regeln, daß der Konflikt vermieden und die positive Zusammenarbeit gefördert wird?« (1968 a, S. 57). Parsons' Theorie des sozialen Systems ist damit vor allem eine Theorie der Integration und ihrer Bedingungen. Um diese Integrationsprozesse (und ihre Gefährdungen) genauer kennenzulernen, werden *funktionale Analysen* durchgeführt: Tragen die Abläufe in Subsystemen, tragen die Austauschprozesse zwischen den Subsystemen zur Stabilität des Gesamtsystems bei – oder gefährden sie diese Stabilität? Mit diesem

Hinweis auf die funktionale Analyse wird noch einmal das Verhältnis zwischen Struktur und Funktion deutlich: Struktur kennzeichnet die statischen, Funktion die dynamischen Anteile eines Systems.

Eine solche Einordnung mag für organische Systeme (etwa den menschlichen Körper) angemessen sein, bei sozialen Systemen bedarf sie jedoch dringend der Relativierung; denn insbesondere die Beschreibung der sozialen Struktur als ›statisch‹ erweckt allzu leicht den Eindruck, als sollten damit gegenwärtige Gesellschaftliche Zustände konserviert werden. Demgegenüber ist zu betonen, daß Parsons mit der Vorstellung von einer statischen Struktur des sozialen Systems weder die empirische Realität noch einen wünschenswerten Zustand beschreiben will. Ihm ist sehr wohl bewußt, daß Gesellschaften sich kontinuierlich wandeln, daß insofern die statische Struktur eine Fiktion ist. Dennoch erscheint ihm diese Unterstellung als eine methodisch-analytische Vereinfachung notwendig: Nur indem bestimmte Strukturelemente (z. B. das Subsystem Schule) in einer funktionalen Analyse als konstant angesetzt werden, ist es möglich, sich den Austauschprozessen konzentriert zuzuwenden (vgl. Parsons 1968 a, S. 37). Hierzu ein Beispiel: Eine Analyse, die sich mit Übergängen zwischen Schule, Hochschule und Betrieb beschäftigt, wird diese Institutionen in ihrer gegenwärtigen Verfaßtheit als stabil unterstellen und sich in ihrer Arbeit auf die Austauschprozesse zwischen diesen gesellschaftlichen Subsystemen konzentrieren. Dabei ist unstrittig, daß auch diese Institutionen sich intern ständig ändern, daß insofern die Unterstellung von Stabilität eine Fiktion ist. Eine solche Annahme gilt jedoch als notwendig, weil es für eine konkrete soziologische Analyse ein unlösbares Problem wäre, alle gesellschaftlich relevanten Faktoren in ihrer Dynamik zu erfassen. Der Begriff Struktur vereinfacht hier, weil er den prozessualen Charakter der sozialen Wirklichkeit in bestimmten Anteilen gedanklich zum Stehen bringt; das Ganze ist als eine Art »Momentaufnahme« der Gesellschaft, als »angehaltener Film« zu verstehen (vgl. Jensen 1976, S. 39).

Erst durch diese vereinfachende Konstruktion werden komplexe Analysen möglich, in denen alle Komponenten einer zu analysierenden Situation im Auge behalten werden können (vgl. auch Dahrendorf 1955, S. 504). Die Protagonisten einer strukturfunktionalen Theorie heben damit den methodischen Charakter des Strukturbegriffs hervor; er sei – so Parsons – »ein echtes technisch(es) ... Werkzeug« (1968 a, S. 37). Es ist allerdings darauf zu achten, daß in strukturfunktionalen Analysen dieser Werkzeugcharakter der Begriffe tatsächlich erhalten bleibt. Andernfalls besteht die Gefahr, daß ›unter der Hand‹ daraus empirische Realaussagen oder normative Setzungen werden.

Handeln in Rollen

Nachdem wir am Beispiel des gesellschaftlichen Gesamtsystems und seiner institutionalisierten Subsysteme das Verhältnis von Struktur und Funktion geklärt haben, steigen wir in dem hierarchischen Aufbau der gesellschaftlichen Ebenen eine Stufe ›tiefer‹: Wir beschäftigen uns mit den Individuen in den gesellschaftlichen Subsystemen, deren Aktivitäten von Parsons als Handeln in Rollen beschrieben werden. Dieser Begriff des Rollenhandelns ist sozialisationstheoretisch von großer Bedeutung; denn er »verknüpft das Untersystem des Handelnden, als einer ›psychologischen‹, sich in bestimmter Weise verhaltenden Gesamtheit, mit der eigentlichen *sozialen* Struktur« (1968 a, S. 55). Die Kategorie der Rolle ist unmittelbar am Schnittpunkt zwischen Persönlichkeit und Gesellschaft angesiedelt. Wir haben bereits darauf hingewiesen, daß Parsons als Grundeinheit des gesellschaftlichen Systems den einzelnen Handelnden versteht; Struktur entsteht nun dadurch, daß es eine »Reihe von verhältnismäßig stabilen Beziehungsmustern zwischen« den Individuen gibt (1968 a, S. 54). In modernen Gesellschaften werden solche stabilen Beziehungsmuster vor allem durch Institutionen hergestellt und gestützt. Ihre Mitglieder haben sich an vorgegebenen Erwartungen zu orientieren, so daß ihr Handeln einen kalkulierbaren Charakter erhält. Dabei agieren Menschen jeweils nur mit einem Teil ihrer Bedürfnisse und Fähigkeiten (etwa am Arbeitsplatz), andere werden hingegen ausgeklammert, kommen aber in anderen Feldern zum Tragen (z. B. in der Familie). In entwickelten, arbeitsteiligen Gesellschaften ist der Handelnde somit in verschiedene gesellschaftliche Subsysteme eingebunden, die ihm stets nur bestimmte Ausschnitte seines Handelns abverlangen. »Ein derartiger Ausschnitt, der die Grundeinheit eines Systems sozialer Beziehungen darstellt, wird heute überwiegend als ›Rolle‹ bezeichnet« (1968 a, S. 55).

Vom Gesichtspunkt des gesellschaftlichen Systems ist die Rolle ein erstes ordnendes Element der sozialen Struktur – aus der Perspektive des Handelnden ist sie eine normative Erwartung anderer Personen, denen man möglichst nachkommen sollte. Wie dieses Handeln in Rollen – und damit die Interaktion zwischen Personen – abläuft, ist von Parsons ausführlich dargestellt worden. Auch hier entwirft er ein gleichgewichtsorientiertes, sich selbst regulierendes Modell, das sich wie folgt skizzieren läßt: In einem gegebenen Zusammenhang interagieren zwei (oder mehr) Personen miteinander. Diese Personen sind Positionsinhaber (z. B. Lehrer und Schüler), die ihre Handlungen an Rollen – das sind soziale Erwartungen – ausrichten. Solche Rollenerwartungen werden nicht individuell und beliebig geschaffen, sondern sind in die Funktionalität des jeweiligen Subsystems (hier:

der Schule) eingebunden. Dennoch gilt, daß sie dem Handelnden als normative Erwartung der Gruppenmitglieder (vgl. 1968 a, S. 55) entgegentreten. Die Befolgung dieser Erwartungen führt zu Anerkennung und Belohnung, die Mißachtung zu Ablehnung und Bestrafung durch die Interaktionspartner, in schwerwiegenden Fällen auch zu institutionalisierten Sanktionen. Ungestört und optimal verläuft das Rollenhandeln dann, wenn der einzelne in Übereinstimmung mit seinen Bedürfnissen agiert und zugleich die Erwartungen des Gegenübers erfüllt. Dies ist der Idealfall von ungestörter und stabiler Kommunikation, mit der der funktionale Zweck der umgebenden Institution erfüllt wird. Ein solches Rollenhandeln trägt darüber hinaus zur Stabilität des Gesamtsystems bei; denn das gesellschaftliche System besteht insgesamt aus »Beziehungsmustern zwischen Handelnden in ihrer Eigenschaft als Rollenträger« (1968 a, S. 55). Wenn also im gesellschaftlichen System Gleichgewicht und Stabilität herrschen soll, muß auch in den Subsystemen das Rollenhandeln weitgehend störungsfrei ablaufen. In einem solchen Konzept des Rollenhandelns werden Abweichungen von den vorgegebenen Erwartungen als unerwünscht und dysfunktional betrachtet. Wenn Parsons sich damit befaßt, unterscheidet er meist nur zwischen den Extrempolen Anpassung und Abweichung; dabei verwendet er Begriffe wie »normal« und »pathologisch« (vgl. Parsons/Bales 1955, S. 243). Ein abgestuftes Kategoriensystem zur Beschreibung mangelnder Konformität wird somit nicht entwickelt.

Der Schüler als Rollenspieler

In der strukturfunktionalen Sichtweise von Gesellschaft haben Sozialisationsprozesse eine stabilisierende Funktion. Die Heranwachsenden sollen dadurch fähig werden, die ihnen angesonnenen Rollen freiwillig und kompetent zu spielen. Für den Fall, daß dies mißlingt (und einzelne ständig gegen Rollenerwartungen verstoßen), treten die Mechanismen der »sozialen Kontrolle« – etwa Jugendfürsorge, Polizei und Justiz – auf den Plan. Um Integration und Stabilität des sozialen Systems zu sichern, sind somit »Sozialisation und soziale Kontrolle die grundlegenden funktionalen Prozesse« (Mayntz 1972 a, S. 838). Weil in diesem soziologischen Gesamtkonzept der Sozialisation eine solch hervorgehobene Bedeutung zukommt, hat sich Parsons damit immer wieder beschäftigt, hierzu eine eigene Begrifflichkeit entwickelt und diese analytisch auf verschiedene Sozialisationsinstanzen – so auf Familie, Schule und peer-group – angewandt. Ausgangspunkt ist die enge Verknüpfung zwischen Sozialisation und Rollenhandeln; denn nach Parsons besteht Sozialisation im »Erwerb derjenigen Orientierungen, die für ein befriedigendes Rollenhandeln erforderlich sind« (1951, S. 205). Das kompetente (und stabilisierende) Rollenspielen ist somit Ziel des Sozialisationsprozesses – und zugleich sind die gesellschaftlichen Rollenmuster die kommunikative Umgebung, in der Sozialisation stattfindet: Indem der Heranwachsende in immer komplexere Rollenstrukturen eingeführt wird und sich dort handelnd bewährt, lernt er, »sich auf den verschiedenen Organisationsebenen der Gesellschaft zu beteiligen« (1976, S. 110). Dieses grundlegende Verständnis von Sozialisation als Erwerb der Fähigkeit zum Rollenhandeln soll im folgenden verdeutlicht werden.

Sozialisation und Rolle

Das harmonische Modell des Rollenhandelns zwischen zwei Interaktionspartnern haben wir bereits skizziert: Indem *ego* und *alter* die Rollen möglichst optimal spielen, erfüllen sie die Erwartungen des anderen, befriedigen ihre eigenen Bedürfnisse und tragen zur Stabilität des sozialen Systems bei. Dieses Konzept setzt allerdings voraus, daß die Bedürfnisse des einzelnen durch konformes Agieren in Rollen befriedigt werden. Nach Parsons ist dies prinzipiell möglich, wenn eine erfolgreiche Sozialisation der Bedürfnisse stattgefunden hat. Dazu ist erforderlich, daß die Es-Triebe vom ersten Tag an kulturell überformt und in ihrer Energie auf die Erfüllung sozialer Erwartungen ausgerichtet werden (vgl. 1951, S. 42). Im Ergebnis wird das Bedürfnissystem des einzelnen durch das Motiv geprägt, den internalisierten Werten und den damit verbundenen Rollenerwartungen Genüge zu leisten. Anders formuliert: Gesellschaftliche Konformität wird zum subjektiven Bedürfnis und damit zur Quelle von Befriedigung. Parsons geht von der hohen Plastizität menschlicher Bedürfnisse aus und beschreibt den Sozialisationsprozeß als einen von den familiären Bezugspersonen ausgelösten Prozeß der zunehmenden Differenzierung anfänglich undifferenzierter Bedürfnisdispositionen. Diese erworbenen Dispositionen münden in entsprechende Rollenanforderungen ein: Was als Bedürfnis erlernt wurde, läßt sich dann durch konformes Rollenhandeln befriedigen (vgl. Parsons/Bales 1955, S. 177).

Wenn die Persönlichkeit im wesentlichen aus erlernten Bedürfnisdispositionen besteht, wenn zugleich aber den jeweiligen Rollen solche Bedürfnisdispositionen zugeordnet werden können, dann verwischt sich allerdings der Unterschied zwischen Persönlichkeit und Rolle. In der Tat geht Parsons so weit, an einer (häufig zitierten) Stelle die erfolgreiche Sozialisation als Übereinstimmung von Rolle und Persönlichkeit zu bezeichnen: Wenn ein Mensch vollständig sozialisiert sei, sei es nicht angemessen zu sagen, daß eine Rolle etwas sei, »was der Handelnde hat oder spielt, sondern etwas, was er *ist*« (Parsons/Bales 1955, S. 107). An anderen Stellen hingegen betont Parsons, daß bei allen Integrationsnotwendigkeiten die Persönlichkeit »stets ein System mit eigener, individueller Konstitution sein (wird), mit eigenen Zielen und Imperativen innerer Integration, mit eigenen charakteristischen Formen des Verhaltens in Lebenssituationen« (1968 b, S. 378). Während Parsons, der sich gelegentlich auch auf G. H. Mead bezieht, zumindest gelegentlich die Individualität des einzelnen betont (ohne sie allerdings jemals zum Gegenstand seiner Analyse zu machen), postulieren andere Autoren der strukturell-funktionalen Schule die völlige Übereinstimmung von ausgeübten Rollen und Persönlichkeit (vgl. Brim 1974, S. 141). Mit einer solchen Position wird allerdings die Subjekthaftigkeit und Individualität des einzelnen aus der Theorie entfernt.

Sozialisation wird bei Parsons zunächst als gesellschaftliche Formung der Bedürfnisdispositionen verstanden, die in konformem Rollenhandeln befriedigt werden. Darüber hinaus ist Sozialisation ein Prozeß, in dem grundlegende Wertorientierungen erworben werden, die zum erfolgreichen Rollenhandeln erforderlich sind. Um dies zu verstehen, muß man sich klarmachen, daß der Sozialisationsprozeß bei Heranwachsenden nicht auf konkrete künftige Rollen vorbereiten kann; denn ob ein Kind später einmal Opernsänger oder Straßenbahnfahrer, Politiker oder Textilverkäufer wird, entscheidet sich erst im frühen Erwachsenenalter. Es kommt hinzu, daß Menschen im Laufe ihres Lebens familiäre Situationen und berufliche Tätigkeiten – und damit auch Rollen – wechseln; dies alles kann durch Sozialisation nicht konkret vorbereitet werden; dennoch muß Sozialisation zur Übernahme und zur Ausfüllung dieser Rollen befähigen. Die Antwort der strukturfunktionalen Theorie auf dieses Problem ist die Unterscheidung zwischen funktional-spezifischen Rollenerwartungen (die für einzelne Rollen in speziellen Situationen gelten) und übergreifenden Orientierungen, die in allgemeiner Weise das Handeln in unterschiedlichen Rollen anleiten (vgl. Geißler 1979, S. 270 ff).

Ein Beispiel mag dies verdeutlichen. Die Erwartung an eine Vorzimmer-Sekretärin, störende Besucher freundlich, aber bestimmt abzuweisen, ist eine spezifische Rollenerwartung. Generell ist hingegen die Anforderung an Berufsrollen, sachgerecht, funktional und möglichst emotionsfrei die übertragenen Aufgaben zu erledigen. Während spezifische Formen des Rollenhandelns (im Sinne von Techniken) in den Situationen selbst gelernt werden, müssen generelle Verhaltensorientierungen tiefer in der Persönlichkeit verankert und daher im Sozialisationsprozeß längerfristig vorbereitet werden. Die Fähigkeit zum Rollenhandeln wird im Sozialisationsprozeß somit vor allem durch den Erwerb allgemeiner, für viele Rollen bedeutsamer Grundorientierungen erworben. Parsons beschreibt für den öffentlichen Bereich der US-amerikanischen Gesellschaft ein solches übergreifendes Wertmuster als *universalistische Orientierung* (vgl. 1968 b, S. 198 ff). Er sieht darin jenseits aller sozialer Dynamik ein relativ stabiles und übergreifendes Wertesystem; die Ausrichtung an der individuellen Leistung, die Erwartung affektiver Neutralität, die Begrenzung von Kommunikation auf die jeweiligen Aufgaben gehören dazu. Eine Orientierung an solchen Wertmustern ist in komplexen Gesellschaften vor allem erforderlich, um in Berufsrollen erfolgreich agieren zu können. Demgegenüber herrscht in der Familie und in anderen privaten Kontexten eher eine entgegengesetzte Wertorientierung: Beziehungen sind affektiv gefärbt, und Leistungserbringung steht nicht im Vordergrund. Eine solche Wertorientierung wird als *partikularistisch* bezeichnet. Mit dieser Gegenüberstellung wird einerseits auf eine wichtige Aufgabe des Sozialisationsprozesses, andererseits auf ein bedeutendes analytisches Instrument der Parsonschen Soziologie – die »pattern variables« – verwiesen (vgl. Parsons/Shiles 1951; Mayntz 1972 b, S. 608 f).

Die »pattern variables« dienen als Instrument, um Rollensysteme in modernen Gesellschaften nach ihren prinzipiellen Verhaltensanforderungen zu klassifizieren. In ihnen sind Werte repräsentiert (z. B. Affektivität vs. affektive Neutralität), die sich in konkreten Rollenanforderungen wiederfinden. Parsons hat die »pattern variables« aber auch benutzt, um Gesellschaften auf einem unterschiedlichen historischen Entwicklungsstand zu klassifizieren. So orientieren sich vormoderne Gesellschaften ausschließlich an ›partikularistischen‹ Werten, während in komplexen Gesellschaften Rollensysteme mit ›partikularistischen‹ (Familie) und mit ›universalistischen‹ Orientierungen (Beruf) nebeneinander bestehen. Schließlich werden mit den »pattern variables« subjektive Verhaltensmuster beschrieben. So müssen Heranwachsende, die in komplexen Gesellschaften handlungsfähig sein wollen, die Fähigkeit erworben haben, sich an universalistischen Werten zu orientieren. Das Konzept der »pattern variables« versucht, in fünf Gegensatzpaaren die grundlegenden Orientierungen sowohl von kulturellen Wertmustern wie von sozialen Normen wie von persönlichen Motivationen zu fassen:

1. Die erste Ebene der »pattern variables« wird als *Affektivität vs. affektive Neutralität* bezeichnet. Während z. B. das Verhalten in der Familie stark emotional getönt ist, sind Berufsrollen durch sachlich-kühle Berücksichtigung von Interessen und Handlungsfolgen gekennzeichnet.

2. Die zweite Ebene wird mit *Diffusität vs. Spezifität* überschrieben: Hat der Rollenpartner nur eine begrenzte und klar umschriebene Bedeutung (etwa als Vermieter), oder ist die Bedeutung umfassend und prinzipiell unbegrenzt (etwa als Mutter)?

3. Auf der nächsten Ebene lautet das Gegensatzpaar *Partikularismus vs. Universalismus*: Rollenbeziehungen zu einzelnen, besonderen Menschen (der eigene Vater, der Freund) sind durch Einmaligkeit geprägt, sind partikularistisch. Universalistische Rollenerwartungen sind hingegen frei

von einmalig-persönlichen Beziehungen, sie beanspruchen Gültigkeit gegenüber jedem Inhaber mit entsprechendem Status. So sind z. B. die Beziehungen zwischen Käufer und Verkäufer, Polizist und Verkehrssünder universalistisch geprägt.

4. *Zuschreibung vs. Erringen* lautet das vierte Gegensatzpaar. Hier geht es um die Frage, ob ein Handelnder aufgrund eines vorgegebenen und fest zugeschriebenen Status (z. B. als Sohn) behandelt wird oder ob die Behandlung aufgrund eines selbsterworbenen Status (z. B. als Inhaber eines bestimmten Berufs) erfolgt. Während in der Berufswelt idealiter nur der durch Leistung errungene Status gelten soll, ist in der Familie (idealiter) nicht erforderlich, Zuneigung und Liebe durch Leistung zu erringen.

5. *Gemeinschaftsorientierung vs. Selbstorientierung* ist das letzte Gegensatzpaar der »pattern variables«. Während im öffentlichen Geschäftsleben jeder ausschließlich nach seinem eigenen Vorteil sucht, wird z. B. in der Familie erwartet, daß die eigenen Ziele einem gemeinsamen Interesse untergeordnet werden.

Eine Zusammenfassung dieser fünf Ebenen erfolgt, indem erneut (und nun als übergeordnete Kategorien) die Begriffe ›partikularistisch‹ und ›universalistisch‹ gebraucht werden: Eine Wertorientierung wird insgesamt als ›partikularistisch‹ bezeichnet, wenn sie auf allen fünf Ebenen jeweils zu der erstgenannten Seite neigt. Damit wird ein System gemeinsamer Werte beschrieben, das in vormodernen Gesellschaften (ohne Trennung von Familie und Arbeitsplatz) generell galt, das in hochkomplexen Gesellschaften jedoch weitgehend nur noch für den Innenraum der Familie gilt. Zusammengefaßt kann eine Wertorientierung als ›universalistisch‹ bezeichnet werden, wenn sie auf allen fünf Ebenen zu dem zweitgenannten Begriff neigt. Dies ist das Wertmuster, das das berufliche und öffentliche Leben in komplexen Gesellschaften bestimmt. Sozialisation als Erwerb der Fähigkeit zum Rollenhandeln bedeutet somit, daß die Heranwachsenden die universalistischen Werte internalisieren. Auf diese Weise erwerben sie die basalen Fähigkeiten, um in Berufs- und anderen öffentlichen Rollen erfolgreich agieren zu können. In diesem Sinne lassen sich die universalistischen Orientierungen als Grundqualifikationen des Rollenhandelns bezeichnen; denn alle familienexternen Rollen in komplexen Gesellschaften fordern den Akteuren eine entsprechende Handlungskompetenz ab. Parsons spricht hier von einer »Basispersönlichkeit«, die inhaltlich durch die universalistische Seite der »pattern variables« beschrieben wird und deren Ausbildung etwa am Ende der Adoleszenz abgeschlossen sein soll (vgl. 1951, S. 228 ff). Handlungskompetenzen für spezielle Situationen, wie sie in der Berufsausbildung, im Studium oder im ›Job-training‹ erworben werden, stellen demgegenüber eine neue Stufe des Sozialisationsprozesses dar, die aber stets das Vorhandensein der »Basispersönlichkeit« voraussetzt.

Für den Sozialisationsprozeß bis zur Adoleszenz stellt sich damit als Problem: Wie kann ein Kind, das in die partikularistischen Werte der Familie hineinwächst, in möglichst erfolgreicher Weise die universalistischen Werte der Gesellschaft internalisieren? Parsons (1976, S. 109 ff) beantwortet diese Frage, indem er die Sozialisationsgeschichte des Heranwachsenden als ein Durchlaufen von unterschiedlich strukturierten und sich zunehmend differenzierenden Rollenbeziehungen beschreibt. Geißler faßt das wie folgt zusammen:

> Die Mutter-Kind-Dyade in der vorödipalen Phase wird in der ödipalen Phase erweitert zum einfachen Rollensystem der Kernfamilie. In der Latenzphase tritt das Kind zusätzlich in relativ einfache Rollenbeziehungen in Gleichaltrigengruppen und Grundschule ein, die sich in der Adoleszenzphase in Jugendkultur und Sekundarstufe der Schule komplizieren ..., bis schließlich die komplexen Rollenfelder der Erwachsenen ... erreicht sind (1979, S. 271).

Diesem Verständnis folgend entwickelt Parsons ein Phasenmodell der Sozialisation, das sich in seiner Einteilung eng an die Freudschen Phasen der psychosexuellen Entwicklung anlehnt (vgl. Parsons/Bales 1955, S. 35 f). Daran wird deutlich, daß Parsons immer wieder (häufig auch unkonventionelle) Anleihen bei der Psychoanalyse macht, wenn es darum geht, den Prozeß der Übernahme kultureller Werte und sozialer Strukturen in das Persönlichkeitssystem zu erläutern: Identifikation und Internalisierung sind für Parsons wichtige Lernmechanismen, dem »Über-Ich« weist er dabei eine hohe Bedeutung zu (vgl. 1968 b, S. 25–45).

Arbeitsaufgaben

1. *Erläutern Sie am Beispiel des menschlichen Körpers den Begriff des Systems, der Parsons' Analyse der Gesellschaft zugrunde liegt. Beachten Sie in diesem Zusammenhang auch die Termini »Struktur« und »Funktion«.*

2. *Tillmann referiert, daß Parsons verschiedene Ebenen der Gesellschaft als eines sozialen Gesamtsystems unterscheidet. Erläutern Sie diese Ebenen, und suchen Sie nach entsprechenden Beispielen. Stellen Sie den Zusammenhang zwischen der jeweiligen Struktur und Funktion eines Teilsystems her.*

3. *Parsons geht in seiner Gesellschaftstheorie vom Normalfall eines reibungslosen funktionalen Zusammenspiels der Teilsysteme für die Bestandserhaltung der Gesamtgesellschaft aus. Problematisieren Sie diese Grundannahme im Blick auf das Bildungssystem der BRD bzw. auf die Bildungsexpansion der letzten Jahrzehnte.*

4. *Wie läßt sich mit Parsons der Begriff der Rolle definieren, und welche Bedeutung besitzt sie im Kontext seiner Argumentation? Welcher Zusammenhang besteht zwischen den Institutionen der Subsysteme und den jeweiligen Rollen?*

5. *Welche Funktionen kommen in Parsons' Theorie der Sozialisation zu? Welche Schwierigkeiten ergeben sich in diesem Zusammenhang für die Beschreibung der Kategorie »Persönlichkeit«?*
6. *Was versteht Parsons unter den »pattern variables«, und welche Relevanz haben sie hinsichtlich der Beschreibung von Rollen- und Gesellschaftssystemen?*
7. *Formulieren Sie Gemeinsamkeiten und Unterschiede zwischen der Position Parsons' und der zuvor erarbeiteten Theorie Durkheims.*

Parsons: Die Schulklasse als soziales System

Parsons, T.: Die Schulklasse als soziales System. In: Parsons, T.: Sozialstruktur und Persönlichkeit. Eschborn [8]2005. S. 161–193. *Anm. d. Hrsg.:* Beim Abdruck des Textes wurde auf die Wiedergabe der veralteten und für das Verständnis des Textes entbehrlichen Anmerkungen verzichtet.

Das Problem: Sozialisation und Selektion

Unser Hauptinteresse ist damit auf ein doppeltes Problem gerichtet: erstens, wie die Schulklasse funktioniert, um bei den Schülern Bereitschaft und Fähigkeit zur erfolgreichen Erfüllung ihrer späteren Erwachsenenrollen zu verinnerlichen, und zweitens, wie sie funktioniert, um diese menschlichen Ressourcen innerhalb der Rollenstruktur der Erwachsenengesellschaft zu verteilen. Die Art und Weise, wie diese beiden Probleme miteinander verbunden sind, wird uns die wichtigsten Bezugspunkte liefern.

Vom funktionalen Gesichtspunkt aus kann die Schulklasse zunächst als Sozialisationsinstanz behandelt werden. Das heißt, es handelt sich dabei um eine Instanz, durch die einzelne Persönlichkeiten ausgebildet werden, um der Erfüllung von Erwachsenenrollen motivationsmäßig und technisch gewachsen zu sein. Sie ist nicht die einzige Instanz dieser Art; die Familie, die informellen Gruppen Gleichaltriger, Kirchen und verschiedene freiwillige Organisationen spielen gleichfalls eine Rolle, ebenso die eigentliche Berufsausbildung. Aber in dem Zeitraum zwischen dem Eintritt in die erste Klasse und dem Beginn der Erwerbstätigkeit oder der Ehe kann die Schulklasse als die zentrale Sozialisationsinstanz angesehen werden. Die Sozialisationsfunktion kann zusammenfassend gekennzeichnet werden als die Entwicklung von Bereitschaften und Fähigkeiten der Individuen als wesentlicher Voraussetzung ihrer späteren Rollenerfüllung. Bereitschaft kann wiederum in zwei Komponenten aufgeteilt werden: Bereitschaft zur Verwirklichung der allgemeinen Werte der Gesellschaft und Bereitschaft zur Erfüllung eines spezifischen Rollentyps innerhalb der Struktur der Gesellschaft. So kann eine Person mit einem verhältnismäßig bescheidenen Beruf ein »solider Bürger« im Sinn einer Bereitschaft zu ernsthafter Arbeit in diesem Beruf sein, ohne jedoch intensives und aufgeklärtes Interesse an der Verwirklichung der differenzierteren Werte der Gesellschaft zu besitzen. Oder umgekehrt könnte jemand der Verankerung der weiblichen Rolle in Ehe und Familie deshalb widersprechen, weil eine derartige Verankerung verhindert, daß die gesamten Talentressourcen der Gesellschaft gleichmäßig auf Wirtschaft, Regierung und Verwaltung und so weiter verteilt werden. Fähigkeiten können ebenfalls in zwei Komponenten aufgeteilt werden; erstens, Kompetenz oder Fertigkeiten, die mit den individuellen

Rollen verbundenen Aufgaben zu erfüllen; zweitens, »Rollenverantwortlichkeit« oder Fähigkeit, den Erwartungen der anderen hinsichtlich dem diesen Rollen angemessenen interpersonellen Verhalten zu entsprechen. So bedarf ein Mechaniker ebenso wie ein Arzt nicht nur der grundlegenden »Fertigkeiten eines Gewerbes«, sondern auch der Fähigkeit, sich verantwortungsvoll gegenüber jenen Leuten zu verhalten, mit denen er durch seine Arbeit in Berührung kommt.

Während die Schulklasse einerseits als die primäre Instanz betrachtet werden kann, durch welche die verschiedenen Komponenten der Bereitschaften und Fähigkeiten entwickelt werden, ist sie andererseits vom Gesichtspunkt der Gesellschaft aus eine Instanz zur Verteilung von »Arbeitskraft«. Es ist allgemein bekannt, daß in der amerikanischen Gesellschaft eine sehr hohe – und wahrscheinlich wachsende Korrelation zwischen dem gesellschaftlichen Statusniveau einer Person und ihrem Erfolgsniveau in der formalen Erziehung besteht. Sozialer Status und Ausbildungsniveau sind offensichtlich mit dem erreichten Berufsstatus verbunden. Heute wird als Ergebnis steigender Ausbildungs- und Berufsanforderungen der Oberschulabschluß mehr und mehr als Untergrenze eines befriedigenden Ausbildungserfolgs betrachtet, und die wichtigste Trennungslinie für den zukünftigen Berufsstatus ist mittlerweile zwischen Mitgliedern einer Altersgruppe gezogen worden, die ein College besuchen beziehungsweise nicht besuchen.

Wir sind deshalb daran interessiert, was in der Schulklasse unserer Gesellschaft die Trennung zwischen den Teilen einer Altersgruppe, die ein College besuchen, und denen, die es nicht besuchen, bestimmt. Aufgrund einer Tradition lokaler Eigenständigkeit und eines ziemlich pragmatischen Pluralismus gibt es anscheinend beträchtliche Unterschiede zwischen den Schulsystemen der verschiedenen Städte und Bundesstaaten. Obwohl die im folgenden zugrunde gelegte Situation im Bostoner Stadtgebiet wahrscheinlich im Vergleich zu anderen Teilen des Landes ein differenziertes Muster aufweist, ist dieses doch wohl nicht so extrem, daß es in seinen wesentlichen Zügen irreführend wäre. Obwohl natürlich der tatsächliche Eintritt ins College nicht vor dem Abgang von der Oberschule erfolgt, liegt hier die entscheidende Trennungslinie zwischen den in den College-Vorbereitungskurs eingeschriebenen beziehungsweise nicht eingeschriebenen Schülern; ungefähr nach der neunten Klasse, in der die Entscheidung normalerweise getroffen wird, findet nur noch geringfügiger Wechsel in beide Richtungen statt. Weiterhin sprechen die Anzeichen dafür, daß die Schulleistung in der Grundschule das bei weitem wichtigste Selektionskriterium darstellt. Die Berichte über die Schulleistungen werden von den Lehrern und Rektoren begutachtet, und es gibt wenige Fälle, bei denen der Besuch des College-

Vorbereitungskurses gegen ihren Rat erfolgt. Es ist deshalb nicht zuviel behauptet, wenn gesagt wird, daß im großen und ganzen der primäre Selektionsprozeß durch unterschiedliche Schulleistung in der Grundschule erfolgt; in der »junior high school« wird dieser Prozeß dann »besiegelt«. Die Anzeichen deuten darauf hin, daß es sich dabei um einen echten Selektionsprozeß handelt. Wie in praktisch allen vergleichbaren Prozessen beeinflussen vorgegebene (askriptive) und erworbene Faktoren das Ergebnis. In diesem Fall ist der askriptive Faktor der sozioökonomische Status der Familie, aus der das Kind stammt; der Faktor, der seinen erworbenen Chancen zugrundeliegt, ist die individuelle Befähigung. In einer Studie über 3348 Bostoner Oberschüler, auf der diese Verallgemeinerungen beruhen, korrelierte jeder dieser Faktoren sehr hoch mit geplantem College-Besuch. Der Prozentsatz der Schüler, die vorhaben, ein College zu besuchen, beträgt beispielsweise je nach Beruf des Vaters: 12 % bei angelernten und ungelernten Arbeitern, 19 % bei gelernten Arbeitern, 26 % bei unteren Angestellten, 52 % bei mittleren Angestellten, 80 % bei höheren Angestellten. Ähnlich verhält es sich, wenn die Absicht der Befähigung (gemessen am Intelligenzquotient) gegenübergestellt wird: 11 % im untersten Quintil, 17 % im nächsten, 24 % im mittleren, 30 % im vorletzten und 52 % im obersten. Es sollte auch beachtet werden, daß innerhalb jedes Befähigungsquintils der Zusammenhang zwischen den Studienplänen und der Beschäftigung des Vaters erkennbar ist. So reichen beispielsweise innerhalb des sehr umfangreichen Spitzenquintils der Befähigung (am oben angegebenen Maßstab gemessen) die College-Pläne von 29 % bei Arbeitersöhnen bis zu 89 % bei Söhnen höherer Angestellter.

Der entscheidende Punkt scheint hier zu sein, daß es ein relativ einheitliches Auswahlkriterium gibt, das die Trennung von College- und Nicht-College-Kontingenten bewirkt, und daß für einen sehr wichtigen Teil der Gruppe das Funktionieren des Kriteriums keine »abgekartete Sache« ist – es ist nicht einfach eine Art der Bestätigung eines bereits determinierten askriptiven Status. Gewiß, der Junge mit hohem Status und hoher Befähigung wird sehr wahrscheinlich das College besuchen und der Junge mit geringem Status und geringer Befähigung sehr wahrscheinlich nicht. Aber die Gruppe, die entgegengesetzten Einflüssen ausgesetzt ist (»crosspressured« group), bei der diese beiden Faktoren nicht koinzidieren, ist von erheblicher Bedeutung.

Derartige Erwägungen führen mich zu der Schlußfolgerung, daß der während der Grundschule stattfindende entscheidende Differenzierungsprozeß (der von einem anderen Gesichtspunkt aus Selektion bedeutet) sich auf einer einzigen Hauptachse, der Leistung, vollzieht. Darüber hinaus führt die Differenzierung durch die Oberschule hindurch im großen und ganzen zu einer Zweiteilung in College-Besucher und Nicht-College-Besucher.

Um die Bedeutung dieses Musters abzuschätzen, wollen wir seinen Platz in der Sozialisation des Individuums untersuchen. Der Eintritt des Kindes in das System der formalen Erziehung ist sein erster wichtiger Schritt über die primären Bindungen der Herkunftsfamilie hinaus. Innerhalb der Familie sind gewisse Grundlagen eines Motivationssystems errichtet worden. Aber das einzige für spätere Rollen maßgebliche Merkmal, das eindeutig »determiniert« und psychologisch eingeprägt wurde, ist die Geschlechtsrolle. Das nach-ödipale Kind tritt eindeutig als Junge oder Mädchen kategorisiert in das System der formalen Erziehung ein, aber weiter ist seine Rolle noch nicht differenziert. Der Selektionsprozeß, durch den Personen Rollenkategorien auswählen beziehungsweise dafür ausgewählt werden, findet erst noch statt.

Aus Gründen, auf die hier nicht näher eingegangen werden kann, darf gesagt werden, daß der einzig wichtige prädisponierende Faktor, mit dem das Kind in die Schule eintritt, sein Niveau der Unabhängigkeit ist. Darunter wird sein Niveau der Selbständigkeit hinsichtlich der Führung durch Erwachsene verstanden, seine Fähigkeiten, Verantwortung zu übernehmen und eigene Entscheidungen zur Meisterung neuer und veränderlicher Situationen zu treffen. Dies wird, wie die Geschlechtsrolle, als Funktion der Erfahrungen in der Familie erworben.

Die Familie ist ein Kollektiv, in dem die grundlegende Statusstruktur im Rahmen der biologischen Position, das heißt als Generation, Geschlecht und Alter, askriptiv festgelegt ist. Im Hinblick darauf wird es unvermeidlich Unterschiede in den Verhaltensweisen geben, die in einer Form belohnt oder bestraft werden, die zur differentiellen Charakterbildung beiträgt. Aber diesen Unterschieden wird nicht die Sanktionierung eines institutionalisierten Status zuteil. Die Schule ist die erste Sozialisierungsinstanz in der Erfahrung des Kindes, die eine Statusdifferenzierung auf nichtbiologischer Basis institutionalisiert. Darüber hinaus handelt es sich dabei nicht um einen askriptiven, sondern um einen erworbenen Status, der durch unterschiedliche Erfüllung der vom Lehrer gestellten Aufgaben »verdient« wird; der Lehrer wiederum handelt als Beauftragter des Schulsystems der Gemeinde. Wir wollen die Struktur dieser Situation untersuchen.

Die Struktur der Schulklasse

Entsprechend der allgemeinen großen Variabilität amerikanischer Institutionen und natürlich der im wesentlichen lokalen Kontrolle der Schulsysteme gibt es beträchtliche Unterschiede der Schulsituation, aber im großen und ganzen haben sie einen einzigen, verhältnismäßig klar ausgeprägten strukturellen Rahmen. Besonders für den Elementarteil der Grundschule, das heißt für die ersten drei Klassen, impliziert das grundlegende Muster einen Hauptlehrer für jede Klasse, der alle Fächer lehrt und allgemein für die Klasse verantwortlich ist. Manchmal treten schon zu diesem frühen Zeitpunkt, häufig aber später, andere Lehrer für besondere Fächer hinzu, besonders für Sport, Musik und Kunsterziehung, ohne daß dadurch die zentrale Stellung des Hauptlehrers geändert wird. Der Lehrer ist üblicherweise eine Frau. Die Klasse bleibt für die Dauer des Schuljahres bei diesem Lehrer, in der Regel aber nicht länger. Die Klasse besteht aus etwa 25 Gleichaltrigen beiderlei Geschlechts, die aus einem verhältnismäßig kleinen geographischen Gebiet stammen, das heißt aus der Nachbarschaft. Es gibt zunächst keine formelle Basis der Statusdifferenzierung in der Schule, außer, in gewisser Hinsicht, dem Geschlecht. Die wesentliche strukturelle Differenzierung erfolgt erst allmählich auf der einzigen, oben als Leistung bezeichneten Hauptachse. Daß die Differenzierung wirklich auf einer einzigen Hauptachse erfolgt, wird durch vier primäre Merkmale der Situation gewährleistet. Das erste ist die anfängliche Gleichheit des Status der »Wettbewerber« nach Alter und Familiensituation, da die Nachbarschaft typischerweise weitaus homogener ist als die ganze Gesellschaft. Zweitens wird eine Reihe gemeinsamer Aufgaben gestellt, die im Vergleich zu anderen Aufgabenbereichen verblüffend undifferenziert sind. Die Schulsituation gleicht in dieser Hinsicht weit mehr der Rasse [Anm. d. Hrsg.: Übersetzungsfehler; »race« hier »dem Wettbewerb«] als die meisten anderen Situationen, bei denen im Rahmen bestimmter Rollen bestimmte Leistungen vollbracht werden müssen. Drittens gibt es die scharfe Polarisierung zwischen den Schülern in ihrer ursprünglichen Gleichheit einerseits und dem einzelnen Lehrer andererseits, der ein Erwachsener ist und die Welt der Erwachsenen »repräsentiert«. Und viertens gibt es einen verhältnismäßig systematischen Prozeß der Bewertung der Schulleistungen. Vom Blickpunkt des Schülers aus stellt diese Bewertung, besonders (obwohl nicht ausschließlich) in Form von Zeugnisnoten, Belohnung und (oder) Strafe dar; vom Schulsystem als Verteilungsinstanz aus betrachtet ist es die Selektionsbasis für zukünftigen gesellschaftlichen Status.

Zwei Reihen wichtiger Einschränkungen müssen bei der Interpretation dieses Strukturmusters im Gedächtnis behalten werden; ich glaube jedoch nicht, daß sie die Bedeutung seiner wesentlichen Züge verändern. Die erste Einschränkung betrifft Unterschiede der formellen Organisation und der Methoden in der Schulklasse selbst. Hier ist die wichtigste Art der Unterscheidung diejenige zwischen verhältnismäßig »traditionellen« und verhältnismäßig »progressiven« Schulen. Die mehr traditionellen Schulen legen stärkeren Nachdruck auf getrennte Einheiten des Fachunterrichts, während der progressive Typ mehr »indirekten« Unterricht durch »Projekte« oder umfassendere Interessengebiete erlaubt, bei denen sozusagen mehrere Fliegen mit einer Klappe geschlagen werden können. Im Vergleich zur traditionellen, direkten Beziehung zwischen einzelnem Schüler und Lehrer wird in progressiven Schulen stärker die Zusammenarbeit von Schülergruppen gefördert. Dies hängt mit der stärkeren Betonung von Kooperation anstelle direkten Wettbewerbs, Großzügigkeit anstelle strikter Disziplin und einer gewissen Abwertung formeller Zensuren in progressiven Schulen zusammen. In einigen Schulen wird diese, in anderen jene Komponente etwas mehr im Vordergrund stehen. Eindeutig ist jedoch, daß es hier eine beträchtliche Variationsbreite gibt. Dies hat, denke ich, sehr weitgehend mit dem Abhängigkeits- / Unabhängigkeitstraining zu tun, das für die frühere Sozialisation in der Familie so wichtig ist. Meine Interpretation geht ganz allgemein dahin, daß diejenigen, die Unabhängigkeitstraining hervorheben, zugleich auch eine verhältnismäßig progressive Erziehung bevorzugen. Der Zusammenhang zwischen Unterstützung progressiver Erziehung und verhältnismäßig hohem sozio-ökonomischen Status, »intellektuellen« Interessen und ähnlichem ist wohlbekannt. Betonung sowohl der Unabhängigkeit als auch der Kooperation und Gruppensolidarität unter Schülern widerspricht sich dabei nicht. Dies gilt vor allem deshalb, weil der Brennpunkt des Unabhängigkeitsproblems in diesem Alter Unabhängigkeit gegenüber Erwachsenen ist. Es kann allerdings auch gesagt werden, daß die hier in die Schulklasse eingebaute »peer group« ein von den Erwachsenen abgerückter Bereich des indirekten Ausdrucks von Abhängigkeitsbedürfnis ist.

Die zweite Reihe der Modifikationen betrifft die »informellen« Aspekte der Schulklasse, die stets irgendwie von den formellen Erwartungen abweichen. So kann zum Beispiel das formelle Muster der Nichtdifferenzierung zwischen den Geschlechtern informell modifiziert sein, weil gerade die Bedeutung der gleichgeschlechtlichen »peer group« in diesem Lebensalter dazu führt, daß ihr beträchtliche implizite Anerkennung zuteil wird – in der Form etwa, daß die Lehrer Gruppenwettbewerb zwischen Mädchen und Jungen anregen. Dennoch bleiben die Tatsache der Gemeinschaftserziehung und der Versuch, die Geschlechter in allen grundlegenden formellen Beziehungen gleich zu behandeln, am wichtigsten. Ein anderes Problem, das durch die informelle Organisation entsteht, ist die Frage, wieweit Lehrer unter Verletzung der universalistischen Erwartungen in der Schule die Schüler partikularistisch behandeln können und tatsächlich tun.

Im Vergleich mit anderen Typen formeller Organisation erscheint meiner Ansicht nach das Ausmaß dieser Diskrepanz in Grundschulen nicht ungewöhnlich. Die Schulklasse ist so strukturiert, daß die Möglichkeit partikularistischer Behandlung stark eingeschränkt ist. Da es viel mehr Kinder in einer Schulklasse als in einer Familie gibt und sie hier innerhalb einer viel stärker begrenzten Altersgruppe konzentriert sind, stehen dem Lehrer viel geringere Möglichkeiten für partikularistische Vergünstigungen zur Verfügung als den Eltern.

Wenn man diese Einschränkungen im Gedächtnis behält, bleibt meines Erachtens gleichwohl die Behauptung gerechtfertigt, daß die wesentlichen Merkmale der Grundschulklasse in den Vereinigten Staaten die oben skizzierten sind. Es sollte besonders betont werden, daß mehr oder weniger progressive Schulen – selbst mit ihrer relativen Vernachlässigung formeller Zensuren – kein eigenes Muster haben, sondern tendenziell eher eine Variante innerhalb desselben Musters darstellen. Eine progressive Lehrerin wird sich, wie jede andere Lehrerin, Meinungen über die verschiedenen Verdienste ihrer Schüler hinsichtlich der Normen und Ziele der Klasse bilden und den Schülern diese Einstufungen informell, wenn nicht formell mitteilen. Ich habe den Eindruck, daß die extremeren Fälle der Abwertung relativer Einstufung auf jene Schulen mit hohem Status beschränkt sind, wo der Besuch eines »guten« College als so selbstverständlich gilt, daß es sich für praktische Zwecke dabei um einen askriptiven Status handelt. Mit anderen Worten: bei der Interpretation dieser Fakten sollte die selektive Funktion der Schulklasse stets im Vordergrund der Aufmerksamkeit stehen. Die Bedeutung dieser Funktion hat sich ganz offensichtlich nicht verringert, eher ist das Gegenteil der Fall.

Die Eigenart der Schulleistung

Wie steht es nun mit dem Inhalt des von Volksschülern erwarteten »Leistungserfolgs«? Die vielleicht beste allgemeine Charakterisierung ist diese, daß sie die Leistungstypen umfaßt, die einerseits der Schulsituation angemessen sind und andererseits von Erwachsenen als in sich selbst bedeutungsvoll angesehen werden. Diese vage und etwas tautologische Charakterisierung kann, wie oben erwähnt, in zwei Hauptkomponenten zerlegt werden. Die erste ist das eher spezifisch »kognitive« Lernen von Informationen, Fertigkeiten und Bezugsrahmen, die mit empirischem Wissen und technologischer Bewältigung von Problemen verbunden sind. Die geschriebene Sprache und die frühen Stufen mathematischen Denkens sind von entscheidender Bedeutung; sie umfassen kognitive Fertigkeiten, die im

Vergleich zu den vom Vorschulkind verlangten auf ganz neuen Ebenen der Allgemeinheit und Abstraktion stehen. Mit diesen grundlegenden Fertigkeiten geht die Assimilation umfangreicher faktischer Informationen über die Welt Hand in Hand.

Die zweite Hauptkomponente könnte allgemein eine »moralische« genannt werden. In früheren Schulgenerationen war dies als »Betragen« bekannt. Etwas genereller könnte es verantwortliche Mitbürgerschaft in der Schulgemeinschaft genannt werden. Grundlegend sind die Dinge wie Respekt vor dem Lehrer, Rücksichtnahme und Zusammenarbeit mit den anderen Schülern, gute »Arbeitsgewohnheiten«, aus denen die Befähigung zu »Führung« und »Initiative« hervorgehen.

Das Auffallende an dieser Leistungsdefinition ist, daß die beiden primären Komponenten in den unteren Klassen nicht klar voneinander unterschieden werden. Der Schüler wird vielmehr nach diffus allgemeinen Begriffen beurteilt; ein guter Schüler wird nach Begriffen definiert, in denen kognitive und moralische Komponenten miteinander verschmolzen sind, wobei jeweils die eine oder die andere Komponente mehr betont wird. Ganz allgemein können wir deshalb sagen, daß die »Spitzenschüler« in der Grundschule sowohl die »aufgeweckten« Schüler sind, die leicht mit ihren im engeren Sinn intellektuellen Aufgaben fertigwerden, als auch die »verantwortungsbewußten« Schüler, die sich gut betragen und auf die sich die Lehrerin bei ihrer schwierigen Aufgabe, die Klasse zu leiten, verlassen kann. Ein Zeichen dafür, daß dies zutrifft, ist die Tatsache, daß in der Grundschule die rein intellektuellen Aufgaben für einen Schüler mit hoher intellektueller Fähigkeit relativ einfach sind. Es kann angenommen werden, daß in vielen solchen Fällen sich nicht den intellektuellen, sondern den »moralischen« Fähigkeiten die größeren Schwierigkeiten bieten. Im großen und ganzen scheint die progressive Bewegung mehr dazu geneigt gewesen zu sein, die zweite Komponente stärker zu betonen; sie gab damit zu verstehen, daß von beiden die letztere die problematischere geworden ist.

Der entscheidende Punkt scheint deshalb zu sein, daß die Grundschule unter dem Aspekt ihrer Sozialisationsfunktion eine Instanz ist, die die Schulklasse im wesentlichen nach einem einzigen Leistungskontinuum differenziert, dessen Inhalt relative Auszeichnung bei der Erfüllung der Erwartungen ist, die der Lehrer als Vertreter der Erwachsenen-Gesellschaft an die Schüler stellt. Die Kriterien dieser Leistung, sind, generell gesprochen, nicht in die kognitive oder technische Leistung und die moralische oder »soziale« Komponente unterschieden. Hinsichtlich ihrer Beziehung auf gesellschaftliche Werte handelt es sich im wesentlichen jedoch um eine Unterscheidung von Ebenen der Fähigkeit, in Übereinstimmung mit diesen Werten zu handeln. Obwohl die Beziehung weit davon entfernt ist, einheitlich zu sein, liegt diese Differenzierung doch den Selektionsprozessen für die Ebenen von Status und Rolle in der Erwachsenen-Gesellschaft zugrunde. Als Nächstes sollten einige Worte über den Zusammenhang gesagt werden, in dem sich dieser Prozeß außerhalb der Schule vollzieht. Neben der Schulklasse gibt es vor allem zwei primäre soziale Strukturen, an denen das Kind beteiligt ist: die Familie und die informelle »peer group«.

Familie und »peer group« in Beziehung zur Schulklasse

Das Kind lebt im Schulalter natürlich weiterhin im Elternhaushalt und bleibt emotional und instrumental in hohem Maße von seinen Eltern abhängig. Aber es verbringt nun täglich mehrere Stunden außerhalb des Elternhauses, wo es einer Disziplin und einem Belohnungssystem unterworfen ist, die wesentlich von den dort geltenden unabhängig sind. Darüber hinaus nimmt der Grad dieser Unabhängigkeit ständig zu. Wenn das Kind älter wird, erhält es größere Bewegungsfreiheit jenseits der Aufsicht der Eltern und Schule und darf immer mehr Dinge tun. Häufig erhält es Taschengeld und beginnt selbst, etwas Geld zu verdienen. Generell behält jedoch das emotionale Problem der Abhängigkeit-Unabhängigkeit während dieser Periode weiterhin seine Bedeutung, wobei es häufig zur Manifestation zwanghafter Unabhängigkeit kommt.

Damit trifft zusammen, daß sich der Bereich der Assoziation mit Gleichaltrigen ohne besondere Beaufsichtigung durch Erwachsene erweitert. Diese Assoziationen sind einerseits an die Familie gebunden, insoweit das Haus, die Gärten und anliegenden Straßen den benachbarten Kindern als Betätigungsfeld dienen; andererseits an die Schule, insoweit die Spielzeiten und der Schulweg Gelegenheiten für informelle Assoziation bieten, obgleich organisierte Beschäftigungen außerhalb des eigentlichen Schulplanes erst später eingeführt werden. Die Art und Weise, wie ein Teil dieser Aktivität unter eine andere Form der Beaufsichtigung durch Erwachsene gebracht werden kann, zeigt sich etwa in den Organisationen der Pfadfinder und Pfadfinderinnen.

Zwei soziologische Merkmale der »peer group« treten besonders hervor. Das eine ist die Durchlässigkeit ihrer Grenzen, die den einzelnen Kindern erlaubt, zwanglos von einer Gruppe zur anderen überzuwechseln. Dieses Element der »freiwilligen Assoziation« kontrastiert auffallend mit der askriptiven Mitgliedschaft des Kindes zur Familie und zur Schulklasse, auf die es keinen Einfluß hat. Das zweite Merkmal ist die scharfe Trennung der Gruppen nach dem Geschlecht. Das wird in verblüffendem Maße nicht von den Erwachsenen, sondern von den Kindern selbst erzwungen. Die psychologischen Funktionen der »peer group« werden durch diese beiden Merkmale skizziert. Auf der einen Seite kann die »peer group« als ein »Übungsfeld« der Unabhängigkeit von der Erwachsenenkontrolle betrachtet werden; es ist deshalb nicht überraschend, daß sie oft Mittelpunkt eines Verhaltens ist, das sich über die Unabhängigkeit von Erwachsenen hinaus in einen Verhaltensbereich erstreckt, der von Erwachsenen mißbilligt wird; wenn dies der Fall ist, so ist der Keim gelegt, der sich im extremen Fall zur Straffälligkeit entwickelt. Eine andere sehr wichtige Funktion ist, daß dem Kind eine Quelle der Zustimmung und Anerkennung von seiten Nicht-Erwachsener geboten wird. Diese hängen von »technischen« und »moralischen« Kriterien ab, die ebenso diffus sind wie diejenigen, die in der Schulsituation verlangt werden. Auf der einen Seite ist die »peer group« ein Bereich, in dem verschiedene Typen von »Mut« erworben und demonstriert werden können; für Jungen ist dies besonders körperlicher Mut, aus dem später vielleicht sportliche Leistung hervorgeht. Auf der anderen Seite handelt es sich darum, durch Anerkennung bei beliebten Gleichaltrigen Zugehörigkeit zur Gruppe zu gewinnen, aus der später die Konzeption des »patenten Burschen«, des populären Teenagers erwächst. Zu den Eltern treten somit die Gleichaltrigen als eine Quelle der Belohnung für Leistungen und der Sicherheit durch Anerkennung hinzu.

Die Bedeutung der »peer group« für die Sozialisation in unserer Form der Gesellschaft dürfte klar sein. Die motivationsmäßigen Grundlagen des Charakters werden zwangsläufig zuerst durch Identifizierung mit den Eltern als den kraft Generation Überlegenen fixiert; der Generationsunterschied ist ein Beispiel für einen Typus der hierarchischen Statusdifferenzierung. Aber ein immenser Teil der Rollenleistung des erwachsenen Individuums wird in der Assoziation mit Individuen von gleichem oder beinahe gleichem Status erfolgen. Angesichts dieser Situation ist eine Reorganisation der Motivationsstrukturen wichtig, so daß die ursprüngliche Dominanz der hierarchischen Achse zugunsten einer Stärkung der egalitären Komponenten modifiziert wird. Die »peer group« spielt eine wichtige Rolle in diesem Prozeß.

Die Trennung nach Geschlechtern in den »peer groups« während der Latenzzeit kann als ein Prozeß der Verstärkung der Geschlechtsrollenidentifizierung verstanden werden. Durch intensive Assoziierung mit Gleichaltrigen desselben Geschlechts und Einbeziehung in geschlechtstypische Tätigkeiten verstärken diese Gruppen entscheidend die Zugehörigkeit zu den andern Mitgliedern desselben

Geschlechts und den Kontrast gegenüber dem anderen Geschlecht. Dies ist um so wichtiger, als in den Schulen mit Gemeinschaftserziehung eine Reihe von Kräften am Werk sind, die besonders die Geschlechtsrollendifferenzierung verringern.

Es ist beachtenswert, daß die Geschlechtsrollen-Muster der Latenzzeit, statt die Beziehung zu den Mitgliedern des anderen Geschlechts zu institutionalisieren, durch eine Vermeidung solcher Beziehungen gekennzeichnet ist, die erst in der Adoleszenz dem »dating« weicht. Diese Vermeidung ist eindeutig mit dem Prozeß der Reorganisation der erotischen Komponenten der Motivationsstruktur verbunden. Die vorödipalen Objekte der erotischen Bindung waren intrafamiliär und gehörten der älteren Generation an. In beiden Beziehungen muß, bis das Kind erwachsen ist, eine fundamentale Verschiebung erfolgen. Ich würde sagen, daß es eine Hauptfunktion des Vermeidungsmusters ist, mit der psychologischen Schwierigkeit der Überwindung der früheren inzestuösen Bindung fertigzuwerden und damit das Kind darauf vorzubereiten, sich später an einen gleichaltrigen Partner des anderen Geschlechts zu binden.

Die Sozialisationsfunktion der Schulklasse erhält aus dieser Perspektive eine besondere Bedeutung. Die Sozialisationsfunktionen der Familie sind zu dieser Zeit relativ gering, obgleich ihre Bedeutung nicht unterschätzt werden sollte. Aber die Schule wird von Erwachsenen kontrolliert und ruft darüber hinaus dieselbe Art der Identifizierung hervor wie die Familie in der vor-ödipalen Phase des Kindes. Das heißt, daß das Erlernen von Leistungsmotivation psychologisch gesprochen ein Prozeß der Identifizierung mit dem Lehrer ist, ein Prozeß, bei dem sich der Schüler (oftmals unter Druck der Eltern) anstrengt, um dem Lehrer zu gefallen, im selben Sinne wie das vor-ödipale Kind neue Fertigkeiten erlernt, um der Mutter zu gefallen.

In diesem Zusammenhang bleibe ich bei der Ansicht, daß durch den Identifizierungsprozeß ein reziprokes Muster von Rollenbeziehungen verinnerlicht wird. Wenn nicht überhaupt ein drastisches Versagen der Verinnerlichung vorliegt, werden nicht nur eine, sondern beide Seiten der Interaktion verinnerlicht. Dabei wird jedoch der Nachdruck auf der einen oder der anderen Seite liegen, so daß einige Kinder sich eher mit dem Sozialisationsagenten identifizieren, andere dagegen eher mit der entgegengesetzten Rolle. So hat sich das »unabhängige« Kind in der vor-ödipalen Phase mehr mit den Eltern identifiziert, das »abhängige« mehr in der Rolle des Kindes gegenüber den Eltern.

Der Lehrer ist in der Schule institutionell als dem Schüler überlegen definiert in bezug auf den lehrplanmäßigen Wissensstoff und in bezug auf seine Verantwortung als guter Bürger der Schule. Insoweit die Schulklasse zur Zweiteilung neigt (natürlich ist diese Dichotomisierung keineswegs absolut), erfolgt dies im großen und ganzen auf der Basis der Identifizierung mit dem Lehrer oder der Akzeptierung seiner Rolle als Vorbild einerseits, der Identifizierung mit der Gruppe der gleichaltrigen Schüler andererseits. Diese Zweiteilung der Klasse auf der Basis der Identifizierung mit dem Lehrer oder der »peer group« korrespondiert so auffallend mit der Zweiteilung der Schüler nach dem Kriterium des College-Besuchs, daß es schwerfällt, auf die Hypothese zu verzichten, daß diese strukturelle Dichotomisierung innerhalb des Schulsystems die primäre Ursache der selektiven Dichotomisierung ist. Natürlich ist diese Beziehung im Detail verwischt, aber sicherlich nicht mehr als in zahlreichen anderen Bereichen von vergleichbarer analytischer Komplexität.

Diese Überlegungen führen dazu, einige Züge der Rollen des Grundschul-Lehrers in der amerikanischen Gesellschaft zu interpretieren. Der erste wichtige Schritt der Sozialisation jenseits der Familie findet in der Grundschule statt, so daß die Erwartung gerechtfertigt erscheint, daß die Lehrerrolle durch eine Kombination von Ähnlichkeiten und Unterschieden gegenüber den Elternfiguren charakterisiert sein dürfte. Der Lehrer ist somit ein Erwachsener, der durch die generalisierte Überlegenheit – die auch die Eltern besitzen – des Erwachsenenstatus gegenüber den Kindern gekennzeichnet ist. Er ist jedoch nicht im Sinn eines vorgegebenen askriptiven Status mit seinen Schülern verwandt, sondern erfüllt eine Berufsrolle – freilich eine Rolle, bei der die Empfänger seiner Leistung solidarisch mit ihm verbunden sind. Darüber hinaus ist seine Verantwortung, im Vergleich zu der der Eltern, weit universalistischer, was durch die Größe der Klasse erzwungen wird, wie wir bereits sahen. Außerdem ist seine Verantwortung mehr daran orientiert, sich um die Leistung als um die emotionalen »Bedürfnisse« der Kinder zu kümmern. Er ist nicht berechtigt, den Unterschied zwischen guten und schlechten Schülern einfach deshalb zu unterdrücken, weil es zu schwer für Klein-Hänschen wäre, nicht zur besseren Gruppe zu gehören – obwohl starke Tendenzen in dieser Richtung als abweichende Muster in Erscheinung treten. Eine Mutter andererseits muß unabhängig von den Leistungsfähigkeiten ihres Kindes seine Bedürfnisse unbedingt an erster Stelle berücksichtigen.

Bezeichnend für diese Parallele zwischen der Grundschulklasse und der Familie ist außerdem, daß der Lehrer normalerweise eine Frau ist. Es sollte ergänzend angemerkt werden, daß bis vor kurzem in den meisten europäischen Schulsystemen die Geschlechter getrennt waren (und es oft noch heute in unseren privaten Konfessionsschulen sind, soweit sie nicht Sekten angehören) und jede Geschlechtsgruppe von Lehrern des eigenen Geschlechts unterrichtet wird. Bei der Gemeinschaftserziehung repräsentiert die Lehrerin jedoch die Kontinuität der Mutter-Rolle. Gerade der Mangel an Differenzierung im »Pensum« der Grundschule zwischen den Komponenten des fachlichen Wissens und der sozialen Verantwortung paßt zu der größeren Diffusheit der weiblichen Rolle.

Gleichzeitig ist jedoch wichtig, daß die Lehrerin für ihre Schüler keine Mutter ist, sondern auf universalistischen Normen und unterschiedlicher Belohnung von Leistungen bestehen muß. Vor allem muß sie die Entwicklung und Legitimierung einer Differenzierung der Schulklasse nach der Leistungsachse vermitteln. Dieser Aspekt ihrer Rolle wird durch die Tatsache gefördert, daß die weibliche Rolle in der amerikanischen Gesellschaft weniger als in den meisten anderen Gesellschaften auf den Rahmen der Familie beschränkt ist, sondern in beruflicher und gesellschaftlicher Hinsicht der männlichen Rolle gleicht, obwohl noch größeres Gewicht auf die Familie gelegt wird. Durch die Identifizierung mit ihrer Lehrerin erfahren die Kinder, daß die Kategorie »Mutter« (oder zukünftige Frau) nicht denselben Umfang besitzt, wie diejenige der »Frau«, sondern daß die weibliche Rollenpersönlichkeit komplexer ist als jene. [. . .]

Der hier postulierte Prozeß der Identifizierung mit der Lehrerin wird durch die Tatsache gefördert, daß das Kind in den Grundschulklassen typischerweise eine Lehrerin hat, genau wie seine Objektbeziehungen in der vor-ödipalen Phase in der Hauptsache einem Elternteil, der Mutter, galten. Die Kontinuität zwischen den beiden Phasen wird weiterhin durch die Tatsache begünstigt, daß der Lehrer, wie die Mutter, eine Frau ist. Aber wenn die Lehrerin nur wie eine Mutter handeln würde, gäbe es keine echte Reorganisation des Persönlichkeitssystems des Schülers. Diese Reorganisation wird durch diejenigen Züge der Lehrerinnen-Rolle gefördert, die sie von der mütterlichen Rolle unterscheiden. Ein weiterer Punkt ist, daß das Kind zwar in jeder Klasse eine Hauptlehrerin hat, aber in der Regel eine neue Lehrerin erhält, wenn es in die nächsthöhere Klasse versetzt wird. Das Kind ist somit an die Tatsache gewöhnt, daß Lehrerinnen, ungleich Müttern, in gewissen Sinne »austauschbar« sind. Das Schuljahr ist lang genug, um eine wichtige Beziehung zu einer einzelnen Lehrerin herzustellen, aber nicht lange genug für die Kristallisierung einer ausgesprochen partikularistischen Bindung. Mehr als bei der Eltern-Kind-Beziehung muß das Kind in der Schule seine Beziehung zur Rolle der Lehrerin statt zu ihrer individuellen Persönlichkeit verinnerlichen; dies ist der wichtigste Schritt bei der Verinnerlichung universalistischer Muster.

Sozialisation und Selektion in der Grundschule

Um diese Diskussion der Grundschul-Klasse abzuschließen, sollte etwas über die wesentlichen Bedingungen gesagt werden, die dem Prozeß zugrundeliegen, der, wie wir gesehen haben, simultan folgende Bedeutungen besitzt: 1. Emanzipation des Kindes von den primären emotionalen Bindungen an seine Familie; 2. Verinnerlichung einer Ebene gesellschaftlicher Werte und Normen, die eine Stufe höher liegt als jene, die ihm nur durch seine Familie vermittelt wird; 3. Differenzierung der Schulklasse im Rahmen sowohl der tatsächlichen Leistung als auch der differentiellen Bewertung des Leistungserfolges und 4. vom Gesichtspunkt der Gesellschaft aus Selektion und Verteilung der menschlichen Ressourcen entsprechend dem Rollensystem der Erwachsenen.

Die wahrscheinlich erste Bedingung, die diesem Prozeß zugrundeliegt, sind die gemeinsamen Werte der daran beteiligten Instanzen der Erwachsenen – der Familie und der Schule. In diesem Fall besteht der Kern in der gemeinsamen Bewertung der Leistung. Damit wird vor allem anerkannt, daß es fair ist, unterschiedliche Belohnungen für verschiedene Leistungsniveaus zu erteilen, solange eine faire Offenheit der Chancen besteht, und daß es ebenso fair ist, wenn diese Belohnungen zu Chancen höherer Ordnung für die Erfolgreichen führen. Die Grundschulklasse ist somit in einem grundsätzlichen Sinn eine Verkörperung des fundamentalen amerikanischen Wertes der Chancengleichheit, indem sie sowohl auf ursprüngliche Gleichheit als auch auf unterschiedliche Leistung Wert legt.

Die zweite Bedingung ist jedoch, daß die Härte dieses Bewertungsmusters durch Nachsicht für die Schwierigkeiten und Bedürfnisse des Kindes gemildert werden muß. Hier spielt die Quasi-Mütterlichkeit der Lehrerin eine wichtige Rolle. Das Schulsystem, unterstützt von anderen Instanzen, versucht dadurch die Unsicherheit, die aus dem Lerndruck resultiert, herabzusetzen, daß es ein wichtiges Maß emotionaler Hilfe zur Verfügung stellt, die so definiert ist, daß sie für ein Kind einer bestimmten Altersstufe angemessen sein soll. In dieser Hinsicht ist jedoch die Rolle der Schule verhältnismäßig begrenzt. Das grundlegende Fundament dieser Hilfe kommt aus dem Elternhaus, außerdem kann, wie wir gesehen haben, eine wichtige Ergänzung hierzu aus der informellen Assoziation der Gleichaltrigen stammen. Es liegt nahe, daß die Entwicklung extremer Muster der Entfremdung von der Schule oft mit unzureichender Hilfe in diesen Beziehungen zusammenhängt.

Es muß drittens einen Prozeß selektiver Belohnungen für erwünschtes Verhalten geben. Hier ist der Lehrer eindeutig der primäre Agent, obwohl die progressiven Formen der Erziehung versuchen, die Klassenkameraden systematischer als in den traditionellen Mustern einzubeziehen. Dieser Prozeß ist die unmittelbare Quelle der Differenzierung innerhalb der Klasse nach der Leistungsachse.

Die letzte Bedingung ist, daß diese ursprüngliche Differenzierung tendenziell ein Statussystem in der Klasse herausbildet, in dem nicht nur die unmittelbaren Ergebnisse der Arbeit in der Schule, sondern eine ganze Reihe von Einflüssen zur Festigung verschiedener Erwartungen konvergieren, die als die »Anspruchsniveaus« des Kindes betrachtet werden können. Im allgemeinen erfolgt ein Teil der Differenzierung von Freundschaftsgruppen entsprechend dieser Linie, obwohl wichtig ist, daß diese keineswegs ausschließlich ist und daß Kinder nicht nur für die Attitüden ihrer Freunde, sondern auch für diejenigen anderer empfindlich sind.

In dieser allgemeinen Diskussion von Prozessen und Bedingungen ist die Unterscheidung – die ich überall aufrechtzuerhalten versuchte – zwischen der Sozialisation des Individuums und der selektiven Verteilung von Personenkontingenten auf zukünftige Rollen wichtig. Für das Individuum zerbricht die alte familiäre Identifizierung (die Herkunftsfamilie wird, dem Freudschen Begriff zufolge, zu einem »verlorenen Objekt«); nach und nach wird eine Identifizierung aufgebaut, die gegenüber der ursprünglich askriptiven Identität als Sohn oder Tochter der »Maiers« die vorrangige Identitätsstruktur des Kindes ergibt. Das Kind überschreitet die familienbestimmte zugunsten einer unabhängigeren Identifizierung und beginnt, einen differenzierten Status innerhalb des neuen Systems einzunehmen. Sein persönlicher Status ist zwangsläufig eine direkte Funktion der erreichten Position, primär in der formellen Schulklasse und sekundär in der informellen Struktur der »peer group«. Obwohl die Einstufung nach Leistung im hier verstandenen Sinne in einem Kontinuum stattfindet, habe ich Gründe für die Annahme vorgetragen, daß es hier eine wichtige Differenzierung von zwei breiten, verhältnismäßig getrennten Ebenen gibt und daß die Stellung des Individuums auf der einen oder anderen in die Definition seiner eigenen Identität eingeht. Dieser Prozeß der Differenzierung ist weitgehend unabhängig vom sozio-ökonomischen Status seiner Familie in der Gemeinschaft, der für das Kind von Anfang an ein askriptiver ist.

Wenn wir dasselbe System unter dem gesellschaftlichen Aspekt als einen selektiven Mechanismus betrachten, werden einige weitere Überlegungen wichtig. Es darf zunächst bemerkt werden, daß die gemeinsame Bewertung des Leistungserfolgs durch Familie und Schule nicht nur die für die Verinnerlichung geeigneten Werte liefert, sondern auch eine entscheidende integrative Funktion für das System erfüllt. Differenzierung der Klasse entlang der Leistungsachse ist notwendig eine Ursache von Spannung, weil sie innerhalb desselben Systems auf das eine Kontingent höhere Belohnungen und Privilegien überträgt als auf das andere. Diese gemeinsame Differenzierung hilft, die Billigung der entscheidenden Differenzierung vor allem von seiten der Verlierer des Wettbewerbs zu ermöglichen. Hier kommt es im wesentlichen darauf an, daß diese gemeinsame Bewertung der Leistung von Einheiten mit verschiedenem Status innerhalb des Systems geteilt wird. Dies geht quer durch die Differenzierung von Familien nach sozio-ökonomischem Status hindurch. Es ist notwendig, daß es realistische Chancen gibt und daß auf den Lehrer Verlaß ist, in dem er die Verwirklichung dieser Chancen durch »Fairness« und Belohnung von Leistungen ermöglicht, wo immer Befähigung vorhanden ist. Entscheidend ist die Tatsache, daß die Verteilung von Befähigung, obwohl sie mit dem Familienstatus korreliert, eindeutig nicht mit ihm koinzidiert. Damit ist ein echter Selektionsprozeß im Rahmen einer Reihe von »Spielregeln« möglich.

Diese Bindung an gemeinsame Werte ist jedoch nicht der einzige integrative Mechanismus, der der Spannung entgegenwirkt, die durch Differenzierung verursacht wurde. Der einzelne Schüler genießt nicht nur Rückhalt in der Familie. Vielmehr mögen und schätzen die Lehrer ihre Schüler auch auf Ebenen, die vom Leistungsstatus unabhängig sind; ebenso fallen die Freundschaftsbeziehungen der »peer group« keinesfalls mit der Stellung auf der Leistungsskala zusammen (obwohl sie damit korrelieren), sondern gehen quer durch sie hindurch. Es gibt somit querverlaufende Solidaritätsbeziehungen, welche die durch differentielle Belohnung von Leistungen hervorgerufenen Spannungen mildern. [...]

Eine weitere wesentliche Feststellung sollte in dieser Analyse getroffen werden. Wir haben bereits darauf hingewiesen, daß der allgemeine Trend in der amerikanischen Gesellschaft in die Richtung einer rapiden Aufwertung des Bildungsstatus der amerikanischen Bevölkerung verläuft. Das bedeutet, gemessen an früheren Erwartungen, daß in jeder Generation der Zwang zu Bildungserfolgen steigt, was oft mit beruflichem Ehrgeiz der Eltern für ihre Kinder verbunden ist. Für einen Soziologen stellt dies eine mehr oder weniger klassische Situation anomischer Spannung dar; die Ideologie der »Jugendkultur«, die intellektuelle Interessen und Schulleistung geringschätzig behandelt, scheint zu diesem Kontext zu passen. Die Orientierung der »Jugendkultur« ist naturgemäß ambivalent, aber die anti-intellektuelle Seite der Ambivalenz wird in der Regel offen hervorgehoben. Eine der für die Dominanz der gegen die Schule gerichteten Seite der Ideologie ist, daß sie ein Mittel des Protests gegen die Erwachsenen darstellt, die sich auf der entgegengesetzten Seite der Sozialisations-Situation befinden. In bestimmten Beziehungen würde man erwarten, daß der Trend zur größeren Betonung der Unabhängigkeit, die wir mit der progressiven Erziehung in Zusammenhang gebracht haben, die Spannungen auf diesem Gebiet und damit zugleich die Tendenz verschärft, die Erwartungen der Erwachsenen verächtlich zu machen. Das ganze Problem sollte einer gründlichen Analyse im Lichte unseres allgemeinen Wissens über Ideologien unterzogen werden.

Dieselben allgemeinen Überlegungen sind für das vieldiskutierte Problem der jugendlichen Straffälligkeit relevant. Sowohl von dem allgemeinen Aufwertungsprozeß als auch von dem erhöhten Zwang zur Unabhängigkeit kann eine Verstärkung des Drucks auf die unteren, marginalsten Gruppen erwartet werden. Die Analyse dieser Arbeit hatte sich mit der Trennungslinie zwischen College- und Nicht-College-Kontingenten beschäftigt; es gibt jedoch noch eine andere Trennungslinie zwischen denen, die ohne College einen soliden Bildungsstatus erreichen, und jenen, für die Anpassung an Bildungserwartungen auf allen Ebenen schwierig ist. Wenn das anerkannte Minimum der Bildungsqualifikation steigt, dann werden Personen nahe oder unterhalb der Grenze tendenziell in Attitüden der Zurückweisung dieser Erwartungen gedrängt. Schulschwänzen und Delinquenz sind Ausdrucksformen dieser Zurückweisung. So kann gerade die Verbesserung des Bildungsstandards der Gesamtgesellschaft zu einem wesentlichen Faktor für das Mißlingen des Erziehungsprozesses bei einer wachsenden Zahl von Personen am unteren Ende der Status- und Befähigungsverteilung werden. Es sollte deshalb nicht vorschnell unterstellt werden, daß Delinquenz ein Symptom des allgemeinen Mißlingens des Erziehungsprozesses ist.

Arbeitsaufgaben

1. *Erläutern Sie die beiden zentralen Funktionen, die nach Parsons die Schule für die Gesellschaft als Gesamtsystem erfüllt, und veranschaulichen Sie diese Funktionen anhand von Beispielen.*
2. *Stellen Sie im Anschluß an den Text den Zusammenhang zwischen den genannten Funktionen und der Struktur der (Grund-)Schulklasse dar.*
3. *Charakterisieren Sie diejenigen Komponenten, aus denen laut Parsons die Schulleistung besteht.*
4. *Weshalb ist aus der Sicht Parsons' die Leistungsauslese in der Schule ein »echter Selektionsprozeß«? Beachten Sie in diesem Zusammenhang den Begriff der »cross-pressured group«. Nehmen Sie zu dieser Interpretation Stellung.*

5. *Entwickeln Sie im Anschluß an die Position Parsons' Hypothesen darüber, aus welchen Gründen die »Verlierer« im schulischen Wettbewerb dieses für sie negative Ergebnis akzeptieren.*
6. *Wie beschreibt Parsons den Beitrag der Familie zur Sozialisation der Heranwachsenden im Vergleich zu dem der Schule?*
7. *Inwiefern leisten laut Parsons die »Peer-groups« durch ihre spezifische Struktur einen eigenständigen funktionalen Beitrag zur Sozialisation der Schülerinnen und Schüler?*
8. *Vergleichen Sie abschließend die Position Parsons' mit derjenigen Durkheims.*

Kapitel IV

Soziales Handeln durch Sprache

George Herbert Mead

Sozialisation durch symbolische Interaktion

In diesem Teil des Studienbuchs werden die handlungs- und sozialisationstheoretischen Überlegungen des Amerikaners George Herbert Mead vorgestellt. Mead gilt in der Geschichte der Soziologie als der Begründer und wichtigste Theoretiker des »Symbolischen Interaktionismus«, eine Bezeichnung, die durch die folgenden Erläuterungen verständlich werden soll.

Mead wurde 1863 in South Hadley, Massachusetts, geboren; gestorben ist er 1931 in Chicago. Er lehrte als Freund und Mitarbeiter John Deweys, eines anderen großen amerikanischen Sozialphilosophen, von 1894 bis zu seinem Tode Philosophie und Sozialpsychologie an der Universität Chicago. Obwohl Mead keine Sozialisationstheorie im engen Sinne entwickelt hat, sind seine Arbeiten für zahlreiche Handlungs- und Sozialisationstheorien, die in der Folgezeit entstanden sind, von großer Bedeutung geworden. Dabei ist es bemerkenswert, daß Mead als »Kronzeuge« für gegensätzliche Positionen im sozialwissenschaftlichen Diskurs herangezogen wurde und wird. So stützt sich einerseits die Rollentheorie Parsons', in der individuelles Handeln tendenziell in standardisiertes Rollenhandeln, das Individuum in seinen gesellschaftlichen Rollen, aufgeht, in starkem Maße auf die Vorarbeiten Meads. Andererseits berufen sich die Kritiker dieser traditionellen Rollentheorie, unter ihnen Habermas, dessen Arbeiten im nächsten Kapitel vorgestellt werden, ebenfalls auf die Meadsche Handlungstheorie, um gerade die »Spielräume« individuellen Handelns angesichts gesellschaftlicher Rollenvorgaben und damit zugleich Widerstandspotentiale gegen eine totale Vergesellschaftung der Individuen sichtbar zu machen. Diese widersprüchliche Rezeption ist unter anderem darauf zurückzuführen, daß Mead seine Theorie nicht systematisch entfaltet hat und ein großer Teil der unter seinem Namen veröffentlichten Arbeiten, darunter auch sein Hauptwerk ›Mind, Self, and Society from the Standpoint of a Social Behaviorist‹ (1934), auf Vorlesungsmitschriften basiert.

Um sich dem Forschungs- und Theorieprogramm Meads zu nähern, könnte die Erinnerung an die Position Durkheims, die am Anfang dieses Studienbuchs vorgestellt worden ist, hilfreich sein: Durkheim war der Ansicht, daß sich das, was wir Individualität nennen, nur auf dem Boden moderner Gesellschaften, als ihr Produkt, entwickeln könne. Er unterschied auf einer analytischen Ebene ein »individuelles« von einem »sozialen« Wesen, das in jedem Menschen existiert, zwei Wesen, deren Einheit das konkrete Individuum erst ausmacht. Wie das Zusammenspiel dieser »Wesen« zu denken ist, wie es im Verlauf der Sozialisation eingeübt wird, wie es sich im Handeln mit anderen konkretisiert, dies konnte Durkheim nicht befriedigend beantworten. Es sind diese Fragen, denen Mead in seinen wissenschaftlichen Arbeiten nachgeht und die er durch eine Mikroanalyse sozialer Verständigungs- und Interaktionsprozesse zu beantworten sucht.

Die nachfolgenden Textauszüge unter der Überschrift »Die Entstehung des Selbst« stammen aus Meads bereits oben genannten Hauptwerk, das erst 1973 in Deutschland unter dem Titel ›Geist, Identität und Gesellschaft‹ erschien. In diesem Buch geht es um die fundamentale Frage, wie Menschen ihre Handlungen aufeinander abstimmen, wie also planvolles, kooperatives Handeln zwischen Menschen zu erklären ist. Mead vertritt die Auffassung, daß eine Theorie sozialen Handelns ein angemessenes Verständnis der menschlichen Sprache voraussetzt. Die Analyse der sozialen Funktion der Sprache wird deshalb bei Mead zum Kern seiner Handlungstheorie. Erst durch das »Symbolsystem« Sprache, so eine zentrale Annahme, kann sich kooperatives menschliches Handeln, die planvolle Interaktion zwischen Individuen, voll entfalten. Aus dieser Grundannahme leitet sich der Begriff »Symbolischer Interaktionismus« als übliche Bezeichnung für seine Theorie ab.

Die sprachliche Interaktion unterscheidet also nach Mead menschliches Zusammenleben von dem der Tiere. Diese gattungsspezifische Differenz wird im Vergleich zwischen »Gesten«, über die auch die entwickelteren Tierarten verfügen, und menschlicher Sprache deutlich: Gesten oder Gebärden sind z. B. auch in einem Wolfsrudel zu beobachten und dienen als wichtiges Mittel, die soziale Organisation des Rudels, etwa die Rangunterschiede und die Aufgabenteilung, aufrechtzuerhalten, also das Verhalten der einzelnen Tiere zu koordinieren. Während aber ein Wolf auf die »Geste« eines ranghöheren Tieres, etwa sein drohendes Knurren, unbewußt und instinktiv wie auf einen Reiz reagiert, die Verhaltenskoordination der Tiere also einem Reiz-Reaktions-Schema folgt, ohne daß sich die Beteiligten der Bedeutung der Gesten *bewußt* sind, verhält es sich bei der sprachlich vermittelten Interaktion nach Mead qualitativ anders. Sprecher und Hörer sind sich im Regelfall der Bedeutung des Gesagten bewußt. Sie verstehen sich, weil die Worte für sie eine *gemeinsame* Bedeutung haben. Erst diese gemeinsam geteilte Bedeutung macht aus den vokalen Lauten, den akustischen Reizen, aus denen z. B. das Wort »Feuer« gebildet wird, ein »signifikantes Symbol«, das auf Sprecher und Hörer gleichermaßen wirkt und bei beiden zumindest ähnliche Vorstellungen/Reaktionen auslöst.

Mit den Hinweisen auf die qualitative Differenz zwischen Geste und Sprache ist zwar eine fundamentale Voraussetzung für kooperative Handlungen zwischen Individuen beschrieben, aber noch nicht die Art und Weise, wie wir unser Verhalten auf ein Gegenüber abstimmen. Ausgangspunkt für diese handlungstheoretischen Überlegungen Meads ist wieder seine Sprachanalyse. Während bei der Handlungskoordination durch Gesten beim Gegenüber also lediglich instinktive

Reaktionen auf den jeweiligen Reiz ausgelöst werden, läßt Sprache nach Auffassung Meads auch den Sprecher nicht unberührt. Wir hören die Worte, die wir zu anderen sprechen, selbst, und sie lösen tendenziell in uns die gleichen Reaktionen aus, die wir mit ihnen auch bei den Gesprächspartnern hervorrufen. Dies ist die zentrale, für das gesamte Denken, für die Handlungs- und Sozialisationstheorie Meads folgenreiche Annahme. Wie läßt sie sich veranschaulichen?

Nehmen wir an, ein Seminarleiter stellt beim Betreten des überfüllten Seminarraums fest, daß für ihn kein Stuhl übrig geblieben ist. Er wendet sich an einen Seminarteilnehmer und bittet ihn, einen Stuhl zu besorgen. Meads fundamentale Annahme besagt im Blick auf diese alltägliche Szene, daß der Seminarleiter durch die Formulierung seiner Bitte nicht nur eine Reaktion bei dem Adressaten dieser Bitte hervorruft, sondern daß der Seminarleiter die unterstellte Reaktion, die »Haltung« des anderen, wie Mead sagen würde, in sich selbst »auslösen« muß, um seinen Wunsch formulieren zu können. Mead beschreibt diesen Vorgang mit der auf den ersten Blick paradoxen Formulierung, daß wir, indem wir eine Bitte an einen anderen richten, »sie gleichzeitig uns selbst geben« (Mead 1973, S. 295). Gemeint ist damit Folgendes: Wenn wir in einer bestimmten Situation unsere Handlung mit der eines anderen koordinieren wollen, sind wir gezwungen, uns »vorzustellen«, was wir etwa mit einer Bitte an Reaktion beim anderen auslösen. Wir machen damit die zu erwartende (oder erwünschte) »Haltung« des anderen in diesem Moment zu einem Objekt unserer Vorstellungen und damit zu einem Teil unseres »Selbst«. Dieses Sich-hinein-Versetzen in die »Haltung« eines Interaktionspartners ist damit nicht nur die Voraussetzung für eine erfolgreiche Interaktion, sie ist zugleich die konstitutive Voraussetzung für unser »Selbst«. Mit den Worten Meads: »Wir müssen andere sein, um wir selbst sein zu können.« (Mead 1973, S. 327) Ohne die Übernahme der Perspektiven anderer, mit denen wir zugleich deren Sichtweise und Verhalten uns gegenüber antizipieren, könnten wir kein unverwechselbares Selbst, keine »Identität« entwickeln.

Die Fähigkeit, die Haltung des anderen zu übernehmen, gewissermaßen in seine Rolle zu schlüpfen und das eigene Handeln darauf abzustimmen, ist das Ergebnis eines langwierigen Sozialisationsprozesses. Der Säugling reagiert anfangs lediglich auf Gesten und Gebärden seiner Bezugspersonen. Erst mit dem Erlernen der Sprache setzt der oben beschriebene Vorgang der Übernahme der Haltung anderer ein. Erst wenn das Wort »Pudding« für das Kind bedeutungsvoll geworden ist und es gelernt hat, wem es dieses Vergnügen i. d. R. verdankt, löst das Wort in ihm selbst eine Reaktion aus und kann es die Mutter zur Adressatin seines Wunsches machen, indem es deren Haltung, ihre Rolle, in das eigene Selbst integriert.

Dieses frühe Stadium der Sozialisation, in dem die Übernahme der Haltungen anderer eingeübt wird, beschreibt Mead am Beispiel des nachahmenden Kinderspiels (play), bei dem das Kind wechselnde Rollen spielt. Folgt man der Interpretation Meads, dann löst das Kind, indem es zu sich oder anderen sagt, es spiele jetzt »Indianer«, genau die Haltung bei sich aus, die es mit dem Begriff Indianer verknüpft. Das Kind spielt nicht nur Indianer, sondern es *ist* in diesem Moment Indianer, aber es ist zugleich mehr als diese »Haltung« und kann deshalb von einem Moment zum anderen sich auch die »Haltung« des Cowboys zu eigen machen.

Das nächste Stadium der Sozialisation exemplifiziert Mead am Beispiel des Wettkampfspiels (game). Nun übernimmt das Kind nicht nur die Haltung eines *einzelnen* anderen, sondern muß in der jeweiligen Spielsituation, etwa beim Dribbling auf das gegnerische Fußballtor, die »Haltung« des gegnerischen Verteidigers, des Torwarts und der eigenen Mannschaftskameraden zu Momenten des eigenen Verhaltens machen, diese unterschiedlichen Haltungen mit der eigenen koordinieren, um zu einem erfolgreichen Torschuß zu kommen. Das ältere Kind ist, wie sein Wettkampfverhalten zeigt, im Gegensatz zum jüngeren bereits in der Lage, sein eigenes Handeln unter Berücksichtigung einer Gruppe von anderen und ihrer jeweiligen Haltungen zweckmäßig zu organisieren. Damit ist ein wesentlicher Schritt auf dem Weg zum kompetenten sozialen Handeln getan.

Zugleich macht dieses Beispiel deutlich, welches Motiv uns veranlaßt, unser Handeln nicht nur im Wettkampf, sondern in jeder alltäglichen Situation auf die antizipierten »Haltungen« der Interaktionspartner so gut wie möglich abzustimmen. Es ist die soziale Zustimmung bzw. Ablehnung anderer, die uns zu dieser Form der Handlungskoordination anhält. Nicht zufällig bezeichnet sich Mead deshalb als »Sozialbehaviorist« (vgl. zum Begriff des Behaviorismus die Erläuterungen zu Parsons). Wir haben die Tendenz, soziale Sanktionen zu vermeiden, nicht als schlechte Mitspieler aus der Interaktion ausgeschlossen zu werden, und versuchen deshalb, so gut wie möglich die »Haltungen« des anderen zum Regulativ unseres eigenen Handelns zu machen.

Mit dem, was das Kind im oben beschriebenen Wettkampf erprobt und einübt, ist diese Entwicklung zum kompetenten Interaktionspartner aber noch nicht abgeschlossen. Wenn es nicht nur die besonderen Haltungen mehrerer Personen in spezifischen Handlungssituationen wie etwa im Wettkampf einnehmen und für sein eigenes Handeln berücksichtigen kann, sondern die Haltung einer größeren sozialen Gruppe zum Moment seines Selbst machen kann, dann hat es ein neues Stadium der Sozialisation erreicht. Dann wird im Selbst des Kindes die Haltung eines »verallgemeinerten Anderen« situationsspezifisch hervorgerufen. An einem – zugegeben – klischeehaften Beispiel erläutert: Ein größerer Junge »weiß« nun, daß er sich in bestimmten Situationen anders als ein kleines Mädchen zu verhalten hat, weil der »verallgemeinerte Andere« in ihm diese jungentypische »Haltung« hervorruft. Wenn er hinfällt und sich das Knie aufschlägt, beißt er (in der Regel) eher die Zähne zusammen, weil das die in bestimmten Gesellschaften von einem Jungen verlangte Haltung ist, obwohl er vor Schmerz losbrüllen möchte – was er zuweilen trotz der Mobilisierung des »verallgemeinerten Anderen« ja auch tut.

Im Rückgriff auf Parsons könnte man sagen, daß der Junge im besagten Fall die Rollenerwartungen hinsichtlich eines angemessenen Verhaltens von Jungen erfolgreich internalisiert hat. Aber das Beispiel ist zugleich geeignet, die Differenz zwischen den Sichtweisen Meads und Parsons' zu verdeutlichen. Der fiktive Junge in unserem Beispiel beißt nicht nur die Zähne zusammen und unterdrückt das Weinen, weil er die Haltung des »verallgemeinerten Anderen« in dieser Situation einnimmt. Er empfindet auch den Zwiespalt zwischen dem »verallgemeinerten Anderen« in ihm, dem Nicht-weinen-Dürfen und dem akuten körperlichen Schmerz und den daraus resultierenden Handlungsimpulsen. Im Selbst des Jungen spielt sich in dieser Situation gewissermaßen eine Interaktion zwischen gegensätzlichen Haltungen und entsprechenden Handlungsentwürfen ab, eine Auseinandersetzung, die erkennen läßt, daß das »Selbst« des Jungen keineswegs nur aus den verinnerlichten Haltungen / Rollenerwartungen anderer besteht. Das eine Ich des Jungen (in der Terminologie Meads: das »Me«) steht einem anderen Ich, dem »I«, gegenüber, das den Schmerz empfindet und sich mit den Erwartungen des »Me« auseinandersetzt.

»I« und »Me« sind nach Mead allerdings keine unabhängigen psychischen Instanzen, und erst recht repräsentiert das »I« keineswegs das »eigentliche« Ich des handelnden Individuums. Es sind lediglich unterschiedliche Aspekte oder besser noch: »Phasen« des Selbst, deren temporäres Zusammenspiel individuelles Handeln und Identität des Individuums konstituieren. Noch einmal an unserem Beispiel erläutert: Das »I« (im Text als »Ich« übersetzt) empfindet den Schmerz des Organismus und will ihn durch eine spontane Reaktion, das Weinen, zur Geltung bringen. Zugleich aber ruft es das »Me« (im Text: »ICH«), die Haltung des »verallgemeinerten Anderen«, das Nicht-weinen-Dürfen von Jungen, ins Bewußtsein. Dieses »Me« verlangt wiederum nach einem »I«, das die sozial erwünschte »Haltung« in seinem Verhalten realisiert. Aber dieses »Me« ist keineswegs, wie schon die Alltagserfahrung lehrt, eine der Kritik enthobene, immer und überall das individuelle Handeln steuernde »Autorität«. »Das ›I‹ ruft das ›Me‹ nicht nur hervor, es reagiert auch darauf. Zusammen bilden sie eine Persönlichkeit, wie sie in der gesellschaftlichen Erfahrung erscheint.« (Mead 1973, S. 221)

Man würde Mead allerdings mißverstehen, würde man mit seiner Konzeption des »I« die Vorstellung eines autonomen, sich gegenüber den gesellschaftlichen Zwängen frei bestimmenden Individuums verbinden. Das »I« ist bei Mead, daran ist festzuhalten, eine schillernde wie flüchtige Größe. Die alltägliche Organisation unseres Lebens ist weitgehend von festgelegten, fraglos gültigen Haltungen, sozialen Gewohnheiten, bestimmt. Erst wenn gewohnheitsmäßiges Verhalten in einem eng begrenzten Bereich in Konfliktsituationen brüchig wird, kommt das »I« als Moment des Psychischen zum Zuge, kann es die Gewohnheiten in Frage stellen und neue Perspektiven des Handelns eröffnen. Der »Rest unserer Welt« bleibt von dieser Kreativität des »I« aber unberührt, bleibt durch die Routine des eingeübten sozialisierten Verhaltens bestimmt.

Als Schüler Meads haben vor allem Goffman und Turner dessen interaktionistische Analysen und Überlegungen in Abgrenzung von der traditionellen Rollentheorie Parsons' weiterentwickelt und systematisiert. Deren Arbeiten wurden wiederum in den 1960er und 70er Jahren in der deutschsprachigen Diskussion von Krappmann und Habermas rezipiert und für eine kritische Rollentheorie nutzbar gemacht. Die einflußreichen Thesen von Jürgen Habermas sind in dem nachfolgenden Baustein des Studienbuches zur Theorie kommunikativen Handelns als »Stichworte zu einer kritischen Rollentheorie« aufgenommen worden; unter systematischen Gesichtspunkten könnte die Lektüre dieses Textes aber auch im Anschluß an die Überlegungen Meads nützlich sein.

Gegenüber der Position Parsons' betonen die Schüler Meads vor allem die Interpretationsleistungen und -möglichkeiten, die den Interaktionsteilnehmern für die Koordination ihrer Handlungen abverlangt werden bzw. möglich sind. Eine vollständige Entsprechung zwischen den Rollenerwartungen, mit denen ein Individuum in einer bestimmten Situation konfrontiert wird, und seinen eigenen Handlungsmotivationen und -entwürfen ist aus dieser Sicht eher der Ausnahme- als der Regelfall der Interaktion. Der Teilnehmer einer Interaktion, so Turner, muß im Regelfall die ihm angesonnene Rolle nicht nur verstehen, indem er die Rolle des Interaktionspartners einnimmt (role-taking), sondern auch seine Reaktion auf diese – interpretierte – Erwartung des anderen ist wiederum eine Interpretationsleistung des »Selbst«, resultiert aus dem Zusammenspiel von »I« und »Me«; dem »role-taking« folgt ein »role-making«, eine spezifische Variation der angenommenen Rollenerwartung im konkreten Handeln. Ging Parsons noch von einem durch verinnerlichte, komplementäre Wertorientierungen aller Beteiligten gesteuerten Rollenhandeln aus, so kommen mit der Perspektive der Symbolischen Interaktionisten andere Momente der Handlungskoordination in den Blick: die »Spielräume« der Interaktion, d. h. das erfolgreiche Aushandeln von Beziehungen zwischen den Interaktionspartnern genauso wie die Mißverständnisse und Störungen der Interaktion. Es wird sichtbar, daß die Teilnehmer im Regelfall die vorgegebenen »Spielregeln« der Interaktion, etwa in der Familie oder Schule, zumindest in Grenzen variieren und mit unterschiedlichen Erfolgschancen ihr jeweiliges »Selbst«, ihre Identität, zur Geltung bringen können.

Für eine Analyse der Schule bzw. der schulischen Interaktion ergeben sich damit neue Perspektiven und Fragestellungen, die durch den abschließenden Text von Tillmann »Der Beitrag des Symbolischen Interaktionismus zu einer Theorie der Schule« zumindest angedeutet werden sollen. Aus der Sicht des Symbolischen Interaktionismus rücken die konkreten Interaktionen zwischen Schülern und Lehrern, die »Störungsanfälligkeit« dieser Interaktion, in das Zentrum des Interesses. Schülerstrategien, sich den von den Lehrern vertretenen Rollenerwartungen zu entziehen, werden sichtbar, aber auch »Etikettierungen« und »Stigmatisierungen«, mit denen Lehrerinnen und Lehrer wiederum auf das Verhalten einzelner Schülerinnen und Schüler reagieren. Nicht zuletzt aber wird bei dieser Sicht schulischer Interaktion deutlich, daß Schüler und Lehrer sehr unterschiedliche Chancen haben, ihre jeweilige Identität im Alltag der Schule zur Geltung zu bringen. Insofern wird mit dem Symbolischen Interaktionismus eine institutionenkritische Perspektive eröffnet, die in dieser Form in den schultheoretischen Überlegungen Parsons' oder Durkheims nicht zu finden ist.

Mead: Die Entstehung des Selbst

Mead, G. H.: Geist, Identität und Gesellschaft aus der Sicht des Sozialbehaviorismus. Frankfurt/Main 1973. S. 43 ff.

Der Hintergrund der Entstehung der Identität

Es stellt sich nun das Problem, wie im einzelnen Identität entsteht. Wir müssen den Hintergrund dieser Entwicklung aufhellen. Zuerst einmal gibt es hier die Übermittlung von Gesten zwischen Tieren bei kooperativen Tätigkeiten. Dabei ist der Beginn der Handlung des einen Tieres ein Reiz für das andere, auf eine bestimmte Weise zu reagieren, während der Beginn dieser Reaktion wiederum zum Reiz für das erste Tier wird, seine Tätigkeit auf die ablaufende Reaktion abzustimmen. So wird die vollständige Handlung vorbereitet, was schließlich zu jenem Verhalten führt, das das Ergebnis dieser Vorbereitung ist. Die Übermittlung von Gesten enthält jedoch keinen Hinweis des Einzelnen, des Tieres, des Organismus, auf sich selbst. Sie wirkt nicht so, daß eine Reaktion des Tieres selbst erforderlich ist, obwohl es sich um Verhalten im Hinblick auf das Verhalten anderer handelt. Wir haben jedoch gesehen, daß es gewisse Gesten gibt, die den Organismus ebenso wie andere Organismen beeinflussen und daher in ihm die gleichen Reaktionen wie in den anderen auslösen können. Hier haben wir also eine Situation, in der der Einzelne in sich selbst Reaktionen auslösen und auf sie reagieren kann unter der Bedingung, daß der gesellschaftliche Reiz auf ihn die gleiche Wirkung ausübt wie auf andere. Das zum Beispiel geschieht in der Sprache; sonst würde die Sprache als signifikantes Symbol verschwinden, weil der Einzelne nicht den Sinn des von ihm Gesagten erfassen könnte. [...]

Man sagt etwas, das bei allen anderen eine ganz bestimmte Reaktion auslöst, vorausgesetzt, daß das Symbol in der Erfahrung aller anderen ebenso wie für uns existiert. Es gibt die Sprache der Worte und die Sprache der Gesten, vielleicht auch die Sprache des Mienenspiels. Man kann Sorge oder Freude zeigen und dadurch bestimmte Reaktionen auslösen. Einige primitive Völker können komplizierte Gespräche ausschließlich mit Hilfe des Mienenspiels abwickeln. Sogar in diesem Fall wird die mitteilende Person von ihrem Mienenspiel ebenso beeinflußt, wie sie es von anderen erwartet. Denken setzt immer ein Symbol voraus, das im anderen die gleiche Reaktion wie im Denkenden hervorruft. Ein solches Symbol ist ein Allgemeines; es ist allgemein in seiner Natur. Wir nehmen immer an, daß das von uns verwendete Symbol in der anderen Person die gleiche Reaktion auslöst, vorausgesetzt, daß es ein Teil ihres Verhaltensmechanismus ist.

Sagt eine Person etwas, so sagt sie zu sich selbst, was sie zu den anderen sagt; andernfalls wüßte sie nicht, worüber sie spricht. [. . .]

Entscheidend für die Kommunikation ist, daß das Symbol in der eigenen Identität das gleiche wie im anderen Individuum auslöst. Es muß die gleiche Universalität für jede Person aufweisen, die sich in der gleichen Situation befindet. Sprache ist immer dann möglich, wenn ein Reiz ein Individuum so wie ein anderes beeinflussen kann. Bei einem blinden Menschen wie Helen Keller handelt es sich um eine Kontakterfahrung, die einem anderen ebenso wie ihr selbst übermittelt werden könnte. Aus dieser Art von Sprache entwickelte sich der Geist Helen Kellers. Wie sie richtig erkannte, gelang es ihr erst, als sie mit anderen Personen durch Symbole in Verbindung treten konnte, die in ihr selbst die gleichen Reaktionen wie in den anderen auslösten, einen geistigen Inhalt oder eine Identität zu entwickeln.

Andere wichtige Faktoren für die Entwicklung der Identität finden sich in der Tätigkeit des Spielens.

Wie schon erwähnt, wurde bei primitiven Völkern die notwendige Unterscheidung zwischen Identität und Organismus mit Hilfe des sogenannten »Doppelgängers« getroffen: der Einzelne hat eine dinghafte Identität, die von ihm ebenso beeinflußt wird, wie sie andere Personen beeinflußt, und die sich vom unmittelbaren Organismus dadurch unterscheidet, daß sie den Körper verlassen und wieder in ihn zurückkehren kann. Hier stoßen wir auf die Grundlage der Auffassung von der Seele als einer Wesenheit für sich.

Bei Kindern finden wir etwas, das diesem Doppelgänger entspricht, nämlich die unsichtbaren, durch die Phantasie geschaffenen Spielgefährten, die sehr viele Kinder in ihrer eigenen Erfahrung erzeugen. Auf diese Weise organisieren sie Reaktionen, die sie bei anderen Personen, aber auch in sich selbst hervorrufen. Natürlich ist dieses Spielen mit einem durch die Phantasie geschaffenen Spielgefährten nur eine besonders interessante Phase des gewöhnlichen Spiels. Spiel in diesem Sinne, insbesondere in dem Stadium, das den organisierten Wettkämpfen vorausgeht, ist nachahmendes Spiel. Ein Kind spielt »Mutter«, »Lehrer«, »Polizist«; wir sagen, daß es verschiedene Rollen einnimmt. [. . .]

Wir nützen diese Tendenz der Kinder bei unserer Arbeit im Kindergarten, wo die von den Kindern eingenommenen Rollen die Grundlage für ihre Ausbildung darstellen. Wenn ein Kind eine Rolle einnimmt, hat es in sich selbst den Reiz, der diese bestimmte Reaktion oder Gruppe von Reaktionen auslöst. Es kann natürlich so wie der Hund weglaufen, wenn es gejagt wird, oder kann sich wie der Hund im Spiel umdrehen und zurückschlagen. Doch ist das nicht das gleiche wie nachahmendes Spiel. Kinder rotten sich zusammen, um »Indianer« zu spielen. Das bedeutet, daß das Kind eine ganze Gruppe von Reizen in sich hat, die in ihm selbst die gleichen Reaktionen wie in anderen auslösen und die einem Indianer entsprechen. Während der Spielperiode nützt das Kind seine eigenen Reaktionen auf diese Reize, um eine Identität zu entwickeln. Die Reaktion, zu der es neigt, organisiert diese Reize, auf die es reagiert. Es spielt zum Beispiel, daß es sich etwas anbietet, und kauft es; es gibt sich selbst einen Brief und trägt ihn fort; es spricht sich selbst an – als Elternteil, als Lehrer; es verhaftet sich selbst – als Polizist. Es hat in sich Reize, die in ihm selbst die gleiche Reaktion auslösen wie in anderen. Es nimmt diese Reaktionen und organisiert sie zu einem Ganzen. Das ist die einfachste Art und Weise, wie man sich selbst gegenüber ein anderer sein kann. Sie impliziert eine zeitliche Situation. Das Kind sagt etwas in einer Eigenschaft und reagiert in einer anderen, worauf dann seine Reaktion in der zweiten Eigenschaft ein Reiz für es selbst in der ersteren Rolle ist, und so geht der Austausch weiter. So entwickelt sich in ihm und in seiner anderen, antwortenden Identität eine organisierte Struktur. Beide Identitäten pflegen einen Dialog mit Hilfe von Gesten.

Wenn wir ein solches Spiel mit der Situation in einem organisierten Spiel, einem Wettkampf vergleichen, erkennen wir den entscheidenden Unterschied: Das spielende Kind muß hier bereit sein, die Haltung aller in das Spiel eingeschalteten Personen zu übernehmen, und diese verschiedenen Rollen müssen eine definitive Beziehung zueinander haben. Nehmen wir ein so einfaches organisiertes Spiel wie das Versteckspiel: alle mit Ausnahme der einen sich versteckenden Person sind Jäger. Das Kind benötigt nicht mehr Haltungen als die der gesuchten Person und der suchenden Person. Spielt ein Kind im ersteren Sinn, so spielt es einfach vor sich hin, ohne daß dabei eine grundlegende Organisation erreicht würde. In diesem frühen Stadium wechselt es von einer Rolle zur anderen je nach Laune. In einem Wettspiel mit mehreren Personen aber muß das Kind, das eine Rolle übernimmt, die Rolle aller anderen Kinder übernehmen können. Macht es beim Baseball einen bestimmten Wurf, so muß es die Reaktionen jeder betroffenen Position in seiner eigenen Position angelegt haben. Es muß wissen, was alle anderen tun werden, um sein eigenes Spiel erfolgreich spielen zu können. Es muß alle diese Rollen einnehmen. Sie müssen zwar nicht alle gleichzeitig im Bewußtsein präsent sein, doch muß es zu gewissen Zeitpunkten drei oder vier verschiedene Spieler in der eigenen Haltung präsent haben, beispielsweise den Werfer, den Fänger usw. Diese Reaktionen müssen in gewissem Ausmaß in der eigenen Handlung präsent sein. Im Wettspiel gibt es also Reaktionen der anderen, die so organisiert sind, daß die Haltung des einen Spielers die passende Haltung des anderen auslöst.

Spiel, Wettkampf und der (das) verallgemeinerte Andere

[...] Der grundlegende Unterschied zwischen dem Spiel und dem Wettkampf liegt darin, daß in letzterem das Kind die Haltung aller anderen Beteiligten in sich haben muß. Die vom Teilnehmer angenommenen Haltungen der Mitspieler organisieren sich zu einer gewissen Einheit, und diese Organisation kontrolliert wieder die Reaktion des Einzelnen. Wir brachten das Beispiel des Baseballspielers. Jede seiner eigenen Handlungen wird von den Annahmen über die voraussichtlichen Handlungen der anderen Spieler bestimmt. Sein Tun und Lassen wird durch den Umstand kontrolliert, daß er gleichzeitig auch jedes andere Mitglied der Mannschaft ist, zumindest insoweit, als diese Haltungen seine eigenen spezifischen Haltungen beeinflussen. Wir stoßen somit auf ein »anderes«, das eine Organisation der Haltungen all jener Personen ist, die in den gleichen Prozeß eingeschaltet sind.

Die organisierte Gemeinschaft oder gesellschaftliche Gruppe, die dem Einzelnen seine einheitliche Identität gibt, kann »der (das) verallgemeinerte Andere« genannt werden. Die Haltung dieses verallgemeinerten Anderen ist die der ganzen Gemeinschaft. So ist zum Beispiel bei einer gesellschaftlichen Gruppe wie einer Spielmannschaft eben dieses Team der verallgemeinerte Andere, insoweit es – als organisierter Prozeß oder gesellschaftliche Tätigkeit – in die Erfahrung jedes einzelnen Mitgliedes eintritt.

Damit ein menschliches Wesen eine Identität im vollen Sinn des Wortes entwickelt, genügt es nicht, daß es einfach die Haltungen anderer Menschen gegenüber sich selbst und untereinander innerhalb des menschlichen gesellschaftlichen Prozesses einnimmt und diesen Prozeß als Ganzen nur in dieser Hinsicht in seine individuelle Erfahrung hereinbringt: es muß ebenso, wie es die Haltungen anderer Individuen zu sich selbst und untereinander einnimmt, auch ihre Haltungen gegenüber den verschiedenen Phasen oder Aspekten der gemeinsamen gesellschaftlichen Tätigkeit oder der gesellschaftlichen Aufgaben übernehmen, in die sie, als Mitglieder einer organisierten Gesellschaft oder gesellschaftlichen Gruppe, alle einbezogen sind; und es muß dann, indem es diese individuellen Haltungen der organisierten Gesellschaft oder gesellschaftlichen Gruppe als Ganzer verallgemeinert, im Hinblick auf verschiedene gesellschaftliche Projekte, die es zum jeweiligen Zeitpunkt verwirklicht, oder auf die verschiedenen längeren Phasen des allgemeinen gesellschaftlichen Prozesses handeln, die sein Leben ausmachen und dessen spezifische Manifestationen diese Projekte sind. Dieses Hereinholen der weitgespannten Tätigkeit des jeweiligen gesellschaftlichen Ganzen oder der organisierten Gesellschaft in den Erfahrungsbereich eines jeden in dieses Ganze eingeschalteten oder eingeschlossenen Individuums ist die entscheidende Basis oder Voraussetzung für die volle Entwicklung der Identität des Einzelnen: nur insoweit er die Haltungen der organisierten gesellschaftlichen Gruppe, zu der er gehört, gegenüber der organisierten, auf Zusammenarbeit beruhenden gesellschaftlichen Tätigkeiten, mit denen sich diese Gruppe befaßt, annimmt, kann er eine vollständige Identität entwickeln und die, die er entwickelt hat, besitzen. Andererseits sind die komplexen, auf Zusammenarbeit beruhenden Prozesse, Tätigkeiten und institutionellen Funktionen der organisierten menschlichen Gesellschaft ebenfalls nur insoweit möglich, als jedes von ihnen betroffene oder zu dieser Gesellschaft gehörige Individuum fähig ist, die allgemeinen Haltungen aller anderen Individuen im Hinblick auf diese Prozesse, Tätigkeiten und institutionellen Funktionen und auf das dadurch geschaffene organisierte gesellschaftliche Ganze der Wechselbeziehungen zwischen Erfahrungen einzunehmen und sein eigenes Verhalten dementsprechend zu lenken.

In der Form des verallgemeinerten Anderen beeinflußt der gesellschaftliche Prozeß das Verhalten der ihn abwickelnden Individuen, das heißt, die Gemeinschaft übt die Kontrolle über das Verhalten ihrer einzelnen Mitglieder aus, denn in dieser Form tritt der gesellschaftliche Prozeß oder die Gemeinschaft als bestimmender Faktor in das Denken des Einzelnen ein. [...]

Der sich seiner selbst bewußte Mensch nimmt also die organisierten gesellschaftlichen Haltungen der jeweiligen gesellschaftlichen Gruppe oder Gemeinschaft (oder eines ihrer Teile) gegenüber den gesellschaftlichen Problemen ein, die sich dieser Gruppe oder Gemeinschaft zum jeweiligen Zeitpunkt stellen und die im Zusammenhang mit den verschiedenen gesellschaftlichen Projekten oder organisierten kooperativen Unternehmen erwachsen, mit denen sich die Gruppe oder Gemeinschaft beschäftigt. Als einzelner Teilnehmer an diesen gesellschaftlichen Projekten oder kooperativen Unternehmen regelt er sein eigenes Verhalten dementsprechend. In der Politik identifiziert sich der Einzelne zum Beispiel mit einer ganzen politischen Partei und übernimmt die organisierten Haltungen der Gesamtpartei gegenüber der übrigen Gemeinschaft und gegenüber den Problemen, die sich der Partei innerhalb der jeweiligen gesellschaftlichen Situation stellen. In der Folge handelt oder reagiert er im Sinne der organisierten Haltungen der Partei als Ganzer. Er tritt somit in eine spezifische Gruppe gesellschaftlicher

Beziehungen zu allen anderen Individuen ein, die dieser politischen Partei angehören; ebenso tritt er auch in verschiedene andere gesellschaftliche Beziehungen zu verschiedenen anderen Gruppen von Individuen ein, und die Individuen dieser Gruppen sind die anderen Mitglieder einer der verschiedenen organisierten Untergruppen (nach der gesellschaftlichen Funktion bestimmt), denen er selbst als Mitglied der jeweiligen Gesamtgesellschaft oder Gemeinschaft angehört.

Ich verwies bereits darauf, daß es bei der vollständigen Entwicklung der Identität zwei allgemeine Stadien gibt. Im ersten bildet sich die Identität des Einzelnen einfach durch eine Organisation der besonderen Haltungen der anderen ihm selbst gegenüber und zueinander in den spezifischen gesellschaftlichen Handlungen, an denen er mit diesen teilhat. Im zweiten Stadium dagegen wird die Identität des Einzelnen nicht nur durch eine Organisation dieser besonderen individuellen Haltungen gebildet, sondern auch durch eine Organisation der gesellschaftlichen Haltungen des verallgemeinerten Anderen oder der gesellschaftlichen Gruppe als Ganzer. Diese gesellschaftlichen oder Gruppenhaltungen werden in den direkten Erfahrungsbereich des Einzelnen gebracht und als Elemente in die Struktur der eigenen Identität ebenso eingefügt wie die Haltungen der anderen. Der Einzelne erarbeitet sie sich, indem er die Haltungen bestimmter anderer Individuen im Hinblick auf ihre organisierten gesellschaftlichen Auswirkungen und Implikationen weiter organisiert und dann verallgemeinert. So entwickelt sich die Identität, indem sie diese individuellen Haltungen anderer in die organisierte gesellschaftliche oder Gruppenhaltung hereinbringt und damit zu einer individuellen Spiegelung der allgemeinen, systematischen Muster des gesellschaftlichen oder Gruppenverhaltens wird, in die sie und die anderen Identitäten eingeschlossen sind – ein Muster, das als Ganzes in die Erfahrung des Einzelnen eintritt nach Maßgabe dieser organisierten Gruppenhaltungen, die er, durch den Mechanismus seines Zentralnervensystems, genauso gegenüber sich selbst einnimmt, wie er die individuellen Haltungen anderer einnimmt.

Der Wettkampf hat eine Logik, durch die eine derartige Organisation der Identität möglich wird: es gilt, ein bestimmtes Ziel zu erreichen; die Handlungen der einzelnen Personen sind alle im Hinblick auf dieses Ziel miteinander verbunden, so daß sie nicht miteinander in Konflikt geraten; in der Haltung des Mitspielers befindet man sich nicht im Konflikt mit sich selbst. Wenn man die Haltung des Werfers in sich hat, kann man auch mit dem Fangen des Balles reagieren. Beide Aktionen sind miteinander verbunden und fordern das Ziel des Spieles. Sie sind auf eine einheitliche, organische Weise miteinander verknüpft. Es besteht also eine definitive Einheit, die in die Organisation anderer Identitäten eingeführt wird, wenn wir das Stadium des Wettkampfes erreichen, im Gegensatz zum einfachen Spiel, wo es nur eine Folge von verschiedenen Rollen gibt, – eine Situation, die natürlich für die Persönlichkeit des Kindes charakteristisch ist. Das Kind ist im einen Moment dieses, im anderen jenes. Was es in diesem Moment ist, entscheidet nicht darüber, was es im nächsten Moment sein wird. Das macht sowohl den Charme als auch die Mängel der Kindheit aus. Man kann sich nicht auf das Kind verlassen: man kann nicht annehmen, daß alle seine Aktionen die darauffolgenden Aktionen bestimmen werden. Es ist nicht in ein Ganzes organisiert. Das Kind hat keinen definitiven Charakter, keine definitive Persönlichkeit.

Der Wettkampf ist also ein Beispiel für die Situation, aus der heraus sich eine organisierte Persönlichkeit entwickelt. Insoweit das Kind die Haltungen anderer einnimmt und diesen Haltungen erlaubt, seine Tätigkeit im Hinblick auf das gemeinsame Ziel zu bestimmen, wird es zu einem organischen Glied der Gesellschaft. Es übernimmt die Moral dieser Gesellschaft und wird zu ihrem Mitglied. Es gehört ihr insofern an, als es den von den anderen übernommenen Haltungen erlaubt, seinen eigenen unmittelbaren Ausdruck zu kontrollieren. Hier haben wir also eine Art von organisiertem Prozeß. Was im Rahmen des Wettkampfes ausgedrückt wird, wird natürlich ständig im gesellschaftlichen Leben des Kindes ausgedrückt, doch geht dieser umfassendere Prozeß über die unmittelbare Erfahrung des Kindes hinaus. Die Wichtigkeit des Wettkampfes besteht darin, daß er gänzlich innerhalb der Erfahrung des Kindes liegt, und die Wichtigkeit unserer modernen Erziehungsmethoden erklärt sich daraus, daß sie so weit wie möglich in diesen Bereich hereingebracht werden. Die verschiedenen von einem Kind angenommenen Haltungen sind so organisiert, daß sie eine definitive Kontrolle über seine Reaktion ausüben, so wie die Haltungen in einem Wettkampf seine unmittelbare Reaktion kontrollieren. Im Wettkampf haben wir ein organisiertes Anderes, ein verallgemeinertes Anderes, das im Wesen des Kindes selbst begründet ist und seinen Ausdruck in der unmittelbaren Erfahrung des Kindes findet. Diese organisierte Tätigkeit in des Kindes eigener Natur kontrolliert die besondere Reaktion, die ihm Einheit verleiht und seine Identität aufbaut.

Was sich im Wettkampf abspielt, spielt sich im Leben des Kindes ständig ab. Es nimmt ständig die Haltungen der es umgebenden Personen ein, insbesondere die Rollen jener, die es beeinflussen oder von denen es abhängig ist. Zuerst erfaßt es die Funktion des Prozesses in abstrakter Form. Es wechselt vom Spiel zum eigentlichen Wettkampf über. Es muß mit den anderen mitmachen. Die Moral des Wettkampfes durchdringt das Kind tiefer als die umfassendere Moral der ganzen Gemeinschaft. Der Wettkampf, in den das Kind eintritt, drückt eine gesellschaftliche Situation aus, in die es ganz eintauchen kann; seine Moral kann sich stärker auswirken als die der Familie oder der Gemeinschaft, in der das Kind lebt. Es gibt alle möglichen gesellschaftlichen Organisationen, einige von ihnen ziemlich dauerhaft, andere kurzfristig, in die das Kind eintritt und in denen es eine Art gesellschaftlichen Wettkampf mitmacht. Das ist eine Periode, in der es »dazugehören« will; es tritt ständig in Organisationen ein, die zu bestehen beginnen und sich wieder auflösen. Es wird Jemand, der in einem organisierten Ganzen funktionieren kann, und neigt daher dazu, sich in seiner Beziehung zu der Gruppe, der es angehört, zu bestimmen. Dieser Prozeß ist ein auffälliges Stadium in der Entwicklung der kindlichen Moral. Er macht das Kind zum bewußten Mitglied seiner Gemeinschaft.

Die organisierte Identität ist die Organisation der Haltungen, die einer Gruppe gemeinsam sind. Ein Mensch hat eine Persönlichkeit, weil er einer Gemeinschaft angehört, weil er die Institutionen dieser Gemeinschaft in sein eigenes Verhalten hereinnimmt. Er nimmt ihre Sprache als Medium, mit dessen Hilfe er seine Persönlichkeit entwickelt, und kommt dann dadurch, daß er die verschiedenen Rollen der anderen Mitglieder einnimmt, zur Haltung der Mitglieder dieser Gemeinschaft. Das macht in gewissem Sinn die Struktur der menschlichen Persönlichkeit aus. Es gibt bestimmte gemeinsame Reaktionen, die jedes Individuum gegenüber bestimmten gemeinsamen Dingen hat, und insoweit diese gemeinsamen Reaktionen im Einzelnen ausgelöst werden, wenn er auf andere Personen einwirkt, entfaltet er seine eigene Identität. Die Struktur der Identität ist also eine allen gemeinsame Reaktion, da man Mitglied einer Gemeinschaft sein muß, um eine Identität zu haben. Solche Reaktionen sind abstrakte Haltungen, doch formen sie den Charakter des Menschen. Sie geben ihm seine Prinzipien, die anerkannte Haltung aller Mitglieder der Gemeinschaft gegenüber den Werten eben dieser Gemeinschaft. Er versetzt sich an die Stelle des verallgemeinerten Anderen, der die organisierten Reaktionen aller Mitglieder der Gruppe repräsentiert. So wird durch Prinzipien kontrolliertes Verhalten gelenkt. Wir sagen von einer Person, die eine solche organisierte Gruppe von Reaktionen in sich hat, sie habe einen Charakter im moralischen Sinne. [...]

Bisher betonte ich die Strukturen, aus denen sich eine Identität entwickelt, sozusagen den Rahmen für die Identität. Natürlich sind wir nicht nur das, was uns allen gemeinsam ist: jede Identität ist von jeder anderen verschieden; doch muß es solche gemeinsamen Strukturen wie die von mir dargestellten geben, damit wir überhaupt Mitglieder einer Gemeinschaft sein können. Wir können nicht wir selbst sein, solange wir nicht auch an gemeinsamen Haltungen Anteil haben, durch die die Haltungen aller Mitglieder kontrolliert werden. Wir können keine Rechte haben, solange wir keine gemeinsamen Haltungen in uns haben. Was wir als selbstbewußte Persönlichkeiten erarbeitet haben, macht uns zu Mitgliedern der Gesellschaft und gibt uns eine Identität. Es kann keine scharfe Trennungslinie zwischen unserer eigenen Identität und der Identität anderer Menschen gezogen werden, da unsere eigene Identität nur soweit existiert und als solche in unsere Erfahrung eintritt, wie die Identitäten anderer Menschen existieren und als solche ebenfalls in unsere Erfahrung eintreten. Der Einzelne hat eine Identität nur im Bezug zu den Identitäten anderer Mitglieder seiner gesellschaftlichen Gruppe. Die Struktur seiner Identität drückt die allgemeinen Verhaltensmuster seiner gesellschaftlichen Gruppe aus, genauso wie sie die Struktur der Identität jedes anderen Mitgliedes dieser gesellschaftlichen Gruppe ausdrückt.

Das »Ich« und das »ICH«*

Wir haben ausführlich die gesellschaftlichen Grundlagen der Identität diskutiert und dabei angedeutet, daß die Identität nicht nur in der Organisation gesellschaftlicher Haltungen existiert. Wir können nun direkt die Frage anschneiden, wie das »Ich« beschaffen ist, das sich eines gesellschaftlichen »ICH« bewußt ist. Ich möchte hier nicht die metaphysische Frage anschneiden, wie eine Person sowohl ein »Ich« als auch ein »ICH« sein kann, sondern nach der Bedeutung dieser Unterscheidung vom Standpunkt des Verhaltens aus fragen. [. . .]

Das »Ich« tritt nicht in das Rampenlicht; wir sprechen zu uns selbst, aber wir sehen uns nicht selbst. Das »Ich« reagiert auf die Identität, die sich durch die Übernahme der Haltungen anderer entwickelt. Indem wir diese Haltungen übernehmen, führen wir das »ICH« ein und reagieren darauf als ein »Ich«.

Am einfachsten kann man dieses Problem in Verbindung mit dem Erinnerungsvermögen erfassen. Ich spreche zu mir selbst und erinnere mich an meine Worte und vielleicht auch an den damit verbundenen emotionellen Inhalt. Das »Ich« dieses Moments ist im »ICH« des nächsten Moments präsent. Auch hier wieder kann ich mich nicht schnell genug umdrehen, um mich noch selbst zu erfassen. Ich werde insofern zu einem »ICH«, als ich mich an meine Worte erinnere. [. . .]

* Im Original: *The »I« and the »Me«*. Meads Ausdruck »me«, hier durchgehend mit »ICH« wiedergegeben, ist im Grunde nicht übersetzbar; er meint das sich selbst als Objekt erfahrende Ich. Siehe die *Nachbemerkung zur Übersetzung*, S. 442. – Anm. d. Üb.

Auf das »Ich« ist es zurückzuführen, daß wir uns niemals ganz unserer selbst bewußt sind, daß wir uns durch unsere eigenen Aktionen überraschen. Nur während wir handeln, sind wir uns unserer selbst bewußt. In der Erinnerung dagegen ist das »Ich« ständig in unserer Erfahrung präsent. [...]

Somit ist das »Ich« der Erinnerung der Sprecher für die Identität, wie sie vor einer Sekunde, einer Minute oder einem Tag existierte. Als einmal gegebene, ist sie ein »ICH«, aber ein »ICH«, das früher einmal ein »Ich« war. Wenn man also fragt, wo das »Ich« in der eigenen Erfahrung direkt auftritt, lautet die Antwort: als historische Figur. [...]

Das »Ich« ist die Reaktion des Organismus auf die Haltungen anderer; das »ICH« ist die organisierte Gruppe von Haltungen anderer, die man selbst einnimmt. Die Haltungen der anderen bilden das organisierte »ICH«, und man reagiert darauf als ein »Ich«. [...]

Die Übernahme aller dieser organisierten Haltungen gibt ihm sein »ICH«, das heißt die Identität, deren er sich bewußt wird. Er kann den Ball einem anderen Spieler zuwerfen, wenn andere Mitglieder der Mannschaft dies von ihm fordern. Diese Identität existiert in seinem Bewußtsein unmittelbar für ihn. Er hat ihre Haltungen in sich, weiß über ihre Wünsche und über die Folgen jeder seiner Handlungen Bescheid. Er hat die Verantwortung für die Situation übernommen. Die Existenz dieser organisierten Gruppen von Haltungen ist es nun, die das »ICH« ausmacht, auf das er als ein »Ich« reagiert. Wie aber diese Reaktion beschaffen sein wird, weiß er nicht und auch kein anderer. Vielleicht wird er gut spielen, vielleicht einen Fehler begehen. Die Reaktion auf diese Situation, so wie sie in seiner unmittelbaren Erfahrung aufscheint, ist unbestimmt – und das macht das »Ich« aus.

Das »Ich« ist seine Aktion gegenüber dieser gesellschaftlichen Situation innerhalb seines eigenen Verhaltens, und es tritt in eine Erfahrung erst ein, nachdem die Handlung verwirklicht wurde. Dann ist er sich ihrer bewußt. Das mußte er tun, und er tat es. Er erfüllt seine Pflicht und kann stolz sein auf den Wurf. Das »ICH« tritt auf, um diese Pflicht zu erfüllen – so tritt es in seiner Erfahrung auf. Er hatte in sich alle Haltungen der anderen, die nach einer bestimmten Reaktion verlangten; das war das »ICH« dieser Situation, seine Reaktion aber ist das »Ich«.

Ich möchte besonders darauf hinweisen, daß diese Reaktion des »Ich« mehr oder weniger unbestimmt ist. Die Haltungen der anderen, die man selbst einnimmt und die das eigene Verhalten beeinflussen, bilden das »ICH«. Das »ICH« ist gegeben, die Reaktion darauf aber ist noch nicht gegeben. Wenn jemand sich niedersetzt, um etwas zu überdenken, verfügt er über bestimmte bereits gegebene

Daten. Nehmen wir an, daß es sich um eine gesellschaftliche Situation handelt, die er zu bewältigen hat. Er sieht sich selbst vom Standpunkt des einen oder anderen Mitgliedes der Gruppe aus. Diese miteinander verknüpften Mitglieder geben ihm eine bestimmte Identität. Was wird er also tun? Er weiß es selbst nicht, kein anderer weiß es. Er kann die Situation in die eigene Erfahrung hereinbringen, weil er die Haltungen der verschiedenen betroffenen Individuen einnehmen kann. Er weiß, wie sie darüber denken, indem er ihre Haltungen einnimmt. Er sagt sich etwa: »ich habe gewisse Dinge getan, die MICH anscheinend auf eine bestimmte Verhaltensweise festlegen«. Wenn er derart handelt, wird er sich vielleicht innerhalb einer anderen Gruppe in eine falsche Position manövrieren. Das »Ich«, als eine Reaktion auf diese Situation, ist unbestimmt im Gegensatz zum »ICH«, das in den eingenommenen Haltungen gründet. [...]

Das »Ich«, in dieser Beziehung zwischen »Ich« und »ICH«, ist also etwas, das sozusagen auf eine gesellschaftliche Situation reagiert, die innerhalb der Erfahrung des Einzelnen liegt. Es ist die Antwort des Einzelnen auf die Haltung der anderen ihm gegenüber, wenn er eine Haltung ihnen gegenüber einnimmt. Nun sind zwar die von ihm ihnen gegenüber eingenommenen Haltungen in seiner eigenen Erfahrung präsent, doch wird seine Reaktion ein neues Element enthalten. Das »Ich« liefert das Gefühl der Freiheit, der Initiative. Die Situation ist nun gegeben, damit wir selbst-bewußt handeln können. Wir sind uns unser selbst und der Situation bewußt. Wie wir aber handeln werden, tritt erst nach Ablauf dieser Handlung in unsere Erfahrung ein.

So erklärt sich die Tatsache, daß das »Ich« in der Erfahrung nicht ebenso wie das »ICH« auftritt. Das »ICH« steht für eine bestimmte Organisation der Gemeinschaft, die in unseren Haltungen präsent ist, und verlangt nach einer Reaktion, aber die Reaktion selbst läuft einfach ab. Im Hinblick auf sie ist nichts sicher. Es besteht zwar eine moralische, nicht aber eine mechanische Notwendigkeit, eine bestimmte Handlung zu setzen. Erst wenn sie abgelaufen ist, erkennen wir, was tatsächlich geschah. Die obige Darstellung gibt uns meiner Meinung nach die jeweiligen Positionen von »Ich« und »ICH« in der jeweiligen Situation sowie die Gründe für die Trennung dieser beiden im Verhalten. Beide sind im Prozeß getrennt, gehören aber so wie Teile eines Ganzen zusammen. Sie sind getrennt und gehören doch zusammen. Die Trennung von »Ich« und »ICH« ist keine Fiktion. Sie sind nicht identisch, da das »Ich« niemals ganz berechenbar ist. Das »ICH« verlangt nach einem bestimmten »Ich«, insoweit wir die Verpflichtungen erfüllen, die im Verhalten selbst auftreten, doch ist das »Ich« immer ein wenig verschieden von dem, was die Situation selbst verlangt. So gibt es also immer den

Unterschied zwischen »Ich« und »ICH«. Das »Ich« ruft das »ICH« nicht nur hervor, es reagiert auch darauf. Zusammen bilden sie eine Persönlichkeit, wie sie in der gesellschaftlichen Erfahrung erscheint. Die Identität ist im wesentlichen ein gesellschaftlicher Prozeß, der aus diesen beiden unterscheidbaren Phasen besteht. Gäbe es diese beiden Phasen nicht, so gäbe es keine bewußte Verantwortung und auch keine neuen Erfahrungen.

Arbeitsaufgaben

1. *Mead unterscheidet zwischen gestisch und symbolisch vermittelter Verständigung. In welcher Weise koordinieren nach seiner Auffassung »Gesten« soziales Verhalten? Erläutern Sie dies am Beispiel des Verhaltens von Tieren.*
2. *Worin besteht nach Mead die qualitative Differenz zwischen gestischer und symbolischer, vor allen Dingen sprachlich vermittelter Interaktion?*
3. *Nach Mead kommt dem nachahmenden Spiel (»play«) eine große Bedeutung für die frühkindliche Sozialisation zu. Welche Merkmale zeichnen das Spiel des Kindes aus, und inwiefern leistet es einen Beitrag zur Sozialisation des Kindes?*
4. *Welche Leistung erbringt das Kind im Wettkampf (»game«) im Vergleich zum nachahmenden Spiel (»play«), und inwiefern bedeutet dies einen Fortschritt im Blick auf die Entwicklung seiner Identität und damit seiner sozialen Handlungsfähigkeit?*
5. *Erläutern Sie den Meadschen Begriff des verallgemeinerten Anderen. Inwiefern führt die Orientierung am generalisierten Anderen über das hinaus, was das Kind bereits im Wettkampf eingeübt hat?*
6. *Nach Mead besteht die Identität, also das Selbst (»Self«), aus dem »I« und dem »Me«. Wie bestimmt Mead die Beziehung zwischen »I« und »Me«? Suchen Sie nach Beispielen zur Veranschaulichung dieser Beziehung zwischen »I« und »Me«. Beachten Sie in diesem Zusammenhang, daß Mead von Phasen der Identität spricht.*
7. *Erläutern Sie anhand des nachfolgenden Beispiels den Grundgedanken Meads, daß die Übernahme der Haltung des anderen die fundamentale Voraussetzung für Interaktion ist.*

Nachdem die beiden jungen Leute miteinander bekannt gemacht worden sind, spricht er sie an, um sich zunächst über allgemeine Themen zu unterhalten, über die jeder etwas sagen kann. Dabei versucht er herauszufinden, »wie sie ist«, und auch sie bemüht sich, einen Eindruck von ihm zu gewinnen. Im allgemeinen ist er sehr darauf bedacht, sich selbst in gutem Licht erscheinen zu lassen. Möchte sie gern über ein Konzert plaudern, wird er darauf – wenigstens zu Beginn – eingehen, sofern er dazu überhaupt etwas zu sagen weiß. Ist er hierzu nicht imstande, wird er ein gleichwertiges Thema anschneiden, um nicht als geistlos und ungebildet eingestuft zu werden ... Nehmen wir an, der junge Mann möchte die Bekanntschaft über diesen Abend hinaus fortsetzen. Er wird dann herausfinden müssen, ob das Mädchen bereit ist, sich mit ihm zu verabreden. Fordert er sie unvermittelt auf, am nächsten Wochenende allein mit ihm wegzufahren, riskiert er eine Absage und den Abbruch der Beziehung überhaupt. Lädt er sie hingegen ein, sich einer größeren Gruppe von Freunden und Bekannten anzuschließen, die jeden Samstagnachmittag gemeinsam zum Schwimmen gehen, hat er größere Aussichten auf Erfolg. Sie wiederum hat sicher schon bald gemerkt, daß er »Absichten« hat. Vielleicht ermuntert sie ihn. Ist er ihr jedoch unsympathisch, ... wird sie ihm zu erkennen geben, daß er sich keine Hoffnungen machen sollte, bei ihr etwas zu erreichen. Entweder lenkt sie das Gespräch beharrlich auf harmlose Themen oder sie erwähnt beiläufig ihren Freund (Krappmann 1971, S. 32 f).

8. *Vergleichen Sie die Vorstellung von Interaktion bei Mead mit der Konzeption des Rollenhandelns bei Parsons.*

9. *Durkheim unterscheidet zwischen »individuellem« und »sozialem« Wesen des Individuums. Vergleichen Sie dieses Verständnis mit Meads Vorstellung von »I« und »Me«.*

Tillmann: Der Beitrag des Symbolischen Interaktionismus zu einer Theorie der Schule

Tillmann, K.-J.: Sozialisationstheorien. Eine Einführung in den Zusammenhang von Gesellschaft, Institution und Subjektwerdung. Reinbek 1989. S. 139–153.

Die Struktur der schulischen Kommunikation

Interaktionistische Analysen einer Institution gehen von der ›Innensicht‹ der Akteure aus: Wie tritt der institutionelle Apparat den dort Handelnden entgegen? Was ermöglicht, was erfordert, was erzwingt er? Betrachtet man unter dieser Perspektive das schulische Geschehen, so wird man zunächst darauf verwiesen, daß die Kommunikation überwiegend in der formalisierten Form des Unterrichts abläuft. Weil die Schule vor allem auf die Vermittlung von Kenntnissen, Fähigkeiten und Fertigkeiten ausgerichtet ist, hat der Unterricht die beherrschende Stellung. Er belegt die meiste Zeit der Anwesenheit und gilt gegenüber den anderen Aktivitäten auch offiziell als ›wichtiger‹. In interaktionistischen Analysen wird weitgehend übereinstimmend herausgearbeitet, daß diese unterrichtliche Kommunikation durch zwei dominierende institutionelle Vorgaben geprägt wird: durch Hierarchie und Zwang auf der einen, durch Leistung und Konkurrenz auf der anderen Seite. Die Teilnahme am schulischen Unterricht ist nicht freiwillig – weder für die Schüler noch für die Lehrer. Für die Schüler ergibt sich aus der Schulpflicht und den damit verbundenen Sanktionsmöglichkeiten der Institution der Zwang, auch dann anwesend zu sein, wenn dies mit den subjektiven Bedürfnissen überhaupt nicht übereinstimmt. Innerhalb dieser Zwangsveranstaltung Unterricht hat der Lehrer gegenüber den Schülern eine ungleich höhere Definitionsmacht: Lehrer können Rolleninterpretationen und Situationsdeutungen durchsetzen, sie können z. B. Arbeitsanweisungen erteilen und deren Nichtbefolgung sanktionieren (vgl. Arbeitsgruppe Schulforschung 1980, S. 10 ff). In engem Zusammenhang damit steht die Kommunikationsökonomie, nach der Lehrer in aller Regel verfahren: Sie haben in einer begrenzten Zeit einen ›Stoff‹ durchzunehmen. Schülerhandlungen, die nicht auf Aneignung des Stoffs ausgerichtet sind, gelten fast immer als unerwünscht, so daß Lehrer generell bemüht sind, solche Handlungen zu verhindern oder zu unterdrücken (vgl. Heinze 1976, S. 39 ff). In einer so definierten Unterrichtssituation fällt dem Lehrer vor allem die Aufgabe zu, die institutionell gesetzten Anforderungen vorzutragen und notfalls durchzusetzen. Schüler haben unter solchen Bedingungen nur eine begrenzte Chance, eigene Rolleninterpretationen und Identitätsentwürfe einzubringen.

In interaktionistischen Analysen wird zum zweiten darauf verwiesen, daß die unterrichtliche Kommunikation in grundsätzlicher Weise am Leistungsprinzip orientiert ist; denn die Lernprozesse sind »vorwiegend der Zielorientierung auf formelle Leistungsnachweise der Schüler untergeordnet, Zensuren und Zeugnisse beherrschen die schulische Szenerie« (Holtappels 1987, S. 19).

Was dabei im Unterricht als individuelle Leistung anzusehen ist, ist dem Aushandlungsprozeß der Beteiligten ebenfalls weitgehend entzogen; denn die meisten der zu lernenden Inhalte sind im Lehrplan festgeschrieben, ihre Aneignung und Reproduktion gilt im schulischen Kontext als ›Leistung‹. Dem Lehrer sind institutionell verankerte Mechanismen an die Hand gegeben, um die Leistungsorientierung der unterrichtlichen Kommunikation tatsächlich durchzusetzen: Er erteilt mit Zensuren und Zeugnissen symbolische Gratifikationen, die aber letztlich in Schulabschlüsse (mit sehr unterschiedlichem realen Wert) einmünden (vgl. Brusten/Hurrelmann 1973, S. 14 f). Leistungserbringung und Leistungsbewertung erfolgen fast immer individuell, so daß die Schüler(innen) auf diese Weise in ein Konkurrenzverhältnis untereinander gesetzt werden; denn ›gute‹ Schüler kann es nur geben, wenn auch genügend ›schlechte‹ anwesend sind.

Die skizzierten Vorgaben der Institution definieren somit grundsätzlich die Kommunikation im Unterricht und begrenzen zugleich die Handlungsmöglichkeiten in den verschiedenen Rollen – und zwar für Lehrer wie für Schüler. Bezieht man dies auf die Lehrenden, so finden sich neben den unhintergehbaren Anforderungen der Institution breite Möglichkeiten für eine Interpretation der eigenen Rolle. Jeder Lehrer muß zwar einen bestimmten Stoff durchnehmen, im Unterricht für eine disziplinierte Arbeitshaltung sorgen, Zensuren erteilen etc. Doch in der konkreten Ausgestaltung dieser Anforderungen werden ihm erhebliche Freiheitsgrade zugestanden: Er bestimmt die Methoden der Stoffbearbeitung, wählt eine typische Form der Ansprache seiner Schüler (Unterrichtsstil), übt eine mehr oder weniger ›scharfe‹ Zensierungspraxis aus. Lehrer haben also bei der Erfüllung der institutionellen Vorgaben einen breiten Spielraum und damit hinreichende Möglichkeiten, innerhalb des Unterrichts ihre eigene, unverwechselbare Identität darzustellen.

Für Schüler ist dies ein bekannter, ein eher trivialer Sachverhalt. Sie wissen, daß die eine Lehrerin ›so‹, die andere hingegen ›anders‹ ist. Was bei der einen erlaubt ist, gilt bei der anderen als streng verboten; was bei der einen stets zu guten Zensuren verhilft, ist bei der anderen unwichtig oder gar schädlich. Schüler wissen dies und stellen sich in gewisser Weise darauf ein: Sie erwerben – wie Brecht es einmal ausdrückte – »Menschenkenntnis ... in der Form von Lehrerkenntnis«

(1961, S. 32). Aus der Schülerperspektive wird dadurch die unterrichtliche Kommunikationsstruktur allerdings verkompliziert: Zum einen bestehen für sie generelle Regeln, an die sie sich immer halten sollen. Sie sollen sich dem Lernen der vorgegebenen Inhalte widmen, sollen nicht ›stören‹ oder ›träumen‹, sich um gute Zensuren bemühen und stets ihre Hausaufgaben machen. Grundsätzlich erwartet die Institution somit die konforme Übernahme der Rolle des fleißigen Schülers. Es kommt hinzu, daß die unterschiedlichen Interpretationen der Lehrerrolle, die ein Schüler tagtäglich erlebt, für diesen Schüler ebenfalls Anweisungscharakter haben: Bei Lehrerin X. darf man nicht mit dem Nachbarn reden, sonst gibt es Ärger; beim Lehrer Y. müssen Aufgaben kooperativ in der Gruppe erledigt werden, sonst ist er unzufrieden. Die relativ breite Möglichkeit von Lehrenden, ihre Rolle zu interpretieren und damit einen eigenen Identitätsentwurf einzubringen, stellt sich für die Schüler somit als eine Art ›zweite Ebene‹ der institutionellen Verhaltensanforderungen dar. Sie sollen nicht nur generell gute Schüler sein, sondern auch noch die spezifischen Anforderungen der einzelnen Lehrer erfüllen. Schüler bewegen sich innerhalb des Unterrichts daher in einem Netz von zum Teil dauerhaften, zum Teil wechselnden Verhaltensanforderungen, die alle ein gemeinsames Merkmal haben: Sie werden ihnen gegenüber machtvoll vorgetragen, eine Zurückweisung solcher Anforderungen wird häufig als Regelverstoß interpretiert und kann sanktioniert werden.

Schüler sind mit vielfältigen Anforderungen konfrontiert, die sie nicht einfach negieren können. Sie haben aber auch eigene Bedürfnisse, Motive und Intentionen, die nicht ohne weiteres mit diesen Anforderungen konform gehen. Zu diesen Bedürfnissen gehört es, den eigenen Identitätsentwurf, die Darstellung der eigenen Persönlichkeit in die unterrichtliche Kommunikation einbringen zu wollen; denn ein Schüler, der sich ausschließlich nach den Anforderungen der jeweiligen Lehrer richtet, würde sich automatenhaft verhalten, würde keinerlei personale Identität erkennen lassen. Die Präsentation der eigenen Identität trotz enger Verhaltenskontrolle, die Darstellung von Rollendistanz trotz machtvoll vorgetragener Rollenerwartungen – dies stellt sich als grundsätzliches und immer wieder prekäres Problem für den Schüler als Akteur. Sich jederzeit konform zu verhalten, ist angesichts der Fülle der Regeln illusionär und angesichts der eigenen Bedürfnisse nicht erstrebenswert. Der Verstoß gegen die von Lehrern vorgetragenen Erwartungen ist jedoch risikoreich; denn jeder Schüler macht entweder selbst

oder am Schicksal von Mitschülern alltäglich die Erfahrung, daß man es sich keineswegs leisten kann, des öfteren wegen »abweichender« Handlungen aufzufallen ... Im Laufe der Schulzeit entwickeln Schüler daher besondere Problemlösungs- und Anpassungsstrategien, die sich am besten

> mit dem Begriff »Taktiken« ... umschreiben lassen. Durch den Einsatz *situationsspezifischer Taktiken* werden unerlaubte Handlungen praktisch erst möglich gemacht, indem Schüler Regeln und ihre Anwendungen unterlaufen, Sanktionen entgehen und identitäts- und statusbedrohende Etikettierungen abwehren (Brumlik/Holtappels 1987, S. 97).

Solche Taktiken sind allen (ehemaligen) Schülern wohlbekannt, inzwischen sind sie auch in differenzierter Weise empirisch erforscht worden (vgl. u. a. Heinze 1976; Holtappels 1987): Die verdeckten Nebenbeschäftigungen (Lesen, Kartenspielen) gehören ebenso dazu wie die Erschleichung guter Noten (durch Abschreiben, ›Mogeln‹ etc.); die geschickte, nicht identifizierbare Störung des Unterrichts ist als verdeckter Widerstand ebenso bekannt wie die klug kalkulierten Abwesenheitszeiten (etwa bei Klassenarbeiten). In interaktionistischer Sicht ist damit keineswegs ein nebensächlicher (weil ›inoffizieller‹) Sachverhalt angesprochen, sondern ein konstruktives Merkmal schulischer Kommunikation benannt: Schüler bewegen sich in einer Institution, die ihnen übermächtig erscheint. In ihren Taktiken drückt sich zum einen ihre Normen- und Rollendistanz aus, zum anderen wird damit auf die diffizilen Formen von Anpassung und Widerstand verwiesen, die Schüler in jahrelanger Schulerfahrung entwickelt haben. Auf diese Weise verteidigen sie ihre eigenen Handlungsspielräume und ihre Identitätsentwürfe. [...]

Die interaktionistische Schulforschung hat sich mit dieser Frage in mehreren qualitativ angelegten Forschungsprojekten befaßt und darauf bezogen theoretische Konzepte entwickelt, die im folgenden überblickhaft dargestellt werden.

Identitätsentwürfe von Schülern

Die Institution Schule setzt ihre Klienten in eine vorstrukturierte Situation, die hierarchisch angelegt ist und vor allem durch die Leistungsthematik bestimmt wird. Von den Schülern wird über viele Jahre gefordert, sich innerhalb einer solchen Kommunikationsstruktur angemessen zu bewegen und in diesem Kontext die eigene Identität zu entwerfen. Bei der Frage, welche Auswirkungen sich auf die Persönlichkeitsentwicklung der Heranwachsenden ergeben, antwortet die interaktionistische Analyse nicht einfach mit einer Darstellung gleichgerichteter Anpassungsprozesse. Sie verweist vielmehr darauf, daß zwischen den institutionellen Anforderungen und den Verhaltensweisen der Akteure der Prozeß der Rolleninterpretation liegt, so daß auch Schüler über einen Spielraum für role-making verfügen. Dabei machen vorliegende Untersuchungen allerdings deutlich, daß trotz dieses Spielraums kein Schüler ein Bild der eigenen Identität entwerfen kann, ohne dabei in irgendeiner Weise die Leistungsthematik zu verarbeiten: ›Erfolg‹ und ›Versagen‹ werden von der Institution als Bewertungskriterien so machtvoll vorgetragen, daß davon niemand unberührt bleiben kann. Allerdings können die Formen der Verarbeitung, kann die Bedeutung von Leistung für die eigene Identität sehr unterschiedlich sein. In der interaktionistischen Analyse wird die schulische Sozialisation in dieser Weise zugleich als ein Prozeß der Normierung und der Individualisierung gesehen: Alle Schüler müssen gegenüber dieser schulischen Grundthematik durch ihren eigenen Identitätsentwurf Stellung beziehen, dabei kommt es aber zu unterschiedlichen ›Lösungen‹.

In mehreren Untersuchungen ist aufgezeigt worden, daß gewisse regelhafte Zusammenhänge zwischen der ›objektiven‹ Lage, in der ein Schüler sich befindet, und seinem ›subjektiven‹ Identitätsentwurf bestehen. So verarbeiten Jugendliche, die bisher in der Schule vor allem eine Mißerfolgskarriere hinter sich gebracht haben, das Leistungs- und Erfolgskriterium für ihr Identitätskonzept in typischer Weise anders als solche Heranwachsenden, die bis dahin in der Schule überwiegend erfolgreich waren. Dies wird in der Untersuchung der Arbeitsgruppe Schulforschung (1980) eindrucksvoll belegt: In ausführlichen qualitativen Interviews befaßten sich die Forscher(innen) zunächst mit Hauptschüler(innen), die am Ende der 8. Klassen ›sitzengeblieben‹ waren. Diese Schüler erleben die Schule vor allem als Zwangsinstitution, die von den meisten Lehrern recht willkürlich gehandhabt wird. Dem setzen die Schüler eine kämpferische Haltung entgegen, indem sie auf Unabhängigkeit, Selbständigkeit und eigene Identitätsdarstellung pochen (vgl. S. 112). Das Kampfmittel, das sie dabei einbringen, ist eine spezifische Kombination von Leistungsverweigerung und Unterrichtsstörung. Dies führt häufig zu offenen Konflikten mit den Lehrern, zu schlechten Zensuren und schließlich zum ›Sitzenbleiben‹. Diese Hauptschüler sehen sich selbst als Schulversager und machen sich erhebliche Sorgen über ihre schulische und berufliche Zukunft. Während die eine Hälfte von ihnen herausstellt, daß sie schlechten und ungerechten Lehrern ausgeliefert war und deshalb keine besseren Leistungen erreicht hat, spricht die andere Hälfte sich weitgehend allein die Schuld zu: Sie haben sich nicht genug angestrengt, sich zuwenig nach den Lehrern gerichtet. Auch wenn hier die Gewichtungen in den Antworten unterschiedlich sind, wird die Identitätsproblematik doch gleichgerichtet bearbeitet: Diese Schüler(innen) haben die institutionelle Definition als ›Versager‹ für sich übernommen und entwickeln Alltagstheorien, die ihr Versagen erklären und zugleich ihre Identität schützen sollen. Allerdings gelingt es ihnen in aller Regel nicht, ihr ›Versagen‹ in einem gesellschaftlichen Kontext zu interpretieren: Die Legitimität von Leistung, Zensierung und Auslese steht für sie außer Zweifel – auch wenn sie selber daran gescheitert sind (vgl. S. 40). Während die einen dies eher aggressiv gegen die Lehrer richten, um ihr eigenes Selbstbild zu schützen, zieht ein anderer Teil dieser Hauptschüler »unter dem Eindruck des Versagens den Rückschluß, sozusagen selbstverschuldet das notwendige Anpassungsverhalten nicht entwickelt zu haben« (S. 184).

Betrachtet man im Vergleich dazu die von der Arbeitsgruppe Schulforschung (1980) ebenfalls befragten Gymnasiasten mit besonders guten Zensuren, so fällt zunächst auf, daß auch sie das schulische Lernangebot als fremdbestimmt und überwiegend uninteressiert beschreiben (vgl. S. 77). Zwar werden auch von diesen Schülern einzelne Lehrer kritisiert; von einer generellen Konfrontation kann jedoch keine Rede sein. Vielmehr bemühen sie sich, ihr Verhältnis zu den Lehrern möglichst konfliktfrei zu ›managen‹. Weil sie mit ihren Lehrern gut auskommen wollen, sind sie auch bereit, an Verhaltensweisen von Lehrern, die sie als unangemessen empfinden, keinen Anstoß zu nehmen: Da »muß ich dann eben abschalten«, sagt dazu ein 14jähriger Gymnasiast (vgl. S. 167). Diese Schüler lassen sich überwiegend als konstruktiv-anpassungsbereit beschreiben, dabei ist ihre Perspektive eindeutig auf Abitur und Studium ausgerichtet. Sie streben qualifizierte Berufspositionen an, dazu benötigen sie hervorragende Zensuren, diese wiederum sind nur durch gute Leistungen zu erlangen. Diese fallen ihnen jedoch keineswegs in den Schoß, sondern erfordern oft harte Arbeit, kluge Kalkulation und begrenzte Fügsamkeit. Die schulischen Anforderungen werden als hoch, aber als bewältigbar erlebt. »Nahezu alle erfolgreichen Gymnasiasten beschreiben einen subjektiv gestalt- und ausfüllbaren relativen Freiraum, der es ihnen gestattet, eigene Entscheidungen im Lernprozeß zu treffen ... « (S. 173). Diese Gymnasiasten sehen zwar das Machtgefälle in der schulischen Kommunikation, erkennen jedoch ihre Möglichkeiten, diese Kommunikation mitzugestalten. Ihren Erfolg führen sie in erheblichem Maß auf Bedingungen zurück, die in ihrer eigenen Person liegen: Ehrgeiz, Fleiß und auch Begabung (vgl. S. 71 ff) sind gleichsam ihr persönliches Kapital, das sie in die schulische Arbeit einbringen und das für die Definition ihres Selbstbildes bestimmend wirkt. Während weniger erfolgreiche Schüler dazu neigen, äußere Behinderungen oder ihr eigenes Fehlverhalten für ihren schlechten Leistungsstand verantwortlich zu machen, sind diese Gymnasiasten von ihrem Eigenanteil an ihren guten Noten klar überzeugt (vgl. S. 171). Für ihren Identitätsentwurf spielt daher die im schulischen Kontext erlebte eigene Leistungs- und Handlungsfähigkeit die dominierende Rolle.

Mit dieser Darstellung wird nachgezeichnet, wie Schüler(innen), die sich in ausgeprägten Erfolgs- bzw. Mißerfolgssituationen befinden, das Leistungskriterium in ihrem Identitätsentwurf verarbeiten. Mit diesen typisierenden Ergebnissen werden allerdings nur Ausschnitte aus der komplexen Realität dargestellt. Denn abgesehen davon, daß es selbstverständlich auch Hauptschüler mit guten und Gymnasiasten mit schlechten Zensuren gibt (vgl. dazu Arbeitsgruppe Schulforschung 1980, S. 144 ff, 161 ff), verweisen andere Studien darauf, daß das Spektrum der Identitätsentwürfe auch von Schülern in vergleichbarer ›objektiver‹ Lage recht weit ist: Die Projektgruppe Jugendbüro (1975, 1977) hat herausgearbeitet, daß die Verarbeitung schulischer Leistungsanforderungen und -bewertungen bei Hauptschülern stark davon abhängt, ob die Jugendlichen sich eher an familiären Werten oder eher an den subkulturellen Werten der Jugendszene orientieren. Während sich familienorientierte Hauptschüler auch bei schlechten Zensuren auf die Anforderungen der Schule einlassen und versuchen, »ihre Selbständigkeit und Individualität innerhalb der Institution zu entwickeln« (1977, S. 61), entwerfen die Jugendzentrierten eine abgrenzende Selbstdefinition gegenüber der Institution. Leistung und Erfolg werden nicht mehr schulisch, sondern explizit antischulisch definiert. Ein exzessiver Alkoholkonsum in der Gruppe kann dann genauso zum identitätsstützenden Ereignis werden wie die gemeinsam mit den Freunden nicht bestandene Klassenarbeit (vgl. 1975, S. 137; 1977, S. 65). Daran zeigt sich, daß die Identitätsentwürfe am unteren Ende des Leistungsspektrums sich zwar in ihrem Versuch ähneln, mit der offiziellen ›Versager‹-Definition umzugehen, ansonsten aber sehr unterschiedliche Ausprägungsformen annehmen können. In anderen Untersuchungen wird deutlich, daß der ›erfolgreiche‹ Gymnasiast nicht ausschließlich in der Form des schulangepaßt-kalkulatorischen Akteurs vorkommt. Gerade hier findet sich auch die Kombination von positivem Selbstbewußtsein (aufgrund schulischen Leistungserfolgs) und kritischer Sichtweise der Anforderungen und der damit verbundenen gesellschaftlichen Prinzipien (vgl. Furtner-Kallmünzer u. a. 1982, S. 34 ff).

Insgesamt fällt jedoch auf, wie stark die ›objektive‹ Position in der schulischen Leistungshierarchie die Identitätsprobleme der Schüler beeinflußt: Erfolg bzw. Versagen wird für alle zu einem zentralen Sachverhalt, der in der Selbstinterpretation zu bearbeiten ist. Während er für die ›schwachen‹ Schüler eher identitätsbedrohend ist, ist er für die ›guten‹ Schüler eine wesentliche Quelle der Selbstsicherheit. Dieses unterschiedliche Ausmaß an Sicherheit bzw. Bedrohtheit der eigenen Identität schlägt sich deutlich im unterrichtlichen Kommunikationsverhalten nieder. Die leistungsstarken Schüler scheinen die Klaviatur von Anpassung und Selbstrepräsentation bereits hervorragend zu beherrschen. Auf der Basis einer gut entwickelten Rollendistanz (und einer entsprechenden Frustrationstoleranz) sind sie in der Lage, auch unter hierarchischen und als entfremdet erlebten Bedingungen ›erfolgreich‹ zu kommunizieren; dabei gelingt es einigen sogar, ihre kritische Haltung gegenüber diesem Schul- und Unterrichtsbetrieb deutlich zu machen. Die ›schwachen‹ Hauptschüler hingegen können in der Regel den Widerspruch zwischen aktuellen Bedürfnissen und schulischen Anforderungen viel schwerer aushalten. Für ihr Verhalten ist nicht eine distanzierte Rolleninterpretation, sondern eher die demonstrative Verweigerung der Rollenübernahme typisch, indem Unterricht z. B. zu ›Lehrer ärgern‹ oder ›Spaß haben‹ umfunktioniert wird. Sich aus übergeordneten (z. B. kalkulatorischen) Gründen so zu verhalten, als ob man ein fleißiger Schüler sei, um dabei zugleich seine eigene Distanz legitim zu verdeutlichen – dieses komplizierte Repertoire wird entweder nicht beherrscht oder steht in prinzipiellem Widerspruch zum antischulischen Selbstverständnis. Es liegt die Vermutung nahe, daß die dabei auftretenden typischen Unterschiede im role-making und im Identitätsentwurf auch langfristig persönlichkeitswirksam sind; denn mit der schulisch (mit)beeinflußten Identität treten Jugendliche dann in soziale Kontexte ein, in denen die Leistungsthematik ebenfalls von zentraler Bedeutung ist (z. B. im Betrieb). Der Identitätsentwurf und damit das Verhalten im neuen Kontext kann nicht von der bisher erworbenen Identität absehen; insofern werden in der Schule sehr unterschiedliche kommunikative Handlungsfähigkeiten erworben, die für das nachschulische Leben von erheblicher Bedeutung sind.

Typisierung und Etikettierung

Auch in der Schule ist die Abweichung von den Rollenerwartungen nicht die Ausnahme, sondern der Normalfall. Die alltägliche Kommunikation ist somit vor allem für Schüler ein kompliziertes Spiel zwischen Konformität und kalkuliertem Regelverstoß. Diese Form der Abweichung als Teil der ›normalen‹ Interaktion geht fließend über in solche Prozesse, an deren Ende einzelne Schüler als ›Abweichler‹ etikettiert und möglicherweise sogar aus der Schule entfernt werden. Die interaktionistische Theorie hat sich intensiv mit der Frage befaßt, welche Kommunikationsprozesse zwischen Schüler und Lehrer zu solchen Ergebnissen führen. Mit diesem Interesse wendet sie sich besonders den Jugendlichen zu, die aus unserem Schulsystem als ›Versager‹, ›Lernverweigerer‹ oder ›Verhaltensgestörte‹ herausfallen. Dabei sucht sie die Ursache nicht bei den Eigenschaften (bzw. mangelnden Fähigkeiten) der Beteiligten, sondern in der Struktur der schulischen Interaktion.

Das interaktionistische Konzept zur Erklärung abweichenden Verhaltens wird auch labelling-approach oder Etikettierungsansatz genannt (vgl. Brusten/Hurrelmann 1973, S. 26 ff). Diese Theorie geht davon aus, daß alle Handelnden mehr oder weniger häufig von sozialen Normen abweichen. Dabei kann offenbleiben, was die Ursachen für einen ersten Normenverstoß – für die ›primäre Devianz‹ – sind. Erst wenn einer kontrollierenden Instanz dieser Verstoß auffällt und ein bestimmtes Verhalten sanktioniert wird, entsteht in einem offiziellen Sinne ›Abweichung‹, wird ›sekundäre Devianz‹ produziert. Die Normalitätserwartung der Institution, ihre Definitionsmacht und ihr Netz der sozialen Kontrolle sind damit die unhintergehbaren Bedingungen für das Entstehen abweichenden Verhaltens. Dies bedeutet – übersetzt auf die Institution Schule: Ob jemand ein guter oder ein schlechter Schüler ist, hängt nur am Rande von seiner Begabung oder von seinem Fleiß ab, sondern »davon, ob er von seinen Lehrern als guter oder schlechter Schüler angesehen bzw. entsprechend behandelt wird« (Brumlik/Holtappels 1987, S. 94). Dabei ist es wichtig zu erkennen, daß es ›den guten‹ bzw. ›den schlechten‹ Schüler gar nicht gibt; denn kein Schüler erfüllt alle Anforderungen, aber alle Schüler haben bestimmte Techniken entwickelt, dies zu verbergen. Darüber hinaus finden sich bei Lehrern unterschiedliche Motive, Schwächen von Schülern entweder gar nicht wahrzunehmen oder zu entschuldigen.

Ausgehend von dieser interaktionistischen Perspektive sind in vielen Untersuchungen Prozesse des abweichenden Verhaltens in der Schule analysiert worden. In dem Sammelreferat von Brumlik/Holtappels (1987) wird herausgearbeitet, daß für die Initiierung und Fortschreibung dieses Prozesses vor allem die Interaktionsformen der Lehrer von Bedeutung sind: Wie wird das Verhalten von Schülern wahrgenommen, wer wird in negativer Weise ›abgestempelt‹? Generell schreiben Lehrer (wie andere Menschen auch) ihren Interaktionspartnern Eigenschaften zu, die man Typisierung nennen kann. Ihren Ausgangspunkt haben diese Typisierungen in Verhaltensbeobachtungen. So kann ein Lehrer lautes Reden eines Schülers als ›unruhig‹ und ›undiszipliniert‹ interpretieren, könnte es aber auch als ›Kommunikationsbedürfnis‹ verstehen. Typisierung bedeutet zunächst, daß einem beobachteten Verhalten ein Attribut zugeschrieben wird. Aufgrund ihrer Unterrichtsaufgabe wird Lehrern allerdings nahegelegt, solche Verhaltensformen als ›störend‹ zu bewerten. Sehr bald werden solche Attribute nicht mehr nur diesem Verhalten zugeschrieben, sondern mit der zugehörigen Person fest verknüpft: In den Augen des Lehrers gilt dann der Schüler X. beispielsweise als ›aggressiv‹, ›faul‹, ›dumm‹ – ein anderer hingegen als ›ruhig‹, ›fleißig‹, ›begabt‹. Ein Schüler, der (neben vielen anderen Verhaltensweisen) einen Mitschüler geschlagen hat, kann auf diese Weise das Etikett ›Schläger‹ erhalten und in eine Außenseiterposition gerückt werden.

Nach Hargreaves (1979, S. 146) haben Schüler im frühen Stadium vor allem zwei Möglichkeiten, eine solche Etikettierung (etwa die als ›Schläger‹) noch abzuwenden: Sie können sich besonders konform verhalten, also das mißbilligte Verhalten einstellen, und hoffen, daß auf diese Weise die Etikettierung in Vergessenheit gerät oder gar offiziell revidiert wird. Eine solche Reaktion wird sich vor allem bei solchen Schülern finden, die die schulspezifischen Normen und Werte weitgehend verinnerlicht haben und deshalb bei Regelverstößen Schuldgefühle oder Ängste verspüren. Schüler können aber auch versuchen, die Berechtigung der Etikettierung öffentlich zu bestreiten, indem sie z. B. leugnen oder sich rechtfertigen, indem sie die Gültigkeit der Norm bestreiten oder die Verantwortung für die Handlung ablehnen. Wenn beide Abwehrversuche nicht greifen, wird der Prozeß der Etikettierung in Gang gesetzt. Im Beispielsfall wird allgemein (d. h. bei Lehrern und Mitschülern) unterstellt, daß X. tatsächlich ein ›Schläger‹ ist. »Alle Handlungen erscheinen seinen Interaktionspartnern von nun an in einer neuen Perspektive; eine generelle Umdefinition bisheriger Annahmen, Bewertungen und Vorstellungen ist die Folge« (Brusten/Hurrelmann 1973, S. 31). Die soziale Umwelt erwartet von dem so Etikettierten, daß er sich entsprechend der Zuschreibung verhalten wird: Falls auf dem Schulhof eine Schlägerei stattfindet, fragt jeder zunächst, ob auch X. wieder dabei war. Wenn er tatsächlich beteiligt war, wundert das niemanden. War er nicht dabei, so wird nach Gründen gesucht, warum er heute ›Glück‹ gehabt oder sich ausnahmsweise einmal ›zusammengerissen‹ hat; ihm wird keine andere Rolle als die des Abweichlers mehr zugebilligt. Auf diese Weise wird es dem betroffenen Schüler immer schwerer gemacht, sich anders als erwartet zu verhalten. Der so Etikettierte »entwickelt mit der Zeit durch Übernahme der Fremddefinition ein abweichendes Selbstbild und erfüllt in Bezug auf sein Verhalten immer mehr die Erwartung, ein Abweichler zu sein« (Holtappels 1984, S. 28). Die von dieser Etikettierung betroffenen Schüler fühlen sich ungerecht behandelt und zugleich machtlos. Sie halten es für aussichtslos, eine Revision des verfestigten Lehrerurteils zu erreichen. Rebellion und Resignation sind in dieser Situation häufige Reaktionsformen, sie werden von Mitschülern und Lehrern als Bestätigung ihrer Etikettierung gewertet. Die nächste – und letzte Stufe – der institutionellen Behandlung besteht in der Aussonderung. Einzelne Schüler werden als nicht mehr tragbar erklärt und entweder im hierarchisch gegliederten Schulsystem nach unten verschoben (vom Gymnasium zur Hauptschule) oder sozialpädagogischen bzw. therapeutischen Einrichtungen als ›Fall‹

überwiesen. Von dort geht die deviante Karriere dann nicht selten weiter bis zu den Instanzen der Strafverfolgung. Spätestens durch die »Überweisung« zu einer außerschulischen Instanz wird aus einem schwierigen Schüler ein amtlicher Klient, dessen Defizite als behandlungsbedürftig gelten.

Interaktionistische Theorien beschreiben somit, wie in die schulische Kommunikation Prozesse der Typisierung, Etikettierung und Aussonderung stets eingewoben sind. Dabei stempelt die Institution keineswegs die Mehrheit ihrer Schüler zu ›offiziellen‹ Abweichlern. Diese Schülermehrheit bewegt sich vielmehr in dem tolerablen Bereich zwischen hinreichender Anpassung und kalkulierten Normenverstößen. Darüber hinaus gilt, daß der geschilderte Prozeß (von der Typisierung zur devianten Karriere) keineswegs zwanghaft-mechanisch abläuft; er kann vielmehr in jedem Stadium angehalten und revidiert werden. Für eine Minderheit der Schüler gilt dennoch, daß ihre Etikettierung als ›Abweichler‹ der Preis dafür ist, daß mit institutionellen Machtmitteln die ›Normalität‹ in Schule und Unterricht aufrechterhalten wird. Insofern macht die interaktionistische Analyse deutlich, daß der schulische Sozialisationsprozeß immer auch ›Abweichler‹ und damit beschädigte Identitäten produziert.

Arbeitsaufgaben

1. *Welche Phänomene von Schulwirklichkeit rücken aus der Perspektive des Symbolischen Interaktionismus in den Vordergrund des wissenschaftlichen Interesses?*
2. *Welche institutionellen Merkmale und entsprechenden Rollenvorgaben schränken nach der Analyse Tillmanns Interaktionen zwischen Schülern und Lehrern ein?*
3. *Warum führen die institutionellen Anforderungen an die Lernenden aus der Sicht des Symbolischen Interaktionismus notwendig zu Konflikten, und wodurch sind diese Konflikte strukturell gekennzeichnet?*
4. *Mit welchen Strategien versuchen Schülerinnen und Schüler, diese strukturell bedingten Konflikte zu bewältigen?*
5. *Skizzieren Sie, wie Störungen des Unterrichts und abweichendes Verhalten mit Hilfe eines interaktionistischen Ansatzes interpretiert werden können. Kontrastieren Sie diese Position mit derjenigen Durkheims.*
6. *Wie erscheint die Rolle des Lehrers bzw. der Lehrerin aus der Sicht des Symbolischen Interaktionismus? Wie könnten sie z. B. mit Störungen im Unterricht umgehen?*

7. *Welche Auswirkungen haben Leistungsversagen bzw. Leistungserfolg nach Tillmann für die Identitätsbildung der Schülerinnen und Schüler? Wie weit decken sich diese Ergebnisse mit den Thesen Parsons'?*
8. *Die Analyse schulischer Wirklichkeit mit den Mitteln des Symbolischen Interaktionismus enthält zumindest implizit normative Elemente. Welche Forderungen für eine Reform von Schule und Unterricht ließen sich von diesem Ansatz her entwickeln?*

Kapitel V

Kommunikatives Handeln und Ich-Identität

Jürgen Habermas

Ich-Identität als Ziel der Sozialisation

Wie kaum ein zweiter Wissenschaftler hat Jürgen Habermas (geb. 1929) den philosophischen und soziologischen Diskurs weit über die Grenzen der Bundesrepublik hinaus beeinflußt. Sowohl in seinen wissenschaftlichen Arbeiten wie in seinem tagespolitischen Engagement repräsentiert Habermas ein den Ideen der Aufklärung verpflichtetes demokratisches Denken, das erst unter den gesellschaftlichen und politischen Bedingungen der Bundesrepublik, nach dem Ende des Faschismus und der historischen Diskreditierung der obrigkeitsstaatlichen Traditionen der deutschen Geistesgeschichte möglich und wirksam werden konnte. In den 50er Jahren arbeitete er als Assistent bei Horkheimer und Adorno am Frankfurter Institut für Sozialforschung und wurde dann in Marburg, später in Frankfurt Professor für Philosophie und Soziologie. Von 1971 bis 1983 leitete er als Direktor das »Max-Planck-Institut zur Erforschung der Lebensbedingungen der wissenschaftlich-technischen Welt« in Starnberg, um danach bis zu seiner Emeritierung 1995 die Lehrtätigkeit in Frankfurt fortzusetzen.

Die imponierende Breite seines wissenschaftlichen Werkes läßt sich, streng genommen, nicht in einer knappen Skizze zusammenfassen. Von seinen frühen Arbeiten, den Untersuchungen zum ›Strukturwandel der Öffentlichkeit‹ (1961) und zu den ›Legitimationsproblemen im Spätkapitalismus‹ (1973), über sein Hauptwerk, der zweibändigen ›Theorie des kommunikativen Handelns‹ (1981), bis zu seinen letzten großen Veröffentlichungen ›Erläuterungen zur Diskursethik‹ (1991) sowie ›Faktizität und Geltung‹ (1992) ist ein verbindendes, forschungsleitendes Interesse zu erkennen: Seine Arbeiten sind – auf einen allgemeinen Nenner gebracht – der Versuch, eine umfassende Theorie der Moderne zu entwickeln, der an die großen Theorieentwürfe des 19. Jahrhunderts, etwa an die von Hegel und Marx erinnert und sich zugleich deutlich von ihnen unterscheidet. Es ist der ambitionierte Versuch, ganz unterschiedliche philosophische und soziologische Theorietraditionen für eine Analyse und Beschreibung moderner Gesellschaften fruchtbar zu machen.

Als Soziologe und Sozialphilosoph steht Habermas in der Tradition der »Frankfurter Schule«, die sich in den 30er Jahren am Frankfurter »Institut für Sozialforschung« gebildet hatte. Die Arbeit dieser Gruppe von Wissenschaftlern unterschiedlicher Fachrichtungen, die maßgeblich von Adorno und Horkheimer geprägt wurde, zielte auf eine »kritische Theorie« der bürgerlichen Gesellschaft. In Abgrenzung von einer affirmativen »bürgerlichen« Wissenschaft sollte das theoretische Erbe von Karl Marx bewahrt und zugleich im Blick auf die veränderten gesellschaftlichen Verhältnisse aktualisiert werden. Eine solche kritische Theorie – so die anfängliche Hoffnung in den frühen 30er Jahren – sollte zu einem Kristallisationspunkt des Widerstands gegen die zerstörerischen Potentiale des kapitalistischen Systems, zu einem Moment historischen Fortschritts durch wissenschaftliche Aufklärung werden.

Angesichts der zeitgeschichtlichen Erfahrung der 1930er und 40er Jahre, angesichts von Faschismus, Stalinismus und der kapitalistischen Gesellschaft der USA, verloren die »Gründungsväter« der Frankfurter Schule jedoch ihre geschichtsphilosophische Hoffnung auf Fortschritt, schlug ihre Kritik der bürgerlichen Gesellschaft schließlich in eine radikale Vernunftkritik um. Die Vernunft als gattungsspezifische Fähigkeit zu einem objektivierenden begrifflichen Denken, auf die sich seit der Aufklärung die Hoffnungen auf individuelle und gesellschaftliche Befreiung aus natürlichen und sozialen Zwängen gründete, geriet bei Horkheimer und Adorno in den Verdacht, lediglich das Mittel zu einer immer effizienteren Herrschaft des Menschen über sich selbst, über die anderen und über die Natur zu sein. Das »Ganze« der Geschichte wurde ihnen zum »Unwahren«, erzeugt von einer alles beherrschenden »instrumentellen Vernunft«.

Wenn aber das »Ganze« zum »Unwahren« geworden ist, dann verliert die Vorstellung einer selbstbestimmten, zwanglosen Individualität genauso ihre theoretische und praktische Grundlage wie die Hoffnung auf eine kollektive Befreiung aus ungerechter gesellschaftlicher Herrschaft. Und selbst die Kritische Theorie, die sich einst zum Anwalt und Wegweiser individueller wie gesellschaftlicher Emanzipation machen wollte, geriet angesichts dieser fundamentalen Gesellschafts- und Vernunftkritik in den Verdacht, nur ein Moment dieses allumfassenden »Verblendungszusammenhangs« zu sein, wenn sie die Idee der Freiheit mit den Mitteln moderner Wissenschaften begründen und die Hindernisse und Chancen ihrer Realisierung begrifflich bestimmen wollte. Die Kritische Theorie Adornos und Horkheimers verweigerte sich deshalb in ihrer späten Fassung dieser Aufgabe und wurde zu einer konsequenten negativen Philosophie der Freiheit, in der nur durch die Kritik des Unwahren deren Anderes spürbar, aber nicht mehr positiv begrifflich bestimmt wird.

Im Vergleich zur Position seiner Lehrer Adorno und Horkheimer lassen sich die Intentionen des Theorieprogramms von Jürgen Habermas als der Versuch begreifen, sowohl die normativen Grundlagen einer kritischen Theorie der Gesellschaft als auch die Potentiale und Hindernisse individueller und gesellschaftlicher Emanzipation mit den Mitteln moderner Philosophie und Wissenschaften neu zu bestimmen. Habermas ist der Auffassung, daß die Idee der Freiheit und das daraus abgeleitete Interesse an Mündigkeit als Maßstab einer kritischen Gesellschaftstheorie keine willkürlichen, historisch zufälligen Setzungen sind, sondern sich mit dem Anspruch auf Allgemeingültigkeit gegenüber konkurrierenden Annahmen begründen lassen. Die »Idee der Mündigkeit«, so formuliert er, sei die »einzige Idee, deren wir im Sinne der philosophischen Tradition mächtig sind« (Habermas 1968, S. 163). Sie habe ihr unhintergehbares Fundament im Faktum der Sprache, in der Form sprachlicher Verständigung zwischen Menschen.

Ähnlich wie Mead sieht Habermas in der Sprache die fundamentale gattungsspezifische Ausstattung, die den Menschen aus der Natur heraushebt, ihn von anderen Lebewesen unterscheidet. Im Rückgriff auf die vor allem in den angelsächsischen Ländern entwickelte analytische Sprachphilosophie vertritt er die Auffassung, daß in jeder Sprechhandlung, mit der ein Sprecher sich an einen Zuhörer wendet, notwendig bestimmte »Geltungsansprüche« erhoben werden. Ein Sprecher unterstellt erstens, daß seine Aussagen für den Gesprächspartner verständlich sind und zweitens von diesem als »wahrhaftiger« Ausdruck der Intentionen, Einstellungen und Gefühle des Sprechers anerkannt werden. Sofern sich der Inhalt seiner Aussage auf die »objektive Welt«, z. B. auf die Form der Erde oder die Geschwindigkeit von Autos bezieht, unterstellt der Sprecher drittens, daß sein Zuhörer der Aussage zustimmen müßte, wenn er, der Sprecher, alle überzeugenden Argumente vortragen würde. Bezieht sich der Inhalt der Aussage auf die »soziale Welt«, auf deren Normen und Regeln, z. B. daß Frauen die gleichen Bildungsrechte haben sollten, dann unterstellt der Sprecher viertens, daß der Adressat von der Richtigkeit dieser normativen Aussage überzeugt werden kann. Selbstverständlich weiß auch Habermas, daß Sprechhandlungen häufig genug unverständlich sind, die wahren Interessen und Gefühle des Sprechers verschleiern, ihr Anspruch auf Wahrheit oder Richtigkeit nicht einzulösen ist. Aber selbst dort, wo Sprache strategisch, aus manipulativen Gründen eingesetzt wird, muß sie den Schein von Verständlichkeit, Wahrhaftigkeit, Wahrheit und Richtigkeit der Aussagen aufrechterhalten, um die freiwillige Zustimmung der Adressaten zu gewinnen. Die konstitutiven Merkmale des Sprechens implizieren außerdem, daß der Adressat zu den Geltungsansprüchen, die der Sprecher erhebt, auch »Nein« sagen kann, und zu einer wirklichen, nicht bloß vorgetäuschten Meinungsänderung nur dann bewegt werden kann, wenn er kraft der besseren Argumente, des »eigentümlich zwanglosen Zwangs des besseren Arguments« von der Aussage überzeugt wird. In den konstitutiven Merkmalen sprachlicher Handlungen wird deshalb die Idee von Mündigkeit und Verständigung zwischen gleichberechtigten Beteiligten erkennbar, wie immer diese Idee in der sozialen Realität verzerrt sein mag. Der Sprache wohnt das »Telos der Verständigung« inne, wie Habermas es formuliert. Dieses Telos bildet letzten Endes das normative Fundament seiner

Sozialphilosophie, bildet die Rechtfertigung für Forderungen nach individueller und gesellschaftlicher Freiheit.

Das in der menschlichen Sprache angelegte Rationalitätspotential – die Möglichkeit zur zwanglosen, rationalen Verständigung über die uns umgebende natürliche Welt und soziale Welt – kommt allerdings im historischen Prozeß, in der gesellschaftlichen Realität, keineswegs zwangsläufig zur Entfaltung. Zwar haben die Menschen vor allem in den letzten Jahrhunderten, in der Moderne, ihr Wissen über die Natur und die Fähigkeit, es instrumentell für ihre Zwecke zu nutzen, in früher unvorherstellbarer Weise gesteigert. Aber in dieser Rationalisierung kommt nach Habermas nur die eine Seite menschlicher Vernunft zur historischen Entfaltung, eine »instrumentelle Rationalität«, die in der Form moderner Wissenschaft und Technik in immer stärkerem Maße das gesellschaftliche Zusammenleben prägt und tendenziell aus einem Mittel zur Befreiung des Menschen aus seiner existentiellen Abhängigkeit von der ihn umgebenden Natur zu einem destruktiven Instrument der Herrschaft geworden ist. Gelingt es nicht, diese instrumentelle Rationalität, die Fähigkeit, immer erfolgreicher Umwelt und Mitmenschen zu beeinflussen, durch eine kommunikative Rationalität zu bändigen, so wird die instrumentelle Rationalität nicht nur die Grundlagen menschlichen Lebens, die äußere Natur zerstören, sondern auch zu neuen Formen sozialer Unfreiheit führen. Nur die in Sprache angelegte kommunikative Rationalität, die Möglichkeit des Menschen zu zwangloser und argumentativer Verständigung mit anderen über die wünschenswerten Normen und Formen des Zusammenlebens, könnte nach Auffassung von Habermas die selbstzerstörerischen Potentiale der instrumentellen Rationalität auffangen und die Ideale der Freiheit und Mündigkeit historische Wirklichkeit werden lassen.

Die Unterscheidung zwischen einer instrumentellen und einer kommunikativen Gestalt menschlicher Rationalität ist für die Gesellschaftstheorie von Habermas von zentraler Bedeutung. Ihr entsprechen zwei Formen der Handlungskoordination zwischen Individuen: das erfolgsorientierte, instrumentelle oder strategische Handeln auf der einen und das von Normen und Werten gesteuerte, auf Verständigung gerichtete kommunikative Handeln auf der anderen Seite. Über weite Strecken und in vielen Bereichen läßt sich soziales Handeln als instrumentelles erfolgsorientiertes Handeln identifizieren, dessen »Spielregeln« durch das jeweilige gesellschaftliche Subsystem im Sinne Parsons' vorgegeben sind. Das Handeln der Individuen ist in diesen Fällen – etwa im Bereich gesellschaftlicher Arbeit – primär durch Macht und Geld koordiniert. Der Verstoß gegen die Spielregeln wird in der Regel mit mehr oder weniger großen Nachteilen »bezahlt«. In dieser Hinsicht sind die Individuen durch die Zwänge bzw. Sanktionen des Systems in die Gesellschaft integriert. Aber diese »Systemintegration« ist nach Habermas eben nur einer der beiden Modi der Vergesellschaftung. In Übereinstimmung mit Durkheim, aber auch mit Parsons, nimmt Habermas an, daß Gesellschaften zu ihrem Bestand darauf angewiesen sind, daß ihre Mitglieder gemeinsame Wertüberzeugungen teilen müssen, auf deren Hintergrund sie die gemeinsamen Interaktionen regeln, Handlungen koordinieren können. Diese Form der Vergesellschaftung der Individuen bezeichnet Habermas im Gegensatz zur Systemintegration als »Sozialintegration«.

Sozialintegration durch Orientierung des Handelns an gemeinsamen Wertüberzeugungen und Normen der mit anderen geteilten »Lebenswelt« ist das Ergebnis von Sozialisationsprozessen, von Interaktion und Kommunikation zuerst mit den Eltern, dann zunehmend mit anderen Bezugspersonen. Der Aufbau normativer, praktischer Überzeugungen vollzieht sich nach Habermas nicht, oder zumindest nicht ausschließlich, durch äußeren Zwang oder Identifikation mit den wichtigen Bezugspersonen. Erziehung und Sozialisation sind auf Sprache und damit tendenziell auf Argumente, Rede und Widerrede, kurz, Begründungen angewiesen. Selbst autoritäre Eltern erheben in der Regel den Anspruch, daß ihre Kinder den Verhaltensanforderungen nicht nur folgen, sondern sich auch von ihrer Richtigkeit überzeugen lassen. Mit anderen Worten: Zu Überzeugungen werden Überzeugungen erst dann, wenn wir uns von ihrer Richtigkeit überzeugt haben, ihnen unsere Zustimmung nicht verweigern können. Konflikte zwischen konkurrierenden Normen können deshalb durch Zwangsmaßnahmen vielleicht unterdrückt, aber nur durch Argumente, durch kommunikatives Handeln in beiderseitigem Einvernehmen geschlichtet werden.

Folgt man dieser Annahme, dann lassen sich unterschiedliche Formen der Sozialintegration und der Sozialisation voneinander unterscheiden und zugleich nach ihren Freiheitsgraden qualifizieren. Es lassen sich gesellschaftliche Verhältnisse denken und in der historischen Wirklichkeit auffinden, in denen durch Tradition und Sitte und die ihnen entsprechenden Wertorientierungen das Verhalten der Menschen geradezu »naturwüchsig« gesteuert ist, in denen normative Konflikte nur sehr selten auftreten und die Heranwachsenden wie selbstverständlich in diese Traditionen hineinwachsen, sozialisiert werden. In modernen Gesellschaften ist dies, wie bereits Durkheim erkannt hatte, nur noch in eingeschränktem Maße der Fall. Traditionen und Sitte haben für viele Menschen ihre bindende und verbindende Kraft verloren, Normen sind brüchig geworden und bedürfen der Rechtfertigung. Was für das eigene und das Handeln mit anderen richtig ist, läßt sich nicht mehr umstandslos durch den Rückgriff auf selbstverständliche Normen entscheiden. Wenn diese Beschreibung zutreffend ist, stellt sich notwendig die Frage, was an die Stelle der traditionellen Formen der Sozialintegration durch die Orientierung an fraglos gültigen Normen treten kann.

Nach Habermas droht die Gefahr, daß die instrumentelle Rationalität, die »Imperative des Systems«: Macht und Geld, immer größere Bereiche sozialen Handelns erobern und zur dominierenden Form der Handlungskoordination werden. Aber dies ist nicht zwangsläufig so. Es ist für Habermas zumindest denkbar, daß sich die Mitglieder der Gesellschaft dieser Entwicklung widersetzen und soziale Ordnungen entwickeln, die ihrer kommunikativen Rationalität entsprechen, und zwanglose Verständigungsprozesse über praktische Fragen, über Normenkonflikte und deren Konsequenzen ermöglichen. Damit wird zugleich der Fluchtpunkt der Sozialisationstheorie bei Habermas erkennbar. Unter normativen Gesichtspunkten ist Sozialisation daran zu messen, ob sie die Heranwachsenden mit der kommunikativen Kompetenz ausstattet, die für solche Verständigungsprozesse erforderlich ist, ob sie die Individuen »vergesellschaftet« und zugleich »individuiert«, also zu Individuen macht, die sich gesellschaftlichen Normen nicht blind unterwerfen, sondern diese im Diskurs mit anderen einer kritischen Prüfung unterziehen können.

Wenn dieser normative Fluchtpunkt kein idealistisches Konstrukt sein soll, muß Habermas nachweisen, daß kommunikatives Handeln und kommunikative Rationalität trotz aller Begrenzungen als Moment alltäglicher Interaktion immer schon wirksam sind. Aus diesem Grund hat Habermas frühzeitig und mit besonderem Interesse die Arbeiten Meads rezipiert. Aus dieser Rezeption resultiert Habermas' Kritik an der traditionellen Rollentheorie, wie sie von Parsons entwickelt worden ist. Habermas entfaltet diese Kritik in der Vorlesung »Stichworte zu einer Theorie der Sozialisation« aus dem Jahre 1968. Der nachfolgende Textauszug enthält die Quintessenz dieser Kritik. Im Anschluß an die Überlegungen Meads und seiner Schüler vertritt Habermas in diesem Text die Auffassung, daß die strukturfunktionalistische Rollentheorie in der Tradition Parsons' ein falsches Rollenbild entwerfe, das sowohl die »Freiheitsgrade« des Rollenhandelns als auch seinen partiell repressiven Charakter ausblende.

Diese Kritik an der strukturfunktionalistischen Rollentheorie entfaltet Habermas in drei Hinsichten. Folgt man seiner Argumentation, dann geht das Modell des Rollenhandelns bei Parsons von drei Unterstellungen aus. Es unterstellt, so Habermas, erstens, daß ein eingespieltes Rollenhandeln zwischen zwei Personen für beide gleich befriedigend sei, weil sie die dem Rollenspiel zugrundeliegenden Wertorientierungen als individuelle Bedürfnisdispositionen verinnerlicht haben (Integrationstheorem). Zweitens gehe Parsons davon aus, daß für beide Interaktionspartner eine Übereinstimmung zwischen Rollendefinitionen und -interpretationen vorauszusetzen sei (Identitätstheorem). Drittens nehme Parsons schließlich an, daß man aus einem beobachtbaren rollenkonformen Verhalten unmittelbar auf die Verinnerlichung entsprechender Rollenerwartungen als Motive des Handelns schließen dürfe, daß also ohne entsprechende Internalisierung kein entsprechendes Verhalten zu erwarten sei (Konformitätstheorem). Diese drei Voraussetzungen markieren nach Habermas aber nicht den Regel-, sondern eher den Ausnahmefall des Rollenhandelns.

In den Erläuterungen zu Mead (vgl. S. 119 ff) wurde eine fiktive universitäre Alltagsszene beschrieben: ein überfüllter Seminarraum, in dem Seminarteilnehmer bereits auf dem Boden hocken, ein Seminarleiter, der beim Beginn der Veranstaltung keinen Stuhl vorfindet und einen der Teilnehmer um eine Sitzgelegenheit bittet. An diesem Beispiel kann die von Parsons abweichende Interpretation Habermas' ein Stück weit erläutert werden. Mit Habermas ist erstens zu fragen, ob die Bedürfnisbefriedigung auf seiten des Studierenden, der dem Seminarleiter den erbetenen Stuhl bringt, genauso groß wäre wie die des Seminarleiters, der ihn erhält – selbst wenn wir unterstellen würden, daß der Student die entsprechende Wertorientierung, nämlich einem älteren »Vorgesetzten« einen Gefallen zu tun, verinnerlicht hätte. Zweitens könnten wir mit Habermas fragen, ob selbst diese scheinbar so eindeutige Bitte um einen Stuhl nicht auch vom Adressaten eine Interpretation verlangt, die eventuell mit der Erwartung des Seminarleiters keineswegs übereinstimmt. Vielleicht wird sich der Student fragen, ob er seinen eigenen Stuhl hergeben, sich auf die Suche in andere Räume begeben oder das Ganze als Provokation des Seminarleiters zum besseren Verständnis der kritischen Rollentheorie à la Habermas interpretieren solle. Und schließlich – drittens – mag der angesprochene Student die Bitte zwar richtig interpretieren und in seinem Verhalten dieser an ihn gerichteten Rollenerwartung entsprechen, aber er kann trotz seines rollenkonformen Verhaltens diese Rolle als Zumutung empfinden; er spielt die Rolle also aus Angst vor Sanktionen oder um sich beliebt zu machen, nicht aber aus »Überzeugung«.

Schon die Analyse alltäglichen Rollenhandelns macht also deutlich, daß die Bedürfnisbefriedigung in komplementären, also aufeinander bezogenen Rollen ungleich verteilt ist, daß die »Reziprozität der Befriedigungen« eher die Ausnahme als die Regel darstellt. Dies verweist auf ein Moment von Herrschaft und Abhängigkeit im Rollensystem und damit auch in der Gesellschaft. Die Analyse alltäglichen Rollenhandelns macht weiterhin deutlich, daß Rollenerwartungen immer wieder vom Handelnden interpretiert werden müssen. Je enger dieser Interpretationsspielraum ist, um so »genormter« verläuft das Handeln, um so weniger Spielraum bleibt für die individuelle Ausgestaltung der Rolle. Rollensysteme und damit zugleich die sozialen Systeme lassen sich deshalb nach dem Maß ihrer Rigidität, mit der sie das Handeln vorschreiben, unterscheiden. Und schließlich läßt sich rollenkonformes Verhalten aus sehr verschiedenen Ursachen herleiten: aus der Furcht vor Sanktionen, aus einer blinden, unreflektierten Verinnerlichung der einer Rolle zugrundeliegenden Wertorientierung oder aber aus der Einsicht in die Berechtigung bestimmter Rollenerwartungen.

Vor dem Hintergrund dieser an Mead und dem Symbolischen Interaktionismus orientierten Analyse alltäglichen Rollenhandelns präzisiert Habermas im zweiten Teil seiner Ausführungen die Ergebnisse »gelingender« Sozialisation. Sozialisation in seinem Sinne müßte die Ausbildung einer besonderen Form der Ich-Organisation zum Ziel haben, einer »starken Ich-Identität«, die gleichermaßen durch die Vergesellschaftung und Individuierung gekennzeichnet ist. Sie hätte den einzelnen Subjekten nicht nur die Fähigkeit zu vermitteln, den Anforderungen der Gesellschaft zu genügen, sondern sie zugleich in die Lage zu versetzen, kritische Distanz zu den ihnen abverlangten Rollen zu entwickeln. Die in diesem Sinne sozialisierten Individuen müßten in der Lage sein, die im normalen Rollenspiel implizierte ungleiche Bedürfnisbefriedigung zu ertragen und dort in Frage zu stellen, wo sie nicht gerechtfertigt ist. Sie müßten in der Lage sein, den Interpretationsspielraum, den die Rollenanforderungen offen lassen, kreativ zu nutzen, um ihre Individualität zur Geltung zu bringen. Und sie müßten schließlich dazu befähigt werden, die eigenen, im Rahmen der Sozialisation verinnerlichten gesellschaftlichen Normen im Konfliktfall einer kritischen Überprüfung zu unterziehen und sie gegebenenfalls zu verändern, statt sie zwanghaft als unbestreitbare innere Autorität aufrechtzuerhalten.

Die Merkmale dieser »starken« Ich-Identität lassen sich zusammenfassend auch als »kommunikative Kompetenz« bezeichnen. »Ich-Identität« und »kommunikative Kompetenz« verweisen aufeinander, werden von Habermas zuweilen auch synonym gebraucht. Sie bilden die idealen Voraussetzungen dessen, was er als »kommunikatives Handeln« bezeichnet. Unter gegenwärtigen gesellschaftlichen Bedingungen ist aus der Sicht von Habermas aber weder das kommunikative Handeln der Regelfall sozialer Interaktion und Handlungskoordinierung noch ist die ausbalancierte Ich-Identität im Normalfall das Ergebnis der Sozialisation. Habermas vertritt allerdings die Auffassung, daß die bisherigen Forschungsergebnisse zur Ontogenese wie zur Entwicklung moderner Gesellschaften es rechtfertigen, auf beiden Ebenen eine gemeinsame Entwicklungslogik rekonstruktiv zu unterstellen, eine Richtung der Entwicklung, die zukünftige individuelle und gesellschaftliche Freiheit zumindest als möglich erscheinen läßt. Um dies zu belegen, greift Habermas nicht nur auf Einsichten des Symbolischen Interaktionismus zurück, sondern untermauert sein Konzept der Ich-Identität unter Rückgriff auf Ergebnisse der Entwicklungspsychologie. Die psychosexuelle Entwicklungstheorie Freuds und Eriksons auf der einen Seite und die kognitivistische Entwicklungspsychologie Piagets und Kohlbergs auf der anderen Seite konvergieren nach Ansicht Habermas' trotz unterschiedlicher Fragestellungen und Forschungsmethoden in wichtigen Punkten und bestärken ihn in der Auffassung, daß die Ontogenese der Persönlichkeit zumindest in die Richtung weist, die er mit dem Begriff der starken Ich-Identität kennzeichnet.

So ist die Entwicklung des »Ichs« aus der Sicht Freuds bzw. Eriksons durch einen sich stufenförmig und krisenhaft vollziehenden Prozeß zu beschreiben, in dem das »Ich« am Ende der Pubertät tendenziell die Fähigkeit gewinnt, zwischen den Triebansprüchen des »Es« und den im »Über-Ich« verinnerlichten gesellschaftlichen Ansprüchen zu vermitteln, also eine zumindest relative Balance zwischen innerer Natur und gesellschaftlichen Zwängen zu erreichen.

Für Piaget, der die Entwicklung der menschlichen Intelligenz untersucht, durchläuft das Kind drei Entwicklungsstufen. Während das Kind im Vorschulalter in seiner Wahrnehmung von Welt den unmittelbaren Eindrücken verhaftet bleibt und sie ganz unsystematisch, egozentrisch und willkürlich zu ordnen bestrebt ist, entwickelt es in den nachfolgenden Jahren, im Stadium des konkreten Operierens, leistungsfähigere Strukturen zur Klassifikation, Systematisierung und Analyse der Umwelterfahrungen. Aber erst im Stadium des formalen Operierens, am Ende der Kindheit, erlangt das Kind die Fähigkeit zu einem von der unmittelbaren Erfahrung abstrahierenden, hypothetischen Denken.

Eine der kognitiven Entwicklung analoge Entwicklung der moralischen Urteilsfähigkeit versucht schließlich der Piaget-Schüler Kohlberg nachzuweisen: In den ersten Lebensjahren befinden sich Heranwachsende nach Kohlberg auf einem »präkonventionellen« Niveau, auf dem sich ihr Urteil über Gut und Böse primär an den Folgen einer Handlung ausrichte. Auf dem nachfolgenden Niveau des »konventionellen« Bewußtseins orientierte sich das Individuum unreflektiert am Normensystem seiner unmittelbaren sozialen Bezugsgruppe bzw. später an den übergeordneten sozialen Systemen. Erst auf dem »postkonventionellen« Niveau gewinnen Jugendliche oder junge Erwachsene die Fähigkeit, moralische Fragen bzw. Konflikte prinzipienorientiert, unter dem abstrakten Gesichtspunkt der Gerechtigkeit zu beurteilen.

Die Bedeutung dieser entwicklungspsychologischen Forschungsergebnisse besteht für Habermas darin, daß sie trotz divergierender Annahmen über die Triebkräfte der menschlichen Entwicklung, trotz unterschiedlicher Fragestellungen und Forschungsmethoden auf eine bestimmte Form von Individuierung als möglichen Endpunkt der Ontogenese verweisen, auf ein Subjekt, das zu kommunikativem Handeln fähig ist. Dabei sei es unerheblich, daß aus der Sicht Freuds die vom »Ich« zu leistende Balance zwischen Triebansprüchen und gesellschaftlichem Zwang immer nur temporär und fragil ist, daß nach Piaget die Stufe des formalen Denkens von vielen Menschen nicht oder nicht in vollem Umfang erreicht wird und die Merkmale des postkonventionellen moralischen Urteils nach Kohlberg nur bei einer kleinen Minderheit der Gesellschaft ausgeprägt sind. Es kommt Habermas primär auf den Nachweis der Möglichkeit an, daß sich unter bestimmten Bedingungen Ich-Identität und kommunikative Kompetenz entwickeln können und kein bodenloses Postulat sind.

In einem umfangreichen Vortrag aus dem Jahre 1974 hat Habermas die Bedeutung dieser entwicklungspsychologischen Theorietraditionen für seine eigenen Überlegungen unter dem Titel »Moralentwicklung und Ich-Identität« dargestellt. Dabei konzentriert er sich im Hauptteil auf die Bedeutung der Untersuchungsergebnisse seines Freundes Lawrence Kohlberg zur Entwicklung des moralischen Urteils, weil die Form des moralischen Urteils eng mit der Fähigkeit verknüpft ist, konkurrierende normative Erwartungen kommunikativ zu verhandeln. Der Text dieses Studienbuchs mit der Überschrift »Zur Entwicklung der Ich-Identität« enthält Teile dieser umfangreichen Abhandlung von Habermas aus dem Jahre 1974. Dabei sind seine ausführliche Darstellung und Interpretationen der Position Kohlbergs genauso wie der Rekurs auf die psychoanalytische Theorietradition ausgespart worden. Der verbleibende Textauszug ist die Zusammenfassung der vorangegangenen Überlegungen, der Versuch, im Anschluß an sozialisationstheoretische und entwicklungspsychologische Traditionen den ontogenetischen Erwerb der Qualifikationen des Rollenhandelns bis hin zum Aufbau von Ich-Identität als Kompetenz zum kommunikativen Handeln zu beschreiben. In Anlehnung an die kognitive Entwicklungspsychologie, aber auch an die sozialisationstheoretischen Überlegungen Meads nimmt Habermas an, daß sich diese Entwicklung idealiter in drei Stufen vollzieht, für die jeweils ein typischer kognitiver Entwicklungsstand des Individuums, eine bestimmte Form der Interaktion mit anderen, eine spezifische Art der Handlungsmotivation sowie eine charakteristische Wahrnehmung von und Umgang mit Normenkonflikten kennzeichnend sind. Mit der Beschreibung der dritten Entwicklungsstufe präzisiert Habermas also das, was er bereits 1967 in seinen Stichwörtern zu einer kritischen Theorie der Sozialisation unter dem Begriff Ich-Identität zu fassen suchte, und bindet es in eine ontogenetische Betrachtung, in eine Entwicklungs- und Sozialisationsgeschichte des Individuums ein. Habermas ist sich darüber im klaren, daß nicht alle, nicht einmal die Mehrheit der Individuen, die Merkmale der dritten Entwicklungsstufe, Ich-Identität bzw. kommunikative Kompetenz im emphatischen Sinne erreichen. Sie sind das Ergebnis einer gelingenden, unter gegenwärtigen gesellschaftlichen Verhältnissen aber eher unwahrscheinlichen Sozialisation. Eine solche Sozialisation wäre auf entgegenkommende gesellschaftliche Verhältnisse angewiesen, auf soziale Kontexte, in denen Systemzwänge und entsprechend rigide Rollenerwartungen nicht übermächtig sind, sondern den Akteuren Möglichkeiten zu alternativen Handlungsentwürfen und zu Diskursen über ihre eventuellen normativen Differenzen einräumen.

Ob solche frühkindlichen Verhältnisse nicht nur für privilegierte einzelne, sondern für die Menschen insgesamt zur sozialen Wirklichkeit werden können, ist zweifelhaft. Wie bereits angemerkt, diagnostiziert Habermas, daß die Lebensverhältnisse in modernen Gesellschaften in vielen Hinsichten durch die Ausbreitung zweckrational organisierter Systeme und ein ihnen entsprechendes strategisches, nur aus individuellen Interessenkalkülen gespeistes Handeln geprägt werden. Er befürchtet, daß dieser Handlungstyp zunehmend auf Bereiche sozialen Handelns übergreift, die bislang eher durch verständigungsorientiertes, an gemeinsamen Wertvorstellungen orientiertes Handeln geprägt waren.

Aber dieser düstere Entwicklungstrend moderner bürgerlich-kapitalistischer Gesellschaften bringt nach Auffassung von Habermas nur die eine Seite gesellschaftlicher Modernisierung auf den Begriff. Ähnlich wie Durkheim geht er davon aus, daß moderne Gesellschaften auch von gegenläufigen Trends geprägt sind, daß sie im Gegensatz zu vormodernen Gesellschaften ihren Mitgliedern auch neue Freiheitschancen eröffnen. Ihre Dynamik befreie die Individuen nämlich auch aus gesellschaftlichen Zwängen, aus fraglos akzeptierten Bindungen und eröffne damit der kommunikativen Rationalität historisch neue Möglichkeiten. Sie schaffe Lebens- und Sozialisationsbedingungen, die die Entwicklung von Individualität, von »Ich-Identität« im oben beschriebenen normativen Sinne möglich und nötig machen. Wenn etwa das Verhältnis der Geschlechter zueinander nicht mehr durch selbstverständliche Normen geregelt wird, wenn unklar ist, wie Kinder in Familie und Schule erzogen werden sollen, wenn es auf die Frage nach dem

Sinn des Lebens unterschiedliche Antworten gibt, dann ergibt sich für die einzelnen wie für die Gesellschaft ein Verständigungsbedarf, der befriedigt werden muß und mehr als je zuvor kommunikatives Handeln, Handlungskoordination durch Verständigung, möglich und vielleicht auch nötig macht.

Habermas meint, daß die Spuren dieser kommunikativen Rationalität in der Gesellschaft und ihren Institutionen empirisch nachweisbar seien. Rechtssystem und demokratische Verfassung, neue soziale Bewegungen genauso wie die Liberalisierung der Erziehung in Familie und Schule seien Ausdruck dieser kommunikativen Vernunft. In ihnen kämen Mitbestimmungsansprüche und -rechte zur Geltung, die durch Machtverhältnisse und Systemzwänge zwar immer wieder gebrochen und entschärft, aber dennoch nicht unwirksam würden. Ob sich das so zum Ausdruck kommende kommunikative, befreiende Potential der Vernunft gegen ihre destruktiven Momente wird durchsetzen können, ist für Habermas unentschieden, eine historisch offene Frage.

Über die Aufgaben der Schule als Erziehungs- und Sozialisationsinstanz hat sich Habermas in seinen Schriften nicht systematisch, sondern lediglich in beiläufigen Bemerkungen geäußert. Aus den vorangegangenen Erläuterungen seiner Theoriekonstruktion lassen sich aber unschwer einige Schlüsse auf die Funktionen, Probleme und Aufgaben der Schule ziehen. Auf dem Hintergrund seiner Annahmen müßte man Schule einerseits durch systemische Zwänge, durch Zweckrationalität, hierarchische Organisationsformen und strategisches Handeln ihrer Mitglieder bestimmt sehen. Selektion aufgrund unterschiedlicher Leistungen der Schülerinnen und Schüler ist unter dieser Perspektive das beherrschende Merkmal des Schulsystems und die zentrale Aufgabe seines Personals. Dies ist bereits von Parsons betont worden. Schule ist aus der Sicht von Habermas aber zugleich ein Ort kommunikativen Handelns, in dem Inhalte über die objektive und soziale Welt, Informationen, Überzeugungen und Interaktionskompetenz vermittelt werden, wo durch kommunikatives Handeln zwischen Lehrern und Schülern, zwischen Schülern und Schülerinnen die Ausbildung von Ich-Identität gefördert oder blockiert werden kann. Unter einer normativen Perspektive wäre eine solche Form der Schule zu favorisieren, in der sich ihre kommunikativen Potentiale gegenüber den unaufhebbaren Systemzwängen behaupten und die Heranwachsenden kommunikative Kompetenz, die Fähigkeit zu einem prinzipiengeleiteten Denken und verständigungsorientierten Handeln erwerben könnten.

Da sich Habermas mit einer schulpraktischen Umsetzung dieser Intentionen nicht beschäftigt hat, erscheint es legitim, im letzten Text dieses Bausteins »Moralische Entwicklung und demokratische Erziehung in der Schule« ersatzweise auf entsprechende Überlegungen und Schulversuche seines Freundes Lawrence Kohlberg zurückzugreifen. In diesem Text geht es um die Frage, in welcher Form eine demokratische Schule einen Beitrag zur moralischen Entwicklung ihrer Schüler leisten kann. Im Sinne Kohlbergs und Habermas' müßte sie die Entstehung eines postkonventionellen moralischen Bewußtseins und einer entsprechenden Handlungskompetenz fördern. Dafür müßte nach Kohlberg zum einen der Unterricht im engeren Sinne verändert werden. Er müßte stärker als bisher üblich das lebensweltliche Wissen der Schüler, normative Überzeugungen und moralische Konflikte zum Gegenstand des Unterrichts machen und durch deren reflexive, die Gleichberechtigung aller Diskussionsteilnehmer beachtenden Bearbeitung schrittweise ein prinzipiengeleitetes Umgehen mit moralischen Fragen anbahnen.

Kohlberg ist allerdings der Auffassung, daß die diskursive Bearbeitung moralischer Konflikte im Unterricht nicht hinreichend ist. Die Organisationsform der Schule muß den Schülerinnen und Schülern darüber hinaus echte Partizipationschancen einräumen, um ein an den Prinzipien von Gerechtigkeit und Gleichberechtigung orientiertes Handeln einzuüben. Ob eine solche Just-Community-School Kohlbergs als Modell einer demokratischen Schule und Übungsstätte kommunikativen Handelns gegenüber den Imperativen des Systems Schule eine Chance hat, ist eine offene Frage.

Habermas: Stichworte zu einer kritischen Rollentheorie

Habermas, J.: Stichworte zu einer Theorie der Sozialisation (1968). In: Ders.: Kultur und Kritik. Verstreute Aufsätze. Frankfurt/Main 1973. S. 125–132.

Kritik und Erweiterung des Rollenschemas

Die Formulierung des üblichen Rollenkonzepts entgeht nicht der Gefahr des Soziologismus: sie läßt drei Dimensionen unberücksichtigt, in denen das Verhältnis des handelnden Subjekts zu seinen Rollen gefaßt werden kann.

1. Die Rollentheorie geht von der Annahme aus, daß in stabil eingespielten Interaktionen auf beiden Seiten eine Kongruenz zwischen Wertorientierungen und Bedürfnisdispositionen besteht: der institutionell hergestellten Komplementarität der Erwartungen und des Verhaltens entspricht eine Reziprozität der Bedürfnisbefriedigung (Gratifikation). Dieses Integrationstheorem, das vor allem von Parsons entwickelt worden ist, ist unter verschiedenen Gesichtspunkten kritisiert worden (Gouldner, Levinson, Wrong). Das Gleichgewicht einer Interaktion stellt sich auf der Ebene intentionalen Handelns als eine gesicherte Komplementarität der Erwartungen und des wahrscheinlich zu erwartenden Verhaltens her. Empirisch besteht aber kein Anlaß zu der Annahme, daß dieser Komplementariät auch eine Gegenseitigkeit der Leistungen und der faktischen Befriedigungen entsprechen muß. Das Gleichgewicht einer Interaktion ist an die Bedingung der Gegenseitigkeit auf der kognitiven Ebene der symbolischen Bedeutungen (Komplementarität der Erwartungen) gebunden, nicht aber an die Bedingung einer Gegenseitigkeit auf der motivationalen Ebene der Bedürfnispositionen (Reziprozität der Befriedigungen). Empirisch besteht eher Anlaß zu der Annahme, daß in allen bisher bekannten Gesellschaften ein fundamentales Mißverhältnis zwischen der Masse der interpretierten Bedürfnisse und den gesellschaftlich lizensierten, als Rollen institutionalisierten Wertorientierungen bestanden hat. Unter dieser Voraussetzung gilt das Repressionstheorem: daß vollständige Komplementarität der Erwartungen nur unter Zwang, auf der Basis fehlender Reziprozität, hergestellt werden kann. Der Grad der Repression bemißt sich daran, wie weit die beteiligten Partner sich wechselseitig Reziprozität der Befriedigung vorenthalten. Der differentielle Grad der Repression eines Verhältnisses, in dem ein Teil den anderen »ausbeutet«, bemißt sich am Unterschied des Niveaus der Bedürfnisbefriedigung, die einer vom anderen erwarten kann.

2. Die Rollentheorie geht ferner von der Annahme aus, daß in stabil eingespielten Interaktionen auf beiden Seiten eine Kongruenz zwischen Rollendefinitionen

und Rolleninterpretationen besteht: das relevante Verhalten der Interagierenden ist durch die Rollenvorschrift in der Weise gleichsinnig determiniert, daß die handelnden Subjekte tatsächlich oder virtuell jeweils ihren Platz mit dem Partner tauschen können. Dieses Identitätstheorem, das von einer finiten Rollenstruktur ausgeht, ist vor allem von Anselm Strauss und der jüngeren Generation von Mead-Schülern zugunsten der Einbeziehung spontaner Ich-Leistungen und aktiver Rolleninterpretationen kritisiert worden. Turner entwickelt die Dialektik von Rollenübernahme und Rollenentwurf (*role-taking vs. role-making*). Goffman zeigt, wie die Beteiligten eine diffuse Ausgangssituation im Hinblick auf locker definierte Rollen dadurch interpretieren, daß sie ihre konkurrierenden Rollenprojekte sich aneinander abarbeiten lassen, bis ein vorläufiger Deutungskompromiß gefunden ist. Der Spielraum einer *gebrochenen* Intersubjektivität der Verständigung[1] über *gemeinsame* Normen ist nötig, damit sich die handelnden Subjekte, indem sie eine soziale Rolle übernehmen, zugleich als unvertretbare Individuen darstellen können. Wir müssen die Ebenen der Rollendefinition und der Rolleninterpretation auseinanderhalten. Empirische und sprachphilosophische Gesichtspunkte sprechen für die Geltung eines Diskrepanztheorems: eine vollständige Definition der Rolle, die die deckungsgleiche Interpretation aller Beteiligten präjudiziert, ist allein in verdinglichten, nämlich Selbstrepräsentation ausschließenden Beziehungen zu realisieren.

3. Die Rollentheorie geht schließlich von der Annahme aus, daß eine stabil eingespielte Interaktion auf einer Kongruenz zwischen geltenden Normen und wirksamen Verhaltenskontrollen beruht: eine institutionalisierte Wertorientierung (Rolle) entspricht einem internalisierten Wert (Motiv) in der Weise, daß geltende Normen mit hinreichender Wahrscheinlichkeit auch faktisch erfüllt werden. Dieses Konformitätstheorem ist vor allem von Goffman kritisiert worden. Denn normenkonformes Verhalten ist nicht einfach eine Verkörperung des normativen Gehalts auf der Ebene beobachtbaren Verhaltens im Sinne einer Projektion von einer Ebene auf die andere. Vielmehr hängt es vom Grad und von der Art der Internalisierung ab, wie das handelnde Subjekt selbst zu seinen Rollen sich verhält. Die spezifische Form der Verhaltenskontrolle bestimmt das Maß möglicher »Rollendistanz«. Der Versuch von R. L. Coser, Rollendistanz in ein inhaltliches Merkmal von Rollendefinitionen umzumünzen, verkennt die Dimension, in der eine reflexive Anwendung flexibel verinnerlichter Normen von einer kondi-

1. Zum Begriff der »gebrochenen Intersubjektivität« vgl. Jürgen Habermas, *Zur Logik der Sozialwissenschaften*, Frankfurt 1970, S. 251 ff.

tionierten Verhaltensreaktion auf der einen, einer zwanghaft automatischen Anwendung rigide verinnerlichter Normen andererseits unterschieden werden kann. Autonomes Rollenspiel setzt beides voraus: die Internalisierung der Rolle ebenso wie eine nachträgliche Distanzierung von ihr.

4. Die drei Grundannahmen der Rollentheorie vernachlässigen drei Dimensionen möglicher Freiheitsgrade des Handelns. Das Integrationstheorem schließt aus, daß wir eine stabil eingespielte Interaktion nach Graden der Repressivität bewerten. Das Identitätstheorem schließt eine Differenzierung nach Graden der Rigidität der Rollendefinition und des entsprechenden Interpretationsspielraums aus. Das Konformitätstheorem schließt eine Unterscheidung nach Graden der Autonomie des Handelns aus. Alle drei Theoreme unterstellen, durch Vorentscheidungen auf der analytischen Ebene, einen Normalfall eingespielter Interaktion, der in Wahrheit ein pathologischer Grenzfall ist: nämlich volle Komplementarität der Erwartungen und des Verhaltens, die nur um den Preis der Unterdrückung von Konflikten zu erzwingen ist (*pseudomutuality*); ferner die Deckung von Definition der Rolle und Interpretation der Handelnden, die nur um den Preis des Verzichts auf Individuierung zu erreichen ist (*rigidity*) und schließlich die Abbildung der Norm auf der motivationalen Ebene verinnerlichter Rollen, die nur um den Preis einer zwanghaft automatischen Verhaltenskontrolle zu verwirklichen ist. Die drei vernachlässigten Dimensionen können wir einführen, um Institutionen (Rollensysteme) nach dem Grad ihrer Repressivität, dem Grad ihrer Rigidität und der Art der von ihnen auferlegten Verhaltenskontrolle zu unterscheiden. Da wir den primären Sozialisationsvorgang als Erwerb der Grundqualifikationen des Rollenspiels verstehen, können dieselben Dimensionen auch dazu dienen, auf der Ebene der Persönlichkeitsstruktur solche Grundqualifikationen zu fassen, die sich dem üblichen Konzept des Rollenlernens entziehen.[2]

Der relative Grad der Repressivität eines Rollensystems bemißt sich an dem institutionell festgelegten Verhältnis der hergestellten Komplementarität der Erwartungen zur erlaubten Reziprozität der Befriedigungen. Der relative Grad der Rigidität eines Rollensystems bemißt sich an dem institutionellen Spielraum gewährter bzw. geforderter ad-hoc Interpretationen. Und die Art der Verhaltenskontrolle, die ein Rollensystem auferlegt, bemißt sich am Grad der erreichten Internalisierung. Umgekehrt bemessen sich die im Sozialisationsprozeß erworbenen

---

2. Eine revidierte Fassung der erweiterten Rollentheorie findet sich in: U. Oevermann, L. Krappmann, K. Kreppner, *Elternhaus und Schule*, MS, Institut für Bildungsforschung, Berlin 1968.

Grundqualifikationen eines handelnden Subjekts in einem gegebenen Rollensystem danach, ob der Handelnde, im Vergleich zu anderen,

(1) der Rollenambivalenz gewachsen ist (Frustrationstoleranz), oder ob er dazu neigt,
die Komplementarität der Erwartungen in offenem Rollenkonflikt zu verletzen (bewußte Abwehr); oder
diese Komplementarität unter Vorspiegelung einer tatsächlich nicht vorhandenen Reziprozität der Befriedigungen zwanghaft aufrechtzuerhalten (unbewußte Abwehr);
ob er ferner:

(2) die Rollenambiguität durch ein angemessenes Verhältnis von Rollenübernahme und Rollenentwurf zu balancieren (kontrollierte Selbstdarstellung) versteht; oder dazu neigt
überwiegend Rollen zu projizieren (diffuse Selbstdarstellung);
oder
überwiegend Rollendefinitionen zu übernehmen (restringierte Selbstdarstellung);
ob er schließlich:

(3) sich relativ autonom verhält und gut verinnerlichte Normen reflexiv anwendet (flexible Über-Ich-Formation); oder ob er dazu neigt,
aufgrund von Konditionierung auferlegte Normen reaktiv anzuwenden (externalisiertes Über-Ich); oder
aufgrund einer repressiven Verhaltenskontrolle rigide verinnerlichte Normen zwanghaft anzuwenden (neurotische Über-Ich-Formation).

Die unter 1–3 aufgeführten Kategorien eignen sich für einen soziologischen Begriff von Ich-Identität[3], die dem entspricht, was die Psychoanalyse »Ich-Stärke« nennt.[4]

5. Ich-Identität kann zunächst als Name für die spezifische Fähigkeit, Krisen der Ichstruktur durch Umstrukturierung zu lösen, eingeführt werden. Die Entstehung der Ichstrukturen kann nach dem Schema: *ego growth through crisis resolution* (Erikson, Cumming and Cumming) begriffen werden – Reifeschübe lösen eine Folge von Krisen im Verhältnis Person-Umwelt aus und erzwingen eine Konfliktlösung durch Reorganisation der Ichstrukturen auf jeweils höherer Stufe.

3. L. Krappmann: *Soziologische Dimensionen der Ich-Identität*, Stuttgart 1971.

4. Zum soziologischen Begriff der »Identität« vgl. D. R. Miller: »Situation, Identity and Social Interaction«, in: S. Koch (ed.), *Psychology*, Vol. 5, New York 1963, p. 639 ff.

Cumming und Cumming (S. 46 f.) erläutern die Grundannahme dieser Interpretation[5],

> daß das periodische Ungleichgewicht zwischen dem sich entwickelnden Kind und seiner Umgebung abgelöst wird durch eine Restabilisierung der Ich-Organisation auf jeweils höherer Ebene. Unter diesem Gesichtspunkt ist die normale Entwicklung eines Kindes durch wiederkehrende biologisch ausgelöste Veränderungen gekennzeichnet, die eine Neuanpassung an seine Umgebung erfordern. Unsere Erweiterung dieses Konzepts sieht vor, daß in jeder dieser Perioden der Offenheit und der Verwundbarkeit das Ich durch eine erfolgreiche Lösung der Krise gestärkt wird, indem die Komplexität und Allgemeinheit der Ich-Organisation zunimmt. Gelingt hingegen die Lösung einer Entwicklungskrise nicht, ist das Kind unzureichend vorbereitet, künftige Krisen zu bewältigen, weil ihm wenig oder kaum differenzierte Schemata zur Verfügung stehen und weil die Ebene der Umstrukturierung unzulänglich ist.

Ein Sozialisationsvorgang, der die Folge von Reifekrisen als einen kumulativen Lernprozeß organisiert, ist für die Ausbildung einer »starken« Ichidentität günstig. Diese bewährt sich später in belastenden Situationen, welche die Identität der Person bedrohen und zu einer Umorganisation der Ichstrukturen zwingen, wenn die Identität bewahrt werden soll. Typischerweise sind Belastungssituationen dieser Art mit Statuswechsel verbunden, sei es aufgrund horizontaler Mobilität (Wanderung, Emigration), sei es aufgrund vertikaler Mobilität (Auf- und Abstieg), sei es aufgrund von Katastrophen (wie Krankheit, »Schicksalsschlägen«, Unfällen usw.). Eine Dauersituation der Identitätsbedrohung ist durch sog. Statusinkonsistenz bezeichnet.[6] In dem Maße wie Personen solchen Situationen dadurch begegnen, daß sie sich »Umorientieren«, d. h. neue Interpretationen finden, neue Kategorien entwickeln, ihre eigene Identität neu definieren und eine Lösung für die Divergenz ihrer Bezugsgruppen finden, bewahren sie einen relativen Grad von Ich-Identität. Wie die Analyse dieser Umstrukturierung von Ich-Strukturen ergibt, hängt die Ich-Identität von jenen Grundqualifikationen des Rollenspiels ab, die wir eingeführt haben: nämlich von der Fähigkeit, Rollenambivalenzen bewußt zu ertragen, eine angemessene Repräsentation des Selbst zu finden und verinnerlichte Normen auf neue Lagen flexibel anzuwenden.

6. Goffman unterscheidet persönliche Identität (bzw. Individualität) und soziale Identität (*Stigma*, Frankfurt 1972). Die persönliche Identität kommt zum Ausdruck in einer unverwechselbaren Biographie, die soziale Identität in der Zugehörigkeit ein und derselben Person zu verschiedenen, oft inkompatiblen Bezugsgruppen. Während persönliche Identität so etwas wie die Kontinuität des Ich in

5. Für die Übersetzung der Zitate danke ich Inge Pethran.

6. Vgl. P. Berger und Th. Luckmann, »Social Mobility and Personal Identity«, in: *Archives Européennes de Socialogie*, 1964, S. 331 ff.

der Folge der wechselnden Zustände der Lebensgeschichte garantiert, wahrt soziale Identität die Einheit in der Mannigfaltigkeit verschiedener Rollensysteme, die zur gleichen Zeit »gekonnt« sein müssen. Beide »Identitäten« können als Ergebnis einer »Synthesis« aufgefaßt werden, die sich auf eine Folge von Zuständen in der Dimension der sozialen Zeit (Lebensgeschichte) bzw. auf eine Mannigfaltigkeit gleichzeitiger Erwartungen in der Dimension des sozialen Raums (Rollen) erstreckt.

Ich-Identität kann dann als die Balance zwischen der Aufrechterhaltung beider Identitäten, der persönlichen und der sozialen, aufgefaßt werden. Wir müssen gleichzeitig unsere soziale Identität wahren und ausdrücken, ohne der Gefahr der »Verdinglichung« zu erliegen; aber ebenso müssen wir unsere persönliche Identität zugleich wahren und ausdrücken, ohne »stigmatisiert« zu werden. Auf der Ebene phänomenologischer Beschreibung heißt das zunächst: wir halten eine soziale Identität aufrecht, indem wir jeweils mit den Gegenspielern relevanter Bezugsgruppen im Hinblick auf die normierten Verhaltenserwartungen »identisch« zu sein versuchen und gleichwohl Anstrengungen unternehmen, um diese »Identität« mit anderen als eine Scheinnormalität (*phantom normalcy*) sichtbar zu machen; gleichzeitig halten wir eine persönliche Identität aufrecht, indem wir gegenüber allen relevanten Bezugsgruppenmitgliedern den sozialen Abstand einer ausdrücklichen Nicht-Identität wahren und gleichwohl Anstrengungen unternehmen, diese Nicht-Identität als eine fiktive Einzigartigkeit (*phantom-uniqueness*) sichtbar zu machen. Diese dialektische Beziehung ist an die Struktur der Umgangssprache gebunden.

Die »Stärke« der Ich-Identität bemißt sich an der Aufrechterhaltung der Balance zwischen persönlicher und sozialer Identität in solchen Belastungssituationen, die jenes prekäre Gleichgewicht bedrohen. Der Grad der Individuierung bemißt sich an der Wahrung der Ich-Identität bei wachsender Differenzierung zwischen persönlicher und sozialer Identität. Diese wiederum hängt ab von einer Differenzierung der Rollensysteme und einer »Rationalisierung« des institutionellen Rahmens (im Sinne abnehmender Repressivität, schwindender Rigidität und zunehmender Flexibilität der Verhaltenskontrolle).

Arbeitsaufgaben

1. *Habermas bezeichnet die erste Grundannahme der traditionellen Rollentheorie als Integrationstheorem. Erläutern Sie diesen Begriff und die darauf bezogene Kritik von Habermas. Konkretisieren Sie seine Einwände an einem Beispiel aus dem Schulalltag.*
2. *Was ist mit der zweiten Grundannahme Parsons' gemeint, die von Habermas als Identitätstheorem beschrieben wird, und welche Einwände bringt Habermas gegen diese Annahme vor? Erläutern Sie diese Kritik mit Hilfe des in den Arbeitsaufgaben zu Mead (Entwicklung des Selbst) angegebenen Beispiels.*
3. *Habermas kritisiert außerdem das, was er als Konformitätstheorem der traditionellen Rollentheorie bezeichnet. Illustrieren Sie auch diese Kritik mit Beispielen aus dem Schulalltag.*
4. *Die kritische Rollentheorie erlaubt es, Institutionen und ihre jeweiligen Rollensysteme nach Freiheitsgraden des Handelns zu unterscheiden. Konkretisieren Sie diese Annahme durch einen Vergleich typischen Rollenhandelns z. B. in einer militärischen mit dem in einer pädagogischen Einrichtung.*
5. *Mit den theoretischen Mitteln der kritischen Rollentheorie ist es auch möglich, z. B. die Differenzen zwischen »autoritären« und »liberalen« Schulen und den »Verkehrsformen« zwischen Schülern und Lehrern genauer zu bestimmen. Versuchen Sie es!*
6. *Welche Grundqualifikationen des Rollenhandelns zeichnen nach Habermas ein Individuum aus, das über das verfügt, was er eine »starke Ich-Identität« nennt?*
7. *Konkretisieren Sie die Begriffe »persönliche« und »soziale Identität«, und erläutern Sie deren Verhältnis zum normativen Begriff der »Ich-Identität«.*
8. *Warum hat ein Begriff wie »Ich-Identität« keinen systematischen Platz in der Rollentheorie Parsons'? Was würde aus seiner Sicht die Identität einer Person ausmachen?*
9. *Vergleichen Sie den Habermasschen Begriff der »Ich-Identität« und seine Komponenten mit der Konzeption der Identität, des »Selbst«, bei Mead.*

*Habermas: Zur Entwicklung von Ich-Identität

Habermas, J.: Moralentwicklung und Ich-Identität. In: Zur Rekonstruktion des Historischen Materialismus. Frankfurt/Main 1976. S. 63–91, hier: S. 67–82.

Die Entwicklungsprobleme, die sich um den Begriff der Ich-Identität anordnen lassen, sind in drei verschiedenen Theorietraditionen bearbeitet worden: in der analytischen Ich-Psychologie (H. S. Sullivan, Erikson); in der kognitivistischen Entwicklungspsychologie (Piaget, Kohlberg) und in der vom symbolischen Interaktionismus bestimmten Handlungstheorie (Mead, Blumer, Goffman u. a.).[1] Wenn wir einen Schritt zurücktreten und nach Konvergenzen suchen, sehen wir Grundauffassungen, die sich vereinfacht vielleicht so zusammenfassen lassen:

1) Die Sprach- und Handlungsfähigkeit des erwachsenen Subjekts ist das Ergebnis der Integration von Reifungs- und Lernprozessen, deren Zusammenspiel wir noch nicht hinreichend durchschauen. Wir können die kognitive von der sprachlichen und der psychosexuellen oder motivationalen Entwicklung unterscheiden. Diese motivationale Entwicklung scheint eng mit dem Erwerb einer

1. *Ich-Psychologie*
H. S. Sullivan, Conceptions of Modern Psychiatry, New York 1940; ders., The Interpersonal Theory of Psychiatry, New York 1953; E. H. Erikson, Kindheit und Gesellschaft, Stuttgart 1956; ders., Identität und Lebenszyklus, Frankfurt/Main 1966; N. Sanford, Self and Society, New York 1966; D. J. de Levita, Der Begriff der Identität, Frankfurt/Main 1971; G. and R. Blanck, Toward a Psychoanalytic Developmental Psychology, in: J. Am. Psychoanal. Ass., 1972, S. 668–710.
Entwicklungspsychologie
J. Piaget, Das moralische Urteil beim Kind, Frankfurt/Main 1973; ders., Biology and Knowledge, Chicago 1971; H. Furth, Intelligenz und Erkennen, Frankfurt/Main 1972; L. Kohlberg, Stage and Sequence, in: D. Goslin (Ed.), Handbook of Socialization Theory and Research, Chicago 1969; ders., From Is to Ought, in: Th. Mischel (Ed.), Cognitive Development and Epistemology, New York 1971, S. 151–236; J. H. Flavell, The Development of Role-Taking and Communication Skills in Children, New York 1968; H. Werner and B. Kaplan, Symbol Formation, New York 1963.
Interaktionismus
Ch. H. Cooley, Human Nature and the Social Order, New York 1902; G. H. Mead, Geist, Identität und Gesellschaft, Frankfurt/Main 1968; H. Gerth und C. W. Wills, Person und Gesellschaft, Frankfurt/Main 1970; T. Parsons and R. F. Bales, Family Socialization and Interaction Process, Glencoe 1964, Ch. II, S. 35–133; Ch. Gordon and K. J. Gergen (Eds.), Self in Social Interaction, New York 1968; G.E. Swanson, Mead and Freud, Their Relevance for Social Psychology, in: J. G. Manis and B. N. Meltzer (Eds.), Symbolic Interaction, Boston 1967, S. 25–45; L. Krappmann, Soziologische Dimension der Identität, Stuttgart 1969; H. Dubiel, Identität und Institution, Bielefeld 1973; N. K. Denzin, The Genesis of Self in early Childhood, in: The Soc. Quart. 1972, S. 291–314.

interaktiven Kompetenz, also der Fähigkeit, an Interaktionen (Handlungen und Diskursen) teilzunehmen, zusammenzuhängen.[2]

2) Der Bildungsprozeß sprach- und handlungsfähiger Subjekte durchläuft eine irreversible Folge diskreter und zunehmend komplexer Entwicklungsstufen, wobei keine Stufe übersprungen werden kann und jede höhere Stufe im Sinne eines rational nachkonstruierbaren Entwicklungsmusters die vorangehende »impliziert«. Dieses Konzept der Entwicklungslogik ist insbesondere von Piaget ausgearbeitet worden, findet aber gewisse Entsprechungen auch in den beiden anderen Theorietraditionen.[3]

3) Der Bildungsprozeß vollzieht sich nicht nur diskontinuierlich, sondern in der Regel krisenhaft. Der Lösung von stufenspezifischen Entwicklungsproblemen geht eine Phase der Entstrukturierung, und teilweise der Regression voraus. Die Erfahrung der produktiven Auflösung einer Krise, d. h. der Überwindung der Gefahren pathologischer Entwicklungspfade, ist Bedingung für die Bewältigung späterer Krisen.[4] Das Konzept der Reifungskrise ist insbesondere in der Psycho-

2. J. Habermas, Notizen zum Begriff der Rollenkompetenz, in: Kritik und Kultur, Frankfurt/Main 1973, S. 195–231.

3. »Im Zentrum einer jeden psychologischen Entwicklungstheorie steht der Begriff des *Entwicklungsstadiums*. Dieser ist in seiner stärksten und am weitesten präzisierten Form innerhalb der kognitivistischen Tradition (Piaget, Kohlberg) erarbeitet worden. Von Stadien der kognitiven Entwicklung sprechen diese Autoren nur unter folgenden Bedingungen (J.H. Flavell, An Analysis of Cognitive Developmental Sequences, in: Gen. Psych. Monographs 86, 1972, S. 279–350): – Die kognitiven Schemata der einzelnen Phasen unterscheiden sich *qualitativ* voneinander und die einzelnen Elemente eines phasenspezifischen Denkstils sind so aufeinander bezogen, daß sie ein *strukturiertes Ganzes* bilden. Spezifische Verhaltensweisen sind nicht einfach objektspezifische, extern stimulierte Responses, sondern sind interpretierbar als Derivate einer bestimmten Form der Strukturierung der Umwelt. – Die phasenspezifischen Schemata sind in einer *invarianten* und zugleich *hierarchisch strukturierten Sequenz* angeordnet. Das bedeutet, daß keine spätere Phase ohne Durchlaufen aller vorhergehenden erreicht werden kann; daß weiterhin in späteren Entwicklungsstufen die Elemente früherer Phasen aufgehoben und auf erhöhtem Niveau neu integriert sind; und daß sich zudem für die Gesamtsequenz eine Entwicklungsrichtung angeben läßt (zunehmende Stimulusunabhängigkeit und größere Objektivität). – *Psychologisch interessant* sind diese Entwicklungsstadien vor allem deshalb, weil aus der Tatsache, daß Individuen stets Problemlösungen präferieren, die dem höchsten ihnen erreichbaren Niveau entsprechen, und daß Schemata, die einer überholten Stufe entstammen, im allgemeinen gemieden werden, gefolgert werden kann, daß die Entwicklungslogik kein bloß äußerlich konstruiertes und imputiertes Ordnungsschema darstellt, sondern einer psychologischen, auch motivational bedeutsamen, Realität entspricht.« (R. Döbert, G. Nunner-Winkler, Konflikt- und Rückzugspotentiale in spätkapitalistischen Gesellschaften, a. a. O., S. 302).

4. J. Cumming and E. Cumming, Ego and Milieu, New York 1967.

analyse ausgearbeitet worden, gewinnt aber im Zusammenhang mit der Adoleszenzphase Bedeutung auch für die beiden anderen Theorietraditionen.[5]

4) Die Entwicklungsrichtung des Bildungsprozesses ist durch zunehmende Autonomie gekennzeichnet. Damit meine ich die Unabhängigkeit, die das Ich durch erfolgreiche Problemlösungen und durch wachsende Problemlösungsfähigkeiten im Umgang

a) mit der Realität der äußeren Natur und einer unter strategischen Gesichtspunkten kontrollierbaren Gesellschaft,

b) mit der nicht vergegenständlichten symbolischen Struktur einer teilweise verinnerlichten Kultur und Gesellschaft und

c) mit der inneren Natur der kulturell interpretierten Bedürfnisse, der kommunikativ nicht verfügbaren Antriebe und des Leibes erwirbt.

5) Die Identität des Ich bezeichnet die Kompetenz eines sprach- und handlungsfähigen Subjekts, bestimmten Konsistenzforderungen zu genügen. Eine vorläufige Formulierung Eriksons lautet: »Das Gefühl der Ich-Identität ist das angesammelte Vertrauen darauf, daß der Einheitlichkeit und Kontinuität, die man in den Augen anderer hat, eine Fähigkeit entspricht, eine innere Einheit und Kontinuität aufrechtzuerhalten.«[6] Ich-Identität ist natürlich von bestimmten kognitiven Voraussetzungen abhängig, aber sie ist keine Bestimmung des epistemischen Ich; sie besteht vielmehr in einer Kompetenz, die sich in sozialen Interaktionen bildet. Die Identität wird durch *Vergesellschaftung* erzeugt, d. h. dadurch, daß sich der Heranwachsende über die Aneignung symbolischer Allgemeinheiten in ein bestimmtes soziales System erst einmal integriert, während sie später durch *Individuierung*, d. h. gerade durch eine wachsende Unabhängigkeit gegenüber sozialen Systemen gesichert und entfaltet wird.

6) Ein wichtiger Mechanismus des Lernens ist die Umsetzung äußerer Strukturen in innere, Piaget spricht von Interiorisierung, wenn Schemata des Handelns, also Regeln der manipulativen Beherrschung von Gegenständen nach innen verlegt und in Schemata der Auffassung und des Denkens verwandelt werden. Psychoanalyse und Interaktionismus behaupten eine ähnliche Umsetzung von Interaktionsmustern in intrapsychische Beziehungsmuster (Internalisierung).[7] Mit diesem Mechanismus der Verinnerlichung hängt das weitere Prinzip zusammen,

5. E. Turiel, Conflict and Transition in Adolescent Moral Development, in: Child Development 1974, S. 14–29.
6. Erikson, Lebenszyklus, a. a. O., S. 107.
7. J. Loevinger, Origins of Conscience, Ms. (Washington University, St. Louis, 1974).

durch aktive Wiederholung dessen, was man zunächst passiv erfahren oder erlitten hat, Unabhängigkeit sei es gegenüber äußeren Objekten, Beziehungspersonen oder eigenen Impulsen zu erlangen.

Trotz dieser, wenn man Stilisierungen nicht scheut, konvergierenden Grundauffassungen hat bisher keiner der drei theoretischen Ansätze zu einer erklärungskräftigen Entwicklungstheorie geführt, die eine genaue und empirisch gehaltvolle Bestimmung des gleichwohl immer häufiger verwendeten Konzepts der Ich-Identität erlauben würde. [...]

Dieses Ziel möchte ich über eine Verknüpfung des moralischen Bewußtseins mit allgemeinen Qualifikationen des Rollenhandelns erreichen. Dem dienen die drei folgenden Schritte: Ich führe zunächst Strukturen möglichen kommunikativen Handelns ein, und zwar in der Reihenfolge, in der das Kind in diesen Ausschnitt des symbolischen Universums hineinwächst. Diesen Grundstrukturen ordne ich sodann die kognitiven Fähigkeiten (oder Kompetenzen) zu, die das Kind erwerben muß, um sich auf dem jeweiligen Niveau seiner sozialen Umgebung bewegen, d. h. an unvollständigen Interaktionen, sodann an vollständigen Interaktionen und schließlich an Kommunikationen, die den Übergang zu kommunikativem Handeln zum Diskurs verlangen, teilnehmen können. Zweitens will ich diese Folge allgemeiner Qualifikationen des Rollenhandelns wenigstens provisorisch unter entwicklungslogische Gesichtspunkte bringen, um schließlich aus diesen Stufen der interaktiven Kompetenz die Stufen des moralischen Bewußtseins abzuleiten.

Ich beginne mit den Grundbegriffen des kommunikativen Handelns, die für die Wahrnehmung moralischer Konflikte vorausgesetzt werden müssen. Dazu gehören konkrete Verhaltenserwartungen und entsprechende intentionale Handlungen; sodann generalisierte Verhaltenserwartungen, die reziprok miteinander verknüpft sind, also soziale Rollen und Normen, die Handlungen regeln; und Prinzipien, die der Rechtfertigung bzw. Erzeugung von Normen dienen können; ferner die Situationselemente, die mit Handlungen (z. B. als Handlungsfolgen) oder mit Normen (z. B. als deren Anwendungsbedingungen oder Nebenfolgen) verknüpft sind; weiterhin Akteure, die miteinander über etwas kommunizieren, und schließlich Orientierungen, soweit sie als Handlungsmotive wirksam sind. Ich übernehme den von Mead eingeführten und von Parsons entwickelten handlungstheoretischen Rahmen, ohne mich damit der konventionellen Rollentheorie anzuschließen.[8]

---

8. T. Parsons, The Social System, London 1951; ders., Social Interaction, in: IESS, Vol. 7, S. 429–441.

Im Schema 3 habe ich diese Bestandteile aus der Sozialisationsperspektive des Heranwachsenden angeordnet.

Für das Vorschulkind, das sich kognitiv noch auf der Stufe präoperativen Denkens befindet, besteht der handlungsrelevante Ausschnitt seines symbolischen Universums erst aus einzelnen konkreten Verhaltenserwartungen und Handlungen sowie aus Handlungsfolgen, die als Gratifikationen oder Sanktionen verstanden werden können. Sobald das Kind gelernt hat, soziale Rollen zu spielen, d. h. als kompetentes Mitglied an Interaktionen teilzunehmen, besteht sein symbolisches Universum nicht mehr nur aus Handlungen, die vereinzelte Intentionen, z. B. Wünsche oder Wunscherfüllungen zum Ausdruck bringen; vielmehr kann es nun Handlungen als Erfüllung zeitlich generalisierter Verhaltenserwartungen (oder als Verstoß gegen sie) verstehen. Wenn schließlich der Jugendliche gelernt hat, die Geltung von sozialen Rollen und Handlungsnormen in Frage zu stellen, erweitert sich der Ausschnitt des symbolischen Universums noch einmal: es treten jetzt Prinzipien auf, nach denen widerstreitende Normen beurteilt werden können. Diese Behandlung hypothetischer Geltungsansprüche verlangt die zeitweise Suspendierung von Handlungszwängen oder, wie wir auch sagen können, das Eintreten in Diskurse, in denen praktische Fragen argumentativ geklärt werden.

In der Folge dieser drei Niveaus wachsen nun auch die Akteure und deren Bedürfnisse stufenweise in das symbolische Universum herein. Die handlungssteuernden Orientierungen sind auf Niveau I nur so weit integriert, als sie in der Dimension Lust/Unlust generalisiert werden. Erst auf Niveau II wird die Bedürfnisbefriedigung derart über die symbolische Zuwendung der primären Bezugspersonen oder durch soziale Anerkennung in erweiterten Gruppen vermittelt, daß sie sich von der egozentrischen Bindung an die eigene Gratifikationsbalance löst.

Handlungsmotive gewinnen auf diesem Wege die Form kulturell interpretierter Bedürfnisse; deren Befriedigung ist von der Befolgung sozial anerkannter Erwartungen abhängig. Auf Niveau III kann der naturwüchsige Prozeß der Bedürfnisinterpretation, der bis dahin von einer ungesteuerten kulturellen Überlieferung und dem Wandel des Institutionensystems abhängt, selber zum Gegenstand diskursiver Willensbildung erhoben werden. Dadurch können über die kulturell bereits interpretierten Bedürfnisse hinaus auch die Kritik und die Rechtfertigung von Bedürfnisinterpretationen handlungsorientierende Kraft gewinnen.

J. Habermas, Stichworte zur Theorie der Sozialisation, in: Kultur und Kritik, a. a. O., S. 118–194; H. Joas, Die gegenwärtige Lage der soziologischen Rollentheorie, Frankfurt/Main 1973.

Wir haben die Stufen, über die das Kind in die allgemeinen Strukturen des kommunikativen Handelns hineinwächst, so weit beschrieben, daß sich entsprechende Hinweise für die Wahrnehmung und Selbstwahrnehmung der Handelnden, also der die Interaktion tragenden Subjekte ergeben. Wenn das Kind seine symbiotische Phase verläßt und, zunächst aus der Perspektive von Strafe und Gehorsam, für moralische Gesichtspunkte empfindlich wird, hat es bereits gelernt, sich und seinen Leib von der Umgebung zu unterscheiden, auch wenn es in dieser Umgebung physische und soziale Objekte noch nicht streng auseinanderhält. Dadurch hat das Kind eine gleichsam »natürliche« Identität gewonnen, die es dem zeitüberwindenden Charakter seines Leibes, also eines grenzerhaltenden Organismus verdankt. Schon Pflanzen und Tiere sind ja Systeme in einer Umwelt, die nicht nur wie bewegte Körper eine Identität »für uns«, die identifizierenden Beobachter, sondern eine Identität »für sich« besitzen.[9] So sind die Akteure auf dem ersten Niveau noch nicht in die symbolische Welt einbezogen; es treten natürliche Agenten auf, denen verständliche Intentionen *zugeschrieben* werden, aber noch keine Subjekte, denen man im Hinblick auf generalisierte Verhaltenserwartungen Handlungen *zurechnen* könnte. Erst auf dem zweiten Niveau wird die Identität von der körperlichen Erscheinung der Akteure abgelöst. In dem Maße wie sich das Kind die symbolischen Allgemeinheiten weniger fundamentaler Rollen seiner Familienumgebung und später die Handlungsnormen erweiterter Gruppen einverleibt, wird seine natürliche Identität durch eine symbolisch gestützte Rollenidentität überformt. Körpermerkmale wie Geschlecht, physische Ausstattung, Alter usw. werden in symbolische Definitionen aufgenommen. Auf dieser Ebene treten Akteure als rollenabhängige Bezugspersonen und später auch als anonyme Rollenträger auf. Erst auf dem dritten Niveau verwandeln sich die Rollenträger in Personen, die ihre Identität unabhängig von konkreten Rollen und besonderen Normensystemen behaupten können. Wir unterstellen dabei, daß der Jugendliche die wichtige Unterscheidung zwischen Normen einerseits und Grundsätzen, nach denen wir Normen erzeugen können, andererseits und damit die Fähigkeit, prinzipiell zu urteilen, erworben hat. Er rechnet damit, daß sich traditionell eingewöhnte Lebensformen als bloße Konventionen, als unvernünftig erweisen können. Darum muß er sein Ich hinter die Linie aller besonderen Rollen und Normen zurücknehmen und einzig über die abstrakte Fähigkeit stabilisieren, sich in beliebigen Situationen als jemand glaubwürdig darzustellen, der auch an-

9. J. Habermas, Können komplexe Gesellschaften eine vernünftige Identität ausbilden?, siehe unten, S. 92–126.

gesichts unvereinbarer Rollenerwartungen und im Durchgang durch eine Folge widersprüchlicher Lebensabschnitte den Forderungen nach Konsistenz genügen kann. Die Rollenidentität wird durch Ich-Identität abgelöst; die Akteure begegnen sich, sozusagen durch ihre objektiven Lebenszusammenhänge hindurch, als Individuen.

Bisher haben wir den Blick auf die Bestandteile des symbolischen Universums gerichtet, die für den Heranwachsenden stufenweise Realität gewinnen; wenn wir nun den Blick in psychologischer Einstellung den Fähigkeiten zuwenden, die das handelnde Subjekt erwerben muß, damit es sich in diesen Interaktionsstrukturen bewegen kann, stoßen wir auf die allgemeinen Qualifikationen des Rollenhandelns, die die interaktive Kompetenz bilden. Der zunehmenden Beherrschung der allgemeinen Strukturen kommunikativen Handelns und der damit wachsenden Kontextunabhängigkeit des handelnden Subjekts entsprechen abgestufte Interaktionskompetenzen, die sich nach drei Dimensionen (wie die rechte Hälfte des Schemas 3 zeigt) aufgliedern lassen. Unserem Beweisziel ist Genüge getan, wenn in jeder dieser Dimensionen die eingeführten Bestimmungen unter formalen Gesichtspunkten derart eine Hierarchie bilden, daß die Behauptung eines entwicklungslogischen Zusammenhangs der drei Interaktionsniveaus begründet werden kann.

Die erste Dimension erfaßt die Wahrnehmung der kognitiven Komponente der Rollenqualifikationen: der Akteur muß einzelne Verhaltenserwartungen eines anderen verstehen und befolgen können (Niveau I); er muß reflexive Verhaltenserwartungen (Rollen, Normen) verstehen und befolgen bzw. davon abweichen können (Niveau II); er muß schließlich reflexive Normen verstehen und anwenden können (Niveau III). Die drei Niveaus unterscheiden sich durch Grade der Reflexivität: die einfache Verhaltenserwartung des ersten Niveaus wird auf dem nächsten reflexiv: Erwartungen werden reziprok erwartbar; und die reflexive Verhaltenserwartung des zweiten Niveaus wird auf dem dritten wiederum reflexiv: Normen werden normierbar.

Die zweite Dimension bezieht sich auf die Wahrnehmung der motivationalen Komponente der allgemeinen Rollenqualifikationen: zunächst wird Naturkausalität von Freiheitskausalität nicht unterschieden; Imperative werden sowohl in der Natur wie in der Gesellschaft als Äußerung konkreter Wünsche verstanden (Niveau I); später muß der Akteur gesollte von bloß gewollten Handlungen (Pflicht und Neigung), also die Geltung einer Norm von der bloßen Faktizität einer Willensäußerung unterscheiden können (Niveau II); und schließlich muß er zwischen Heteronomie und Autonomie unterscheiden, d. h. die Differenz zwischen bloß überlieferten (oder auferlegten) und prinzipiell gerechtfertigten Normen sehen können. Die drei Niveaus unterscheiden sich nach dem Abstraktionsgrad der Differenzierung: die handlungssteuernden Orientierungen werden vom konkreten Bedürfnis über Pflichten zum autonomen Willen zunehmend abstrakter und zugleich differenzierter im Hinblick auf den mit Handlungsnormen verbundenen Geltungsanspruch der Richtigkeit (oder »Gerechtigkeit«).

Die dritte Dimension erfaßt die Wahrnehmung einer Komponente allgemeiner Rollenqualifikationen, die, wenn ich recht sehe, die beiden anderen voraussetzt und zugleich kognitive wie motivationale Seiten hat. Zunächst werden kontextabhängige, d. h. konkrete Handlungen und Akteure wahrgenommen. Es existiert nur Besonderes (Niveau I). Auf dem nächsten Niveau müssen symbolische Strukturen nach Allgemeinem und Besonderem differenziert werden: nämlich einzelne Handlungen gegenüber Normen und einzelne Akteure gegenüber Rollenträgern. Auf dem dritten Niveau müssen die besonderen Normen unter dem Gesichtspunkt der Verallgemeinerungsfähigkeit thematisiert werden können, so daß die Unterscheidung zwischen partikularen und allgemeinen Normen möglich wird. Die Akteure können andererseits nicht länger als eine Kombination von Rollenattributen verstanden werden, sie gelten vielmehr als individuierte Einzelne, die durch Anwendung von Prinzipien eine jeweils unverwechselbare Biographie organisieren; auf dieser Stufe muß, mit anderen Worten, zwischen Individualität und »Ich überhaupt« differenziert werden. Hier unterscheiden sich die Niveaus nach dem Grad der Generalisierung.

Ein Blick auf die soeben erläuterten Spalten zeigt, daß sich die Rollenqualifikationen unter den formalen Gesichtspunkten a) der Reflexivität, b) der Abstraktion und Differenzierung und c) der Generalisierung in eine gewisse Hierarchie bringen lassen. Das begründet zunächst die Vermutung, daß eine tieferdringende Analyse ein im Sinne Piagets entwicklungslogisches Muster identifizieren könnte. Bei dieser Vermutung muß ich es an dieser Stelle bewenden lassen.

Schema 3

Allgemeine Strukturen des kommunikativen Handelns
Qualifikationen des Rollenhandelns

Kognitive Voraussetzungen	Niveaus der Interaktion	Handlungs-ebenen	Handlungs-motivationen	Akteure	Wahrnehmung von		
					Normen	Motiven	Akteuren
I Präoperationales Denken	unvoll-ständige Interaktion	konkrete Handlungen und Handlungs-folgen	generalisierte Lust/Unlust	natürliche Identität	Verhaltens-erwartungen verstehen und befolgen	Handlungs-intentionen (Wünsche) äußern und erfüllen	Konkrete Handlungen u. Akteure wahrnehmen
II Konkret-operationales Denken	vollständige Interaktion	Rollen, Normen-systeme	kulturell interpret. Bedürfnisse	Rollen-identität	reflexive Verhaltens-erwartungen (Normen) verstehen u. befolgen	zwischen Sollen u. Wollen (Pflicht/Neigung) unterscheiden	zwischen Handlungen/Norm und individuellen Subjekten/Rollenträgern unterscheiden
III Formal-operationales Denken	Kommuni-katives Handeln und Diskurs	Prinzipien	Konkurrie-rende Bedürfnis-interpre-tationen	Ich-identität	reflexive Normen (Prinzipien) verstehen u. anwenden	zwischen Heteronomie und Autonomie unter-scheiden	zwischen partikula-ren/allgem. Normen und Indi-vidualität/Ich überhaupt unterscheiden

Arbeitsaufgaben

1. *In der Entwicklung vom Säugling zum Erwachsenen geht es nach Habermas um den schrittweisen, stufenförmigen Erwerb von »Handlungsfähigkeit«. Welche Aspekte der Entwicklung, die zugleich Dimensionen des handlungsfähigen Subjekts sind, lassen sich dabei unterscheiden?*
2. *Nach Habermas stimmt die Entwicklungs*richtung *(*nicht *das Entwicklungs*ergebnis*) in allen Dimensionen der Ontogenese überein. Wie beschreibt er die Zielperspektive dieser unterschiedlichen Entwicklungsprozesse?*
3. *Auf welche drei Theorietraditionen stützt sich Habermas, um die Zielperspektive gelingender Entwicklung zu konstruieren? Verknüpfen Sie diese Zielperspektive mit dem Begriff der »Ich-Identität«.*
4. *Im zweiten Teil seiner Ausführungen beschreibt Habermas die Entwicklung von »Ich-Identität« als schrittweisen Erwerb der Qualifikationen zu unterschiedlichen Formen des Rollenhandelns. Erläutern Sie zunächst möglichst konkret die Handlungskompetenz, die ein Vorschulkind in der Regel in seinen ersten Lebensjahren erworben hat, und welche spezifischen Fähigkeiten und Einstellungen diesem entwicklungsspezifischen Rollenhandeln zugrunde liegen.*
5. *Beschreiben Sie anschließend die Merkmale, die das Rollenhandeln auf dem zweiten Entwicklungsniveau kennzeichnen. Konkretisieren Sie diese Merkmale anhand von Beispielen!*
6. *Wodurch unterscheiden sich die kommunikative Handlungskompetenz und ihre Grundlagen auf dem dritten Niveau von der Handlungskompetenz auf dem vorangegangenen?*
7. *Mit der Sicht von Habermas könnte man die traditionelle Rollentheorie Parsons', die von ihm beschriebenen Qualifikationen des Rollenhandelns, auf der zweiten Stufe der Entwicklung ansiedeln. Erläutern Sie diese Auffassung.*
8. *Skizzieren Sie noch einmal zusammenfassend die Einstellung der Handelnden zu den handlungsleitenden Normen auf den drei unterschiedlichen Niveaus der Entwicklung. Wie ist demnach insbesondere das Verhältnis einer Person mit entwickelter »Ich-Identität« zu den gesellchaftlichen Normen, mit denen sie konfrontiert ist, zu charakterisieren?*

Kohlberg: Moralische Entwicklung und demokratische Erziehung in der Schule

Kohlberg, L.: Moralische Entwicklung und demokratische Erziehung. In: Lind, G./Raschert, J. (Hrsg.): Moralische Urteilsfähigkeit. Weinheim/Basel 1987. S. 25–43.

Tabelle: Die Stufen der Moralentwicklung

PRÄ-KONVENTIONELLE EBENE

STUFE I: Die Orientierung an Bestrafung und Gehorsam. Ob eine Handlung gut oder böse ist, hängt ab von ihren physischen Konsequenzen und nicht von der sozialen Bedeutung bzw. Bewertung dieser Konsequenzen. Vermeidung von Strafe und nichthinterfragter Unterordnung unter Macht gelten als Werte an sich, nicht vermittelt durch eine tieferliegende, durch Strafe und Autorität gestützte Moralordnung (letzteres entspricht Stufe IV).

STUFE II: Die instrumentell-relativistische Orientierung. Eine richtige Handlung zeichnet sich dadurch aus, daß sie die eigenen Bedürfnisse – bisweilen auch die Bedürfnisse anderer – instrumentell befriedigt. Zwischenmenschliche Beziehungen erscheinen als Markt-Beziehungen. Grundzüge von Fairneß, Gegenseitigkeit, Sinn für gerechte Verteilung sind zwar vorhanden, werden aber stets physisch oder pragmatisch interpretiert. Gegenseitigkeit ist eine Frage von »eine Hand wäscht die andere«, nicht von Loyalität oder Gerechtigkeit.

KONVENTIONELLE EBENE:

STUFE III: Orientierung an personengebundener Zustimmung oder »guter Junge/nettes Mädchen«-Modell. Richtiges Verhalten ist, was anderen gefällt oder hilft und ihre Zustimmung findet. Diese Stufe ist gekennzeichnet durch ein hohes Maß an Konformität gegenüber stereotypen Vorstellungen von mehrheitlich für richtig befundenem oder »natürlichem« Verhalten. Häufig wird Verhalten nach der Absicht beurteilt: »Er meint es gut,« wird zum ersten Mal wichtig. Man findet Zustimmung, wenn man »nett« ist.

STUFE IV: Orientierung an Recht und Ordnung. Autorität, festgelegte Regeln und die Aufrechterhaltung der sozialen Ordnung bilden den Orientierungsrahmen. Richtiges Verhalten heißt, seine Pflicht tun, Autorität respektieren und für die gegebene soziale Ordnung um ihrer selbst willen eintreten.

Tabelle: Die Stufen der Moralentwicklung

POST-KONVENTIONELLE, AUTONOME ODER PRINZIPIEN-GELEITETE EBENE:

STUFE V: Die legalistische oder Sozialvertrags-Orientierung. Im allgemeinen mit utilitaristischen Zügen verbunden. Die Richtigkeit einer Handlung bemißt sich tendenziell nach allgemeinen individuellen Rechten und Standards, die nach kritischer Prüfung von der gesamten Gesellschaft getragen werden. Man ist sich der Relativität persönlicher Werthaltungen und Meinungen deutlich bewußt und legt dementsprechend Wert auf Verfahrensregeln zur Konsensfindung. Abgesehen von konstitutionellen und demokratischen Übereinkünften ist Recht eine Frage persönlicher Wertsetzungen und Meinungen. Das Ergebnis ist eine Betonung des legalistischen Standpunktes, wobei jedoch die Möglichkeit von Gesetzesänderungen aufgrund rationaler Reflektion sozialen Nutzens nicht ausgeschlossen wird (im Gegensatz zur rigiden Aufrechterhaltung von Recht und Ordnung, wie sie für Stufe IV charakteristisch ist). Außerhalb des gesetzlich festgelegten Bereichs basieren Verpflichtungen auf freier Übereinkunft und Verträgen.

STUFE VI: Orientierung an allgemeingültigen ethischen Prinzipien. Das Recht wird definiert durch eine bewußte Entscheidung in Übereinstimmung mit selbstgewählten ethischen Prinzipien unter Berufung auf umfassende logische Extension, Universalität und Konsistenz. Diese Prinzipien sind abstrakt und ethischer Natur (die Goldene Regel, der Kategorische Imperativ), nicht konkrete Moralregeln wie etwa die Zehn Gebote. Im Kern handelt es sich um universelle Prinzipien der Gerechtigkeit, der Gegenseitigkeit und Gleichheit der Menschenrechte und des Respekts vor der Würde des Menschen als individuelle Person.

Moralisches Urteilen und moralisches Handeln

[...] Nach der Klärung der Natur von Stufen des moralischen *Urteilens* müssen wir die Beziehung zwischen moralischem Urteil und moralischer *Handlung* ins Auge fassen. So wie logisches Denken eine notwendige, aber nicht hinreichende Bedingung für reifes moralisches Urteil ist, so ist reifes moralisches Urteil eine notwendige, jedoch noch keine hinreichende Bedingung reifen moralischen Handelns. Man kann moralischen Prinzipien nicht folgen, wenn man sie nicht versteht (oder nicht an sie glaubt). Allerdings kann man prinzipienorientiert argumentieren, ohne dann diesen Prinzipien gemäß zu leben. Beispielsweise fanden Richard Krebs und ich in einer Studie (vgl. Krebs & Kohlberg 1985), daß nur 15 % derjenigen Teilnehmer an einem Test, bei denen sich einiges prinzipiengeleitete Denken feststellen ließ, betrogen, wenn sich die Gelegenheit dazu bot; bei den konventionellen und den präkonventionellen Personen waren es 55 % bzw. 70 %. Immerhin betrogen auch 15 % der prinzipienorientierten Personen. Das weist darauf hin, daß es über das moralische Urteil hinaus zusätzliche situative oder persönliche Faktoren geben muß, damit prinzipienorientiertes moralisches Denken in »moralische Handlung« übersetzt wird. Als ein wichtiger Faktor hat sich die individuelle Entschlußkraft oder »Ich-Stärke« bewiesen. In der Untersuchung von Krebs betrogen etwas mehr als die Hälfte der konventionellen Probanden in einem entsprechenden Test. Teilte man diese Gruppe nach einem Maß der Aufmerksamkeitsstärke und des Willens ein, so zeigte sich, daß von den »willensstarken« konventionellen Probanden ganze 26 % betrogen, von den »willensschwachen« jedoch 74 %.

Moralpsychologie und Moralphilosophie

Moralpsychologie beschreibt, was moralische Entwicklung ist; sie geht empirisch vor. Moralerziehung muß auch Moralphilosophie in Betracht ziehen, die bestrebt ist, uns zu sagen, wie moralische Entwicklung idealerweise *sein sollte*. Die Psychologie fand eine invariante Sequenz von Stufen des moralischen Urteilens; zur Beantwortung der Frage, ob eine spätere Stufe eine bessere Stufe ist, muß man sich (auch) an die Moralphilosophie wenden. Die »Stufe« des Alterns und Sterbens folgt der »Stufe« des Erwachsenenalters, ohne daß dies bedeutete, daß Altern und Sterben das Bessere sind. Unsere Behauptung, die spätesten, prinzipienorientierten Stufen moralischen Denkens seien moralisch bessere Stufen, muß sich also auf moralphilosophische Erwägungen stützen. Die Tradition der Moralphilosophie, auf die wir uns berufen, ist die liberale und rationale, insbesondere die »formalistische« und »deontologische« Tradition, die von Immanuel Kant ausgeht und bis John Rawls und Jürgen Habermas reicht. Im Mittelpunkt dieses Denkansatzes steht die Behauptung, eine angemessene Moral sei *prinzipienorientiert*, derartige Moralurteile erfolgten also unter Verwendung *universeller* Prinzipien, welche auf die ganze Menschheit anwendbar sind. *Prinzipien* müssen von *Regeln* unterschieden werden. Konventionelle Moral beruht auf Regeln, vor allem Verboten (»Du sollst nicht ... «), die sich auf bestimmte Handlungsweisen beziehen; solche Regeln sind z. B. in den Zehn Geboten verkörpert. Prinzipien sind keine Regeln, vielmehr universelle Leitlinien für moralische Entscheidungen. Ein Beispiel ist Kants Kategorischer Imperativ, von dessen verschiedenen Formulierungen zwei besonders wichtig sind. Die eine drückt die Maxime der Achtung vor der menschlichen Persönlichkeit aus: »Handle so, daß du die Menschheit, sowohl in deiner Person, als in der Person eines jeden andern, jederzeit zugleich als Zweck, niemals bloß als Mittel brauchest« (Kant 1980, S. 61). Die andere Formulierung des Kategorischen Imperativs formuliert die Maxime der Universalisierung: »handle nur nach derjenigen Maxime, durch die du zugleich wollen kannst, daß sie ein allgemeines Gesetz werde« (S. 51). Prinizipien, wie die von Kant, geben die formalen Bedingungen moralischer Wahl oder Handlung an. [...]

Anders als die Regeln, die von einer sozialen Autorität begründet und gestützt werden, sind Prinzipien vom Individuum frei und aufgrund ihrer intrinsischen, moralischen Gültigkeit gewählt. Die Vorstellung, daß eine im eigentlichen Sinne moralische Entscheidung eine in Begriffen von Moralprinzipien getroffene Entscheidung ist, steht in einem Zusammenhang mit der Behauptung liberaler Moralphilosophie, moralische Prinzipien seien letzten Endes Prinzipien der Gerechtigkeit. Moralische Konflikte sind im Kern Konflikte zwischen den Ansprüchen von Personen; Prinzipien der Entscheidung über solche Ansprüche sind Gerechtigkeitsprinzipien, die dazu dienen, »jedem das Seine zu geben«. Von zentralem Stellenwert für Gerechtigkeit sind die Forderungen nach *Freiheit, Gleichheit* und *Reziprozität*. Ein Interesse an Gerechtigkeit gibt es auf jeder Moralstufe. Die Feststellung, mit der ein Schulkind seinen Lehrer am heftigsten verdammen kann, ist, er sei »nicht fair«. Mit dem Wechsel auf jede höhere Stufe wird die Konzeption von Gerechtigkeit jedoch neu gestaltet. Auf der Stufe 1 bedeutet Gerechtigkeit die Bestrafung der Bösen nach der Regel »Auge um Auge und Zahn um Zahn«. Auf der Stufe 2 besteht sie in einem Austausch von Gefälligkeiten und Vorteilen, von dem die Beteiligten gleich viel Nutzen haben. Auf den Stufen 3 und 4 drückt sich Gerechtigkeit darin aus, daß man, orientiert an konventionellen Regeln, alle Menschen so behandelt, wie sie es wünschen. Auf der Stufe 5 wird erkannt, daß alle Regeln und Gesetze sich aus der Gerechtigkeit ergeben, von einem Sozialvertrag zwischen den Regierenden und den Regierten herrühren, der entworfen wurde, die gleichen Rechte aller zu schützen. Auch die persönlich gewählten moralischen Prinzipien auf der Stufe 6 sind Gerechtigkeitsprinzipien, nämlich die Prinzipien, die jedes Mitglied einer Gesellschaft für diese Gesellschaft wählen würde, wenn es nicht wüßte, welches seine Position in der Gesellschaft sein würde und ob es nicht das am wenigsten Begünstigte sein könnte. [...]

Ziele der Moralerziehung

Wir haben die moralische Entwicklung als ein vorrangiges Ziel staatsbürgerlicher und moralischer Erziehung gekennzeichnet und begründet. Dieser Ansatz entgeht den Gefahren, die mit zwei anderen, in den USA und anderswo populären Ansätzen der Werterziehung verbunden sind. Die erste jener Positionen wird in Amerika *values clarification* (Wertklärung) genannt und mit den Namen von Louis Raths und Sidney B. Simon identifiziert (Raths et al. 1976; Simon et al. 1972). Dieser Ansatz beansprucht, wertneutral zu sein, und eine Stellung expliziten Wertrelativismus. Der zweite Ansatz, dessen Gefahren unser entwicklungsorientiertes Modell vermeidet, ist eine Form der Indoktrination, die in den Vereinigten Staaten »Charaktererziehung« genannt wird; ihn hat sich die amerikanische Lehrervereinigung (*American Federation of Teachers*) in ihrem Curriculum zu eigen gemacht, das den Titel trägt: »Wiederherstellung traditioneller Werte«. Moralische Werte werden im Rahmen der »Charaktererziehung« vor allem gepredigt und als etwas gelehrt, das man als ein »Bündel von Tugenden« bezeichnen könnte. Die in den klassischen Charakteruntersuchungen von Hugh Hartshorne und Mark A. May (Hartshorne & May 1928; Hartshorne, May & Maller 1929; Hartshorne, May & Shuttleworth 1930) näher analysierten Tugenden waren Ehrlichkeit, Hilfsbereitschaft und Selbstbeherrschung. Es ist einfach, hinsichtlich eines solchen Tugendbündels einen oberflächlichen Konsens zu erreichen – bis man beginnt, die Liste der aufgeführten Tugenden und die Einzelheiten ihrer Definition genauer zu untersuchen. Ist das Tugendbündel von Hartshorne und May angemessener als das der Pfadfinder (die ehrlich, treu, ehrerbietig, sauber, tapfer usw. sein sollten)? Der Konsens wird, wie gesagt, ebenso unsicher und schwierig, wenn man sich den Definitionen der Tugenden jeweils im einzelnen zuwendet. Meint Ehrlichkeit, daß man nicht stehlen dürfe, um ein Leben zu retten? Bedeutet sie, daß Schüler einander nicht bei den Hausaufgaben helfen dürfen? Charaktererziehung und andere Formen indoktrinativer Moralerziehung hatten im Sinn, im Unterricht universelle Werte zu vermitteln (es wird angenommen, daß Ehrlichkeit oder Hilfsbereitschaft für alle Menschen in allen Gesellschaften wünschbare Eigenschaften seien), aber die im einzelnen verwendeten Definitionen sind nicht universell, sondern relativ. Werte werden durch die Auffassungen der Lehrer und der konventionellen Kultur bestimmt, und sie stützen sich in ihrer Rechtfertigung auf die Autorität des Lehrers. In diesem Sinne kommt die Charaktererziehung den unüberlegten Bewertungen durch die Lehrer nahe, die den »heimlichen Lehrplan« der Schule ausmachen. Indoktrinative Ansätze zur Moralerziehung sind gegenwärtig unpopulär. Weil ihr der Ruf vorausgeht, nicht-indoktrinativ zu sein, ist stattdessen eine andere Gruppe von Ansätzen für Lehrer attraktiv geworden: die *Wertklärung* (value clarification). »Wertklärung« macht den ersten Schritt, der sich aus einer rationalen Herangehensweise an Moralerziehung ergibt: das Urteil oder die Meinung des Kindes selbst (über Problemfragen oder Situationen, in denen Werte im Konflikt stehen) zum Zuge kommen zu lassen, statt dem Kind die Meinung des Lehrers aufzudrängen. »Wertklärung« versucht aber, nicht weiter zu gehen als bis zur Weckung von Wertbewußtheit. Es wird unterstellt, es sei ein Ziel in sich selbst, sich seiner Werte stärker bewußt zu werden. Im Grunde entspringt die Definition, das Ziel von Werterziehung bestünde in Selbst-Bewußtheit, einem von vielen »Wertklärern« vertretenen Glauben an die ethische Relativität von Werten. Einer von ihnen drückte dies so aus: »Man muß Wertklärung und die Einschärfung von Werten gegeneinander abheben. Wertklärung impliziert den Grundsatz, daß es in der Betrachtung von Werten keine einzelne richtige Antwort gibt.« Ein dementsprechender Unterricht läßt die Schüler – immer von der Prämisse ausgehend, es gäbe keine »richtige« Antwort – Dilemmata so diskutieren, daß sie unterschiediche Werte aufdecken und ihre Differenzen untereinander diskutieren. Der Lehrer ist angehalten zu betonen, daß »unsere Werte verschieden sind«, nicht etwa, daß ein Wert adäquater sei als andere. Wird dieses Programm systematisch verfolgt, läßt es die Schüler selbst zu Relativisten werden, die meinen, es gäbe keine »richtigen« moralischen Antworten. Beispielsweise könnte ein Schüler, den man beim Mogeln erwischt hat, dann argumentieren, er habe nichts Falsches getan, denn seine eigene Werthierarchie, die sich von der der Lehrerin unterscheiden dürfe, sage, für ihn sei es richtig zu betrügen.

Der kognitiv-entwicklungsorientierte Ansatz zur Moralerziehung legt, wie die »Wertklärung«, Nachdruck auf die offene, »sokratische« Diskussion von Wertkonflikten unter Gleichaltrigen. Solche Diskussion hat jedoch ein Ziel: Stimulation einer Voranbewegung zur nächsten Stufe des moralischen Denkens. Wie die »Wertklärung« bekämpft der Entwicklungsansatz jede Indoktrination. Stimulation einer Entwicklung zur nächsten Urteilsstufe ist nicht indoktrinativ, und zwar aus den folgenden Gründen: (1) Veränderungen betreffen die Art des Urteilens, und nicht so sehr die enthaltenen spezifischen Überzeugungen. (2) Die Schüler einer Klasse urteilen auf unterschiedlichen Stufen. Das Ziel besteht darin, jedem zur Entwicklung auf die nächsthöhere Stufe hin zu verhelfen; es besteht nicht in Annäherungen an ein gemeinsames Schnittmuster. (3) Die Meinung der Lehrerin wird weder als maßgeblich hervorgehoben noch in diesem Sinne angerufen. Sie kommt nur als eine von vielen Meinungen ins Spiel, hoffentlich als eine derjenigen auf (nächst-) höherer Stufe. (4) Der Schüler wird ermutigt, einen Standpunkt zu artikulieren, der ihm selbst angemessen erscheint, und die Angemessenheit der Argumentation anderer zu beurteilen. Hier meint Angemessenheit die philosophische Begründbarkeit und nicht die bloße Übereinstimmung mit einer Mehrheitsmeinung. Der moralische Entwicklungsansatz hat also eindeutigere Ziele als die »Wertklärung«; das gilt auch insofern, als er sich in der Werterziehung auf das beschränkt, was moralisch ist, spezifischer gesagt: auf die Gerechtigkeit. Zwei Gründe sind hierfür leitend. Zum einen kann man kaum sagen, daß die gesamte Sphäre der persönlichen, politischen und religiösen Werte nonrelativ sei, daß diese alle also in den Bereich gehörten, in dem Universalien gelten und in dem es eine klare Richtung der Entwicklung gibt. Zum anderen ist es zweifelhaft, daß die öffentliche Schule ein Recht oder Mandat hätte, Werte im allgemeinen zu entwickeln. Nach unserer Ansicht sollte die Werterziehung an den öffentlichen Schulen auf das begrenzt werden, was zu entwickeln die Schule das Recht und das Mandat hat: ein Bewußtsein der Gerechtigkeit, der in unserer Verfassungsordnung garantierten Rechte der Mitmenschen. Der (amerikanische) Grundrechtekatalog (*Bill of Rights*) verbietet das unterrichtliche Beibringen von religiösen Überzeugungen oder von spezifischen Wertsystemen; er verbietet aber nicht die Vermittlung von Bewußtheit der Rechte und Gerechtigkeitsprinzipien, die für die Verfassung selbst grundlegend sind.

Anerkennt man, daß Gerechtigkeit im Mittelpunkt der Moralerziehung steht und daß diese sich von Werterziehung oder affektiver Erziehung unterscheidet, dann ist es einleuchtend, daß moralische Erziehung und politische Bildung – bzw. staatsbürgerliche Erziehung – weitgehend dasselbe sind. Diese Gleichsetzung, die die klassischen Erziehungsphilosophen von Platon und Aristoteles bis Dewey als selbstverständlich annahmen, ist grundlegend für unsere Behauptung, daß eine Berücksichtigung der Moralerziehung von zentralem Stellenwert für die Erziehungsziele des sozialkundlichen Unterrichts sei. Wir verwenden den Begriff »staatsbürgerliche Erziehung«, um darauf zu verweisen, daß Sozialkunde mehr enthält als das Studium der Fakten und Konzepte aus Sozialwissenschaften, Geschichte und Staatsbürgerkunde. Sie ist Erziehung zu dem analytischen Verstehen, den Wertprinzipien und der Motivation, die der Bürger einer Demokratie notwendig braucht, wenn Demokratie ein wirkungsvoller Prozeß sein soll. Sie ist politische Erziehung. Ob wir nun von staatsbürgerlicher oder von politischer Erziehung sprechen: gemeint ist die Entwicklung fortgeschrittener Urteilsmuster hinsichtlich politischer und sozialer Entscheidungen und ihre Umsetzung in Handlungen. Wir haben mit Schülern und Studenten aus High Schools und Colleges Interviews über konkrete politische Situationen durchgeführt, u. a. zur Frage des zivilen Ungehorsams als Beitrag für den Frieden in Vietnam, zur Einkommensverteilung durch Besteuerung und darüber, ob eine freie Presse das Recht haben sollte, etwas zu veröffentlichen, was die nationale Ordnung stören könnte. Unser Ergebnis ist, daß das Urteilen über derartige politische Entscheidungen entsprechend den Moralstufen klassifiziert werden kann und daß die Stufe eines Individuums bei politischen Konflikten die gleiche ist wie bei nicht politischen moralischen Dilemmata (Verletzung von Autorität zur Aufrechterhaltung von Vertrauen in der Familie, Stehlen eines Medikaments zur Rettung des Lebens der sterbenden Ehefrau). Edwin Fenton von der Carnegie Mellon Universität in Pittsburgh, einer der weltweit führenden Fachleute für sozialkundliche Curricula, hat in solche Curricula auch moralische Diskussionen integriert. Alan Lockwood von der Universität von Wisconsin in Madison entwickelte zusätzliche, fachspezifische Curricula für den Geschichtsunterricht, Edwin Fenton und Andrew Garrod Ähnliches für den Literaturunterricht. Die Verwendung solcher Curricula (und der dazugehörige Einsatz moralischer Diskussion) führt zu einer Voranentwicklung des moralischen Denkens um bis zu einer knappen halben Stufe im Verlaufe eines Schuljahres; normaler sozialkundlicher Unterricht ohne derartige Diskussionen dagegen bewirkt keine Veränderung der moralischen Urteilsfähigkeit. Lockwood (1978) und Higgins (1980) haben systematische Übersichten der Forschungsliteratur über moralpädagogische Interventionen vorgelegt, die diese Ergebnisse bestätigen. [...]

Erziehung durch Demokratie

Nachdem ich über die Entwicklung des moralischen Denkens als eines Teiles der öffentlichen staatsbürgerlichen Erziehung gesprochen habe, wende ich mich nun einem zweiten Thema zu, das ich von John Dewey übernommen habe. Wenn für Dewey, genauso wie für mich, Entwicklung das Ziel der Erziehung ist, dann ist Demokratie das Mittel der Erziehung. Dewey (1964) führt dies in seinem großen Buch »Demokratie und Erziehung« aus. Ich möchte an einer Binsenweisheit ansetzen, die jeder in der Erziehung akzeptiert, um die sich aber wenige Erzieher besonders scheren. Ich meine die Binsenweisheit, daß Schüler nur durch Erfahrungen, durch das Tun – in einem weiten Sinne des Wortes – wirklich etwas lernen, das über auswendig gelernte, und schnell wieder vergessene Fakten hinausgeht. Mit achtzehn Jahren wird der Jugendliche zum Bürger einer Demokratie, mit dem Recht zu wählen und der Pflicht, Waffendienst zu leisten. Wo und wie soll der Achtzehnjährige gelernt haben, ein an der Demokratie aktiv teilnehmender Bürger zu sein? Zuhause nicht. Es ist wünschenswert, wenn in der Familie demokratische Grundsätze herrschen. Aber selbst wenn dem so ist, kann die Familie keinen demokratischen Bürger hervorbringen, denn sie ist nur eine kleine Gruppe – eine Primärgruppe, um die Berufssprache der Soziologen zu verwenden. Auch in der Kirche können Jugendliche nicht lernen, demokratische Bürger zu werden. Die Kirche dient wichtigen moralischen Funktionen, aber sie kann den Jugendlichen nicht in aktives Demokratielernen verwickeln, und sie tut das auch nicht. Ganz bestimmt lehren das Fernsehen und die anderen Medien nicht Demokratie; sie tun es nicht, und sie könnten es nicht. Lernen mit Hilfe des Fernsehens ist passiv, nicht aktiv. Nur die Schule, vor allem die Sekundarschule – bei uns die High School –, kann Demokratie so lehren, daß der Jugendliche aktiv beteiligt ist. Anders als das Elternhaus ist die Schule eine sekundäre Institution, eine komplexe, regelgeleitete Institution. Im Unterschied zur Gesellschaft im breiten politischen Sinne ist sie jedoch kleiner, leichter zu lenken, und sie kann einen Geist der Gemeinschaft haben, der – wie wir sehen werden – in der Entwicklung einer allgemeinen Übereinstimmung in bezug auf Fragen des öffentlichen Wohlergehens sehr wichtig ist.

Seit 1974 habe ich direkt in und mit demokratischen Schulen gearbeitet, und zwar gemeinsam mit meinen Kollegen Ralph Mosher in Brookline (Massachusetts), Judy Codding in Scarsdale (New York) und Edwin Fenton in Pittsburgh (Pennsylvania). Diese Arbeit begann hauptsächlich mit Alternativschulen (die jeweils Teil von regulären, öffentlichen Schule waren) in Cambridge, Brookline und Scarsdale, an kleinen Schulen mit 60 bis 100 Schülern. Wir gingen davon aus, daß Moralerziehung am besten in einem System partizipatorischer Demokratie vor sich geht: ein Mensch – eine Stimme, ob Schüler oder Lehrer. Der Vorrang, den wir der Demokratie einräumen, ist zum Teil philosophisch begründet. In einer demokratischen Schule treten die Lehrer durchaus für bestimmte Standpunkte ein; sie indoktrinieren oder verkündigen aber nicht Werte auf Grundlage ihrer Autorität als Lehrer. Ihre Auffassungen setzen sich nur dann durch, wenn sie – was üblicherweise der Fall ist – die Stimme der höheren Stufen und der Vernunft repräsentieren. Unsere Präferenz für Demokratie hat auch psychologische Hintergründe. Mit der Idee der sich im demokratischen Prozeß ausdrückenden Fairneß eng verbunden ist die Idee der Verantwortlichkeit. Um sich gerecht zu verhalten, müssen die Schüler nicht nur über Fairneß nachdenken, sondern sie müssen verantwortliche Handlungsschritte in Richtung der Gerechtigkeit unternehmen. Die Verantwortung, dafür Regeln aufzustellen und ihnen Geltung zu verschaffen, bewirkt echte Verantwortlichkeit, die mehr ist als das Nachvollziehen der Blickwinkel von anderen – aber bereits dieser Rollenübernahmeprozeß ist wesentlich für das Wachstum eines Sinns für Fairneß.

Wir nennen unseren Ansatz den Ansatz der »Gerechten Gemeinschaft« (just community), weil er den Akzent nicht nur auf Demokratie und Fairneß legt, sondern auch auf das Gefühl der Fürsorge füreinander und auf den Sinn dafür, Teil einer Gruppe zu sein, der stolz auf sich sein will – wir sprechen zusammenfassend von einem Gemeinschaftssinn. Für einen Teil der heutigen Jugendlichen, die sogenannte narzißtische Generation, besteht ein zentrales Anliegen in einem übermäßigen »Privatismus«, in Sorge um das eigene Wohl. Ein Schüler der High School in Scarsdale – einer Regelschule, die der öffentlichen Alternativschule, in der wir arbeiten, benachbart ist – drückte seine Unzufriedenheit mit diesem weitverbreiteten Privatismus in einem anonymen Brief an die Lokalzeitung aus. Er sagte unter anderem:

»Das größte Problem von Scarsdale (der Scarsdale High School; d. Hrsg.) ist, daß niemand glücklich ist. Während man sich damit brüstet, eine großartige Vorbereitungsschule (für akademische Laufbahnen; d. Hrsg.) zu sein, haben sie eine höllische Atmosphäre erzeugt. ... Im letzten Jahr haben mehrere Schüler versucht, sich umzubringen, und wenigstens vier (von denen ich weiß) kamen wegen ihrer Probleme in die Psychiatrie. ... Die meisten dieser Probleme waren auf den unerträglichen Druck zurückzuführen. Dieser Druck ist in vielen Facetten der Schule klar ersichtlich. Es ist nicht zu glauben, was Leute für gute Noten alles tun. Offensichtlich gibt es in Scarsdale viel Betrug. Ich schätze, daß annähernd 95 Prozent der Schüler schwindeln werden, wann immer es für sie von Vorteil ist. Diese Gewohnheit ist etwas, was ihnen von der Schule beigebracht wird, von dem sie dort ganz und gar nicht abgebracht werden. ... Das Alkoholproblem an der Schule läßt das Drogenproblem wie ein Nichts erscheinen. Jeder – und ich meine jeder (mich eingeschlossen) – trinkt. ... Auch die soziale Struktur der Schule ist destruktiv. Alle in der Schule sind in Cliquen verteilt; der Maßstab ist meist die äußere Erscheinung, die sportlichen Fähigkeiten oder einfach eine einzelne Erfahrung in der Vergangenheit des Betreffenden. Ein Brief wie dieser könnte jemandes Ansehen ruinieren. Jeder in der Schule ist kalt gegenüber Leuten aus anderen Cliquen, und Beziehungen zu jemand aus einer anderen Clique kannst du vergessen. ... Hier sorgen sich Schüler um nichts außer sich selbst, und das gilt für fast jeden.«

Lassen Sie mich diesem Bild ein Treffen der Schulgemeinschaft der *Scarsdale Alternative School* entgegenstellen, dem ich kürzlich beiwohnte. Dort wurde die Frage behandelt, ob man Laurie, eine Schülerin der zehnten Klasse, die im ersten Jahr auf dieser Schule war, von ihr wieder verweisen solle oder nicht. Ein solcher Schulverweis hätte die Rückkehr auf die gewöhnliche High School bedeutet, wo Laurie sehr unglücklich gewesen war und sehr schwache Leistungen gezeigt hatte. Der Lehrkörper war in einer eigenen Konferenz einmütig zu dem Schluß gekommen, daß eine derartige Rückkehr für die Schulgemeinschaft und möglicherweise auch für Laurie selbst das Beste wäre. Bevor sie des drohenden Schulausschlusses gewahr wurde, hatte Laurie trotz häufiger Mahnungen regelmäßig den Unterricht versäumt; sie hatte sich auch dem Lehrkörper gegenüber häufig beleidigend geäußert – etwas, das es in dieser Schule praktisch nie gegeben hatte. Die Lehrer standen unter dem Eindruck, sie habe das notwendige Engagement gegenüber der Alternativschule nicht aufgebracht, zu dem wirkliche Mitarbeit gehört; sie hatten das Gefühl, Laurie stehle ihnen Zeit und Energie, die für andere Schüler zur Verfügung stehen sollte. Vor dem Gemeinschaftstreffen der Scarsdale Alternative School, das üblicherweise etwa zwei Stunden lang dauert, treffen sich Lehrkörper und Schüler zunächst für anderthalb Stunden in kleinen Kern- und Beratungsgruppen. Dann wurde Laurie um eine Stellungnahme gebeten. Jetzt kamen ihr die Tränen, sie sprach von dem Wunsch, noch eine Chance zu bekommen und auf der Schule zu bleiben. Es war, als wüchse in ihr ein erwachendes Stufe-3-Bewußtsein, was die Schule für sie sein könnte: ein Ort, an dem sich Leute umeinander kümmern. Unter den Schülern erhob sich Diskussion, es klänge ja gut, eine Gemeinschaft der Fürsorge zu sein, wer aber würde tatsächlich die Verantwortung auf sich nehmen? Eine Reihe von Schülern und Schülerinnen stellten sich unaufgefordert eben hierfür zur Verfügung. Die Alternativen, über die zu entscheiden war, wurden auf der Wandtafel skizziert: Verbleib auf der Schule; Verbleib auf Probe, auf der Grundlage eines besonderen Vertrags, der mit dem Lehrkörper ausgearbeitet werden müßte; Schulverweis mit der Möglichkeit, bei gutem Abschneiden in der Regelschule nach einem Jahr zurückzukehren. Laurie wurde gefragt, wofür sie selbst stimmen würde. Sie antwortete: »Auf Probe in der Schule bleiben.«

Es folgte eine ausgedehnte Debatte, in der sich andeutete, daß manche Lehrer ihre Meinung änderten. Nach zweieinhalb Stunden wurde eine Abstimmung beantragt. Laurie bat darum, den Raum verlassen zu können, um nicht zu erfahren, wer gegen sie stimmte; sie willigte aber schließlich ein, zu bleiben. Von den 76 Stimmberechtigten stimmten mit Ausnahme von vieren alle dafür, daß Laurie auf der Schule verbleiben sollte. In den Tagen nach der Versammlung wurde ein Vertrag zwischen Laurie, ihrem Beratungslehrer und einer Unterstützungsgruppe von Schülern ausgearbeitet. Laurie trifft sich einmal in der Woche mit dieser Gruppe.

Sie hat seitdem nicht nur regelmäßig am Unterricht teilgenommen, sondern auch ihre Arbeit hat sich verbessert, und ihre unhöfliche und beleidigende Sprechweise ist verschwunden. Außerhalb der Schulzeit trafen sich eine Reihe der Beobachter, die Lehrer und ich zu einer Auswertungssitzung. Ein als inoffizieller Gast anwesender Chef einer Schulbehörde fragte mich: »Dr. Kohlberg, macht es Ihnen keine Sorgen, wenn Erwachsene, die ja nun ein bißchen älter sind, so viel Macht in die Hände von Schülern legen?« Die Lehrer antworteten für mich, in diesem speziellen Fall seien sie davon überzeugt worden, daß die Schüler eine fairere, gerechtere Entscheidung getroffen hatten als die, zu der sie selbst gelangt waren. Die Gerechtigkeit dieser Entscheidung beruhte jedoch nicht allein auf demokratischer Diskussion, sondern auf dem starken und hochentwickelten Gemeinschaftssinn der Schüler.

An den meisten Schulen steht ein Lehrer oder schulpolitisch Verantwortlicher in vergleichbaren Situationen vor einer Wahl, bei der es nichts zu gewinnen gibt. Entscheidet er sich für die Bedürfnisse eines Problemkindes, schwächt er die Regeln und das Wohlergehen der größeren Gruppe. In Lauries Situation dagegen stärkte die für die Problemschülerin beste Wahl in Wirklichkeit den Gemeinschaftsgeist der Gruppe und ihren Sinn der Verantwortlichkeit für ihre Regeln, wie der der Anwesenheit und Partizipation. Vielleicht war es durchaus klug von den Lehrern, daß sie sich auf diese Lösung erst einließen, als sie sie wirklich von den Schülern ausgehen sahen. Lassen Sie mich zum Schluß betonen, daß die hier angesprochenen Fragen der Demokratie in Scarsdale wie an anderen *Just Community*-Schulen ein fortdauernder Gegenstand der Uneinigkeit sind: die Balance zwischen dem Willen der Mehrheit – dem, was Rousseau den allgemeinen Willen genannt hat – und den Rechten der Minderheit.

Arbeitsaufgaben

1. *Kohlberg ist als Entwicklungspsychologe der Auffassung, daß sich die moralische Urteilsfähigkeit stufenförmig in eine bestimmte Richtung entwickelt. Warum sind diese Forschungsergebnisse für die Theorie von Jürgen Habermas von großem Interesse? Beachten Sie dabei seinen Begriff der »Ich-Identität« bzw. den der »kommunikativen Kompetenz«.*

2. *Um das jeweilige Niveau des moralischen Urteils festzustellen, legte Kohlberg seinen Probanden das folgende Beispiel eines moralischen Konflikts vor.*

   Das *»Heinz-Dilemma«:* Eine todkranke Frau litt an einer besonderen Krebsart. Es gab ein Medikament, das nach Ansicht der Ärzte ihr Leben hätte retten können. Ein Apotheker der Stadt hatte es kurz zuvor entdeckt. Das Medikament war teuer in der Herstellung, der Apotheker verlangte jedoch ein Vielfaches seiner eigenen Kosten. Heinz, der Ehemann der kranken Frau, borgte von all seinen Bekannten Geld, brachte aber nur die Hälfte des Preises zusammen. Nach ergebnislosen Verhandlungen mit dem Apotheker brach Heinz in die Apotheke ein und stahl das Medikament für seine Frau.

An eine solche Vorgabe schließen sich Fragen an: Hätte Heinz das Medikament stehlen sollen? Warum? Was ist schlimmer: jemanden sterben zu lassen oder zu stehlen? Warum? Hätte ein Ehemann einen triftigen Grund zu stehlen, auch wenn er seine Frau nicht liebt? Wäre es genauso gerechtfertigt, für einen Fremden wie für die eigene Frau zu stehlen? Warum? Angenommen, Heinz stiehlt das Medikament für ein Haustier, das er sehr gern hat. Wäre es gerechtfertigt, für ein solches Tier zu stehlen? Heinz stiehlt das Medikament und wird festgenommen: Soll der Richter ihn verurteilen? Warum? Der Richter überlegt sich, Heinz ohne Strafe frei zu lassen. Was könnten die Gründe sein? Wenn man einmal daran denkt, daß wir alle in einer Gesellschaft zusammenleben, welche Gründe hätte der Richter dann, Heinz zu verurteilen?

Rekonstruieren Sie anhand des aufgeführten »Heinz-Dilemmas« die von Kohlberg unterschiedenen sechs Entwicklungsstufen des moralischen Urteils. Gehen Sie dabei so vor, daß Sie die acht fiktiven Antworten (siehe nachfolgende Seite) jeweils einer Stufe zuordnen und Ihre Entscheidung begründen.

3. *Mit welchen Argumenten vertritt Kohlberg die Auffassung, daß eine Moralpsychologie durch Moralphilosophie ergänzt werden muß? Welcher Typ von Moralphilosophie entspricht nach Kohlberg den Merkmalen des »postkonventionellen Bewußtseins«?*
4. *Kohlberg vertritt die Überzeugung, daß eine demokratische Schule einen Beitrag zur moralischen Entwicklung der Schülerinnen und Schüler leisten müsse. Dabei grenzt er seine Vorstellung von zwei konkurrierenden Positionen, vom Programm der »Charaktererziehung« und von dem der »Wertklärung«, ab. Charakterisieren und veranschaulichen Sie diese von Kohlberg abgelehnten Ansichten.*
5. *Wie definiert Kohlberg demgegenüber das Ziel einer Moralerziehung in seinem Sinne? Wie wird dieses Ziel mit dem Hinweis auf die demokraktische Verfassung und die Aufgaben öffentlicher Schulen begründet?*
6. *Welchen Beitrag könnte der schulische Unterricht, die Auseinandersetzung mit Unterrichtsinhalten zur Förderung der moralischen Urteilsfähigkeit leisten? Was hat der Lehrer bzw. die Lehrerin bei der methodischen Gestaltung eines solchen Unterrichts zu beachten?*
7. *Inwieweit könnten schulorganisatorische Veränderungen, die den Lernenden grössere Mitwirkungsmöglichkeiten einräumen, einen Beitrag zur moralischen Entwicklung und zur moralischen Handlungskompetenz leisten?*
8. *Kommentieren Sie das Programm Kohlbergs und seine gesellschaftlichen Realisierungschancen aus der Sicht von Jürgen Habermas!*

	Die fiktiven Antworten zu dem »Heinz-Dilemma«:	Stufe des moralischen Urteils:
a)	Selbstverständlich sollte Heinz das Medikament stehlen; denn die Liebe zu seiner Frau ist wichtiger als das Gesetz.	
b)	Heinz sollte das Medikament stehlen, weil auch das Gesetz unter bestimmten Bedingungen ein Notrecht einräumt.	
c)	Heinz sollte nicht das Medikament stehlen, weil er sonst ins Gefängnis müßte.	
d)	Der Wert des menschlichen Lebens ist so hoch, daß in einem solchen Fall ein Verstoß gegen die Gesetze und eine Bestrafung in Kauf genommen werden müssen. Würde sich der Apotheker in die Situation von Heinz versetzen, würde er genauso handeln.	
e)	Natürlich sollte Heinz das Medikament stehlen, weil das Risiko, gefaßt zu werden, sehr gering ist.	
f)	Im Prinzip dürfte Heinz das Medikament nicht stehlen, weil Diebstahl mit guten Gründen verboten ist. Das Gesetz sieht Ausnahmefälle für Situationen wie die von Heinz nicht vor und müßte deshalb geändert werden. Darauf kann Heinz nicht warten; deshalb sollte er das Medikament stehlen.	
g)	Heinz sollte das Medikament stehlen, auch wenn er dann ins Gefängnis kommt; denn so behält er seine Frau.	
h)	Auch wenn Heinz seine Frau liebt, darf er das Medikament nicht stehlen, weil er sonst das Gesetz bricht. Wenn das jeder so macht, bricht das Chaos aus.	

Kapitel VI

Die verborgenen Mechanismen der Macht

Pierre Bourdieu

Sozialisation als Habitualisierung

Pierre Bourdieu (geb. 1930) ist zweifellos einer der bedeutendsten Sozialwissenschaftler der Gegenwart. Seit 1982 ist er Mitglied des Collège de France, des angesehensten französischen Forschungsinstituts. Bourdieu gehört wohl zu den schärfsten Kritikern der Wissenschaft im allgemeinen und seiner Disziplin, der Soziologie, im besonderen. Nach seiner Auffassung unterliegen die Wissenschaft und ihre Institutionen den »verborgenen Mechanismen der Macht«, dienen sie in der Regel den Interessen der in dieser Gesellschaft tonangebenden sozialen Gruppen, anstatt – wie Bourdieu verlangt – deren Macht und die Mechanismen ihrer Durchsetzung zu entlarven. Mit diesem gesellschafts- und ideologiekritischen Anspruch steht Bourdieu ähnlich wie Jürgen Habermas in der Tradition einer kritischen Gesellschaftstheorie. Aber der Umgang mit diesem Erbe der Theoriegeschichte ist bei beiden Theoretikern höchst unterschiedlich. Während der eine, Habermas, versucht, die klassischen soziologischen Theorien wie die von Marx, Weber, Parsons, Durkheim, Mead in eine umfassende Theorie der Moderne zu integrieren, hält Bourdieu von einem solchen gesellschaftstheoretischen und sozialphilosophischen »Feldherrenblick« wenig. Die Sozialwissenschaft als Wissenschaft von der Gesellschaft müsse das »Schlachtgetümmel« des Alltags mit den Mitteln empirischer Forschung analysieren, wenn sie ihr herrschaftskritisches Potential entfalten wolle.

Das in dieser Hinsicht eindrucksvollste Ergebnis hat Bourdieu 1979 in seinem Buch ›Die feinen Unterschiede‹ vorgelegt. Mit einer imponierenden Fülle empirischen Materials belegt er die »feinen Unterschiede«, die im Alltag die Grenzen zwischen den sozialen Gruppen markieren, enthüllt er die Regeln, die die Reproduktion, aber auch die Veränderungen des sozialen Raumes bestimmen. Das Handeln der Akteure im sozialen Raum, ihr gesamter Lebensstil – so die zentrale These Bourdieus – ist von ihrer jeweiligen Position im sozialen Raum bestimmt. Was aus der Perspektive der Handelnden das Ergebnis freier individueller Entscheidungen, Vorlieben und Anstrengungen ist, ist aus der Beobachterperspektive Bourdieus Ausdruck eines sozialen »Schicksals«, das wir nur in engen Grenzen beeinflussen können, das Ergebnis einer schichtenspezifischen Sozialisation. Nach seiner Auffassung übernehmen wir von früh an den Stil der sozialen Gruppe, in der wir aufwachsen. Daß wir uns verhalten, wie »man« sich in unserer sozialen Umgebung benimmt, zeigt auch, daß wir Werte und Normen übernehmen, über die wir uns selten Rechenschaft geben, die vielmehr das Ergebnis sozialer »Konditionierungen« sind. Welche Vorlieben und welchen Geschmack wir haben, wie wir unsere Wohnung einrichten und welchen Kleidungsstil wir mögen, selbst unsere Art der Körperhaltung und -bewegung sind demnach Ausdruck unserer Position im sozialen Raum.

Bourdieu beschreibt gesellschaftliches Handeln als ein Distinktionsgeschehen, in dem jede soziale Gruppe darum bemüht ist, ihre Stellung im »sozialen Raum« zu verbessern. Die drei großen gesellschaftlichen Gruppen und ihre jeweiligen Lebensstile sind dabei unterschiedlich charakterisiert: Die obere Schicht ist durch »Distinktion«, durch ihr Bestreben, den sozialen Abstand zu den Lebensformen der anderen sozialen Gruppen zu wahren, gekennzeichnet. Für die soziale Mittelschicht ist dagegen die »Prätention« typisch, d. h. das unablässige Bemühen, sich der oberen Schicht kulturell anzupassen. Die untere Schicht ist durch »Notwendigkeit« bestimmt, d. h. hier dominiert der Kampf um die Existenz, der den gesamten Lebensstil prägt.

Bourdieus empirische Forschungen ergeben nicht nur ein »tiefenscharfes« Bild vom Einfluß unserer sozialen Umwelt auf unser Denken, Fühlen und Handeln; die Ergebnisse seiner Analysen enthalten im Vergleich zu Durkheim und Parsons zugleich eine unübersehbare gesellschaftskritische Spitze: Die unterschiedlichen Wahrnehmungs-, Denk- und Verhaltensstile, die die sozialen Akteure in Abhängigkeit von ihrer Stellung im sozialen Raum entwickeln, werden in der Gesellschaft keineswegs als gleichwertig anerkannt, besitzen keineswegs den gleichen »Marktwert«. Nicht jeder, nicht einmal die Mehrheit der Bevölkerung hat die Chance, den »guten«, d. h. den »legitimen« Geschmack zu entwickeln, der in der Konkurrenz um soziale Anerkennung und Privilegien den höchsten Profit abwirft. Das, was »guter Geschmack« ist, wird nämlich – immer wieder neu – von denen definiert, die zur herrschenden, zur »tonangebenden« Klasse gehören. Diese Definitionsmacht ist also Ausdruck der Herrschaftsverhältnisse in der Gesellschaft, ein Instrument der Abgrenzung der höheren Klassen von den niederen, ist eine symbolische Macht, die deren überlegene Stellung im sozialen Raum legitimiert.

Die Positionen im sozialen Raum, Klassenzugehörigkeit und entsprechende Lebensstile sind nach Bourdieu fundamental vom »Kapitalvolumen« einer Person, von der Menge des jeweils verfügbaren Kapitals abhängig. Ob man zur oberen, mittleren oder unteren Gesellschaftsschicht gehört, ist allerdings nicht allein durch ökonomisches Kapital bestimmt. Bourdieu führt neue Kapitalformen ein, um die Komplexität des gesellschaftlichen Unterscheidungskampfes genauer untersuchen zu können. Klassenunterschiede und -auseinandersetzungen können nach seiner Auffassung nicht nur als Folgen der ungleichen Verteilung ökonomischen Kapitals, als Ausdruck ökonomischer Gewalt beschrieben werden, sondern man muß auch der Bedeutung der symbolischen Gewalt Aufmerksamkeit schenken, d. h. den Zeichen und Ritualen, in denen sich gesellschaftliche Macht symbolisiert und Anerkennung findet. Bourdieu behandelt die symbolischen Praktiken einer Gesellschaft wie ihre wirtschaftlichen. Wenngleich das ökonomische Kapital, also das, was man verdient, ererbt und an Geldwerten erworben hat, immer noch von größter Bedeutung im Hinblick auf die soziale Lage ist, so wird die Position im sozialen Raum doch mitbestimmt durch kulturelles und soziales Kapital. Kulturelles Kapital meint u. a. die kulturelle Disposition, die Umgangsweisen mit Kultur, die man innerhalb seiner Familie einverleibt hat, die Kulturgüter wie Bücher und Bilder, mit denen man umgeben ist, und schließlich Bildungstitel, die man im Bildungssystem erwirbt. Mit sozialem Kapital sind die sozialen Beziehungen gemeint, die man im Kampf um bessere Positionen einsetzen kann. In gewissem Maße sind die Kapitalformen konvertierbar, so daß geringes ökonomisches Kapital nicht unbedingt bedeuten muß, daß man im sozialen Raum ganz unten steht. Umgekehrt garantiert allerdings auch ein Lottogewinn nicht, daß man plötzlich zu den oberen Zehntausend gehört. Um in einer bestimmten Gruppe mitspielen zu können, muß man deren Spielregeln beherrschen.

Zusammenfassend läßt sich Bourdieus Konzeption des sozialen Raums mit einem Markt vergleichen, auf dem die Individuen mit höchst unterschiedlichen Gewinnchancen ihr »persönliches« Kapital im Sinne der Gewinnmaximierung zum Einsatz bringen. Das Handeln der »Marktteilnehmer« ist also immer strategisches, erfolgsorientiertes Handeln. Aber weder können sie ihre Strategien beliebig wählen, noch müssen ihnen die Regeln bewußt sein, nach denen der Markt Erfolg bzw. Mißerfolg gestattet. Der subjektive Sinn, den die Individuen ihren Handlungen beilegen, ist mit deren objektiver Bedeutung, dem »sozialen Sinn«, in der Regel nicht identisch.

Bezeichnenderweise spricht Bourdieu deshalb von Handelnden und nicht von Subjekten in einem emphatischen Sinne, von Subjekten, die ihr Handeln autonom bestimmen könnten. Dennoch hat die soziale Praxis der Handelnden durchaus schöpferische Dimensionen, sind sie innerhalb bestimmter Grenzen durchaus in der Lage, ihren jeweiligen »Marktwert« zu erhöhen und – im Ausnahmefall – sogar die Regeln des Marktes zu modifizieren. Um dies verständlich machen zu können, führt Bourdieu den Begriff des Habitus in den soziologischen Diskurs ein.

Der Habitus fungiert als Vermittlungsglied zwischen der Stellung im sozialen Raum und dem für die jeweilige Position typischen Lebensstil, den Praktiken und Vorlieben, die von einer Person in dieser Stellung erwartet werden. Er bestimmt die Praxis, auch wenn sich die Handelnden dieser Wirksamkeit des Habitus für ihre soziale Wahrnehmung und ihr konkretes Handeln nicht oder nur selten bewußt sind. Kennt man den Habitus einer Person, so weiß man, was dieser Person als möglich und unmöglich erscheint. Ganz bestimmte Weisen, sich zu bewegen, zu denken, ganz bestimmte Formen des Geschmacks sind einfach unmöglich, werden als abwegig, als »unnormal« betrachtet. Der Habitus ist nicht eine Ansammlung von Fähigkeiten oder Fertigkeiten, sondern er kennzeichnet eine Lebensform, eine Physiognomie, die über die gesamte Existenz erhalten und entwickelt wird. Wie wir uns kleiden, was wir lesen, wie wir unsere Wohnungen einrichten, was wir für ein gutes Essen halten – dies alles liegt nicht nebeneinander, sondern weist einen einheitstiftenden Stil auf, der unsere Zugehörigkeit zu einer bestimmten gesellschaftlichen Gruppe kenntlich macht.

Der Habitus ist die vermittelnde Instanz zwischen subjektiven und objektiven Dimensionen sozialer Existenz. Er fungiert wie die Grammatik unserer Sprache. Wir benutzen sie, aber wir wenden sie nicht bewußt von Fall zu Fall an. Wir fallen dann nicht auf, wenn wir die Regeln des sozialen Milieus virtuos beherrschen. Anstößig ist hingegen der, der sich untermischt, ohne dazuzugehören. Der Habitus repräsentiert ein erworbenes Erzeugungsmuster, das dafür sorgt, daß eine Familienähnlichkeit zwischen all unseren Handlungsweisen herrscht. Sie sind nach Bourdieu nicht heterogen, sondern verbunden durch einen Lebensstil, den wir von Kindesbeinen an inkorporiert haben. Im Prozeß der Habitualisierung erwerben wir klassenspezifische Zwänge und Freiheiten und konstruktive Unterschiede zu anderen gesellschaftlichen Klassen.

Vergleicht man die Ausführungen Bourdieus zum Habitus mit den in den vorangegangenen Kapiteln vorgestellten Sozialisationstheorien, dann werden wichtige Differenzen deutlich. Was gewöhnlich Sozialisation heißt, wird bei Bourdieu als Habitualisierung, und das Ergebnis dieses Prozesses als Habitus bezeichnet. Der Begriff des »Habitus« könnte an Durkheims Überlegungen zum »sozialen Wesen« in uns, an Meads Konzept des »Me« als der inneren Repräsentanz der Gesellschaft oder auch an Parsons' Interpretation des Handelns als gesellschaftlich vorgegebenes Rollenhandeln erinnern. Aber Bourdieus soziologischer Blick ist in mancher Hinsicht noch radikaler als der seiner Vorgänger. Seine Theorie ist der entschiedenste Angriff auf alle Vorstellungen einer selbstbestimmten autonomen Persönlichkeit. Der Begriff des Habitus läßt keinen Raum für die Vorstellung eines »individuellen Wesens« im Sinne Durkheims, eines »I« als Moment von Spontaneität oder Verweigerung wie bei Mead, und erst recht nicht für den Begriff einer »ausbalancierten Ich-Identität« wie bei Habermas. In dieser Hinsicht steht er – bei allen anderen Differenzen – Parsons am nächsten, dessen Rollentheorie bei einer konsequenten Interpretation ebenfalls keinen systematischen

Platz für ein selbstbestimmtes individuelles Handeln läßt. Aber selbst im Vergleich zu Parsons wirkt Bourdieus Habitustheorie »schonungsloser«. Der Habitus ist das Ergebnis von sozialen Erfahrungen in Form von »Konditionierungen«, die nicht nur – wie bei Parsons – zur »Verinnerlichung« von handlungsleitenden kulturellen Werten bzw. Rollenerwartungen führen, sondern diese »Konditionierungen« prägen das Individuum in Abhängigkeit von seiner Stellung im sozialen Raum auch äußerlich bis in die feinsten Verästelungen seines Geschmacks hinein. Selbst der Körper, seine Wahrnehmungs- und Ausdrucksformen sind das Ergebnis der Sozialisation, Spiegelbild einer spezifischen sozialen Biographie. Bei niemand anderem wird der Begriff der Sozialisation so umfassend und ausschließlich als Vergesellschaftung gedacht.

Diese Radikalität Bourdieus hat immer wieder zu dem Vorwurf Anlaß gegeben, seine Theorie, insbesondere sein Habituskonzept, sei deterministisch. Seine Analysen – so der verbreitete Vorwurf – der Abhängigkeit des Handelns vom Habitus und der Stellung im sozialen Raum ließen keine Freiheitsspielräume der einzelnen mehr erkennen und desavouierten damit zugleich alle Hoffnungen der Moderne auf den Abbau gesellschaftlicher Herrschaft. Aber diese verbreiteten Vorwürfe sind zumindest in dieser Form unbegründet. Der Habitus erhält den deterministischen Anschein nur dann, wenn man übersieht, daß er bei Bourdieu keineswegs statisch, sondern dynamisch gedacht, daß er zwar »Produkt sozialer Konditionierungen«, aber »in unaufhörlichem Wandel begriffen« ist. Er kann »verstärkt«, aber auch in Grenzen verändert werden, wenn er im sozialen Raum auf neue Situationen und Handlungschancen trifft. Aber auch mit diesem Hinweis ist der Determinismusvorwurf nicht ausgeräumt; er macht lediglich deutlich, daß etwa der Habitus eines Unterschichtkindes durch den – nicht sehr wahrscheinlichen – Besuch einer Hochschule durchaus verändert wird und neue Züge annimmt. Aber auch diese Veränderungen wären ja das Ergebnis neuer Konditionierungen. In einer Antwort an seine Kritiker geht Bourdieu allerdings einen wichtigen Schritt weiter. Der Habitus, so führt er dort aus, sei »nicht nur durch den Einfluß einer Laufbahn veränderbar, die zu anderen als den ursprünglichen Lebensbedingungen führt«, sondern könne »schließlich auch durch Bewußtwerdung und Sozioanalyse *unter Kontrolle* gebracht werden«. (Eder 1989, S. 407)

Mit den Mitteln seiner Theorie kann Bourdieu diese hoffnungsvollen Annahmen allerdings kaum begründen. Wenn Habitualisierung auf Konditionierung zurückgeführt und der Habitus als – wenn auch dynamisches – Konditionierungsprodukt begriffen wird, läßt sich der Einfluß kognitiver Faktoren, die handlungsorientierende Relevanz von Prozessen der Selbstreflexion unter einer systematischen, sozialisationstheoretischen Perspektive nicht erklären. In dieser Hinsicht weist Bourdieus Theorie »Blindflecke« auf, die eventuell mit den sozialisationstheoretischen Annahmen und Befunden Meads oder auch Habermas beseitigt werden können.

Bourdieu versucht dies allerdings nicht. Ob und wie die von ihm unterstellte Chance der Individuen, sich wenigstens partiell einer totalen Konditionierung zu entziehen, theoretisch zu erklären sind, interessiert ihn nicht sonderlich. Die sozialisationstheoretische Einsicht in die soziale Determination des Handelns schließt aus seiner Sicht jedoch das wissenschaftliche und politisch-praktische Engagement für die individuelle und gesellschaftliche Freiheit nicht aus. Mit seinen Worten: »Man kann sehr wohl einsehen, daß in dem Spiel, in dem man drinsteckt, kein Platz für Freiheit ist, und gleichzeitig versuchen, sich historischer Notwendigkeiten zu bedienen in der Hoffnung, die historische Notwendigkeit ein klein wenig zu verändern« (Bourdieu 1993, S. 29). Aber dazu bedarf es aus seiner Sicht keiner Sozialphilosophie, sondern einer empirischen und zugleich herrschaftskritischen Soziologie, einer »stringenten Wissenschaft von der sozialen Welt [...], die die sozialen Akteure nicht in das ›stählerne Gehäuse‹ eines Determinismus sperrt, ihnen vielmehr die Mittel zu einer befreienden Bewußtwerdung an die Hand gibt« (Bourdieu 1993, S. 94).

Mit solchen Äußerungen stellt sich Bourdieu ganz eindeutig und selbstverständlich hinter das alte Programm der Aufklärung, nähert er sich sogar einer kritischen Sozialphilosophie vom Zuschnitt der »Frankfurter Schule«. Im Gegensatz etwa zu Habermas interessiert sich Bourdieu nicht für die theoretische Begründung, daß Aufklärung und damit ein »klein wenig« mehr an Freiheit sein *soll* und angesichts der gattungsspezifischen Ausstattung des Menschen mit Sprache auch *möglich* ist. Streng genommen kann Bourdieu nicht einmal begründen, warum der Zuwachs an Wissen über die soziale Welt denen zugute kommen *soll*, die durch die symbolische Macht der herrschenden Klassen an der erfolgversprechenden Artikulation ihrer Interessen gehindert werden. Er teilt die Intentionen einer kritischen Sozialphilosophie, aber hält deren Anstrengung, diese Intentionen etwa sprach- oder gar geschichtsphilosophisch zu begründen, für unergiebig. Ihr herrschaftskritisches Potential entwickelt Wissenschaft erst dann, wenn sie mit den Mitteln empirischer Forschung die realen »Mechanismen der Macht« enthüllt.

Der erste der nachfolgenden Texte ist ein Auszug aus einem Interview mit Bourdieu Anfang der 80er Jahre, nachdem seine große Untersuchung ›Die feinen Unterschiede. Kritik der gesellschaftlichen Urteilskraft‹ in Deutschland veröffentlicht worden war. In diesem Gespräch entwickelt er in knapper Form seine grundlegenden gesellschaftstheoretischen Annahmen, erläutert die zentralen Begriffe des »Habitus« und des »sozialen Raums« und beschreibt die Aufgaben einer kritischen Soziologie.

Im zweiten Text expliziert Bourdieu die für seine Theoriekonstruktion zentralen Begriffe des »ökonomischen«, »kulturellen« und »sozialen Kapitals«. Im Mittelpunkt stehen dabei die Erscheinungsformen und Funktionen des kulturellen Kapitals, insbesondere des durch das Bildungssystem vermittelten »institutionalisierten« kulturellen Kapitals. Diese Analyse bildet das Kernstück der Bildungssoziologie Bourdieus. Diese Bildungssoziologie, deren Grundzüge und desillusionierenden Ergebnisse er bereits 1971 in seinem Buch ›Die Illusion der Chancengleichheit‹ zusammen mit Passeron veröffentlicht hat, unterminiert alle Interpretationen des Bildungssystems als einer auf individuelle Begabung und Leistung basierenden Instanz zur Verteilung von Abschlüssen und damit von Sozialchancen. Aus Bourdieus Sicht dient das Bildungssystem in seiner gegenwärtigen Struktur vor allem der Verschleierung seiner eigentlichen Funktion, nämlich der Begünstigung derjenigen, die durch ihre soziale Herkunft bereits über ein gewinnversprechendes kulturelles Kapital verfügen, das ihnen sozial vererbt wurde und das sie keineswegs durch besondere individuelle Begabung und Anstrengung erworben haben. Diese These wird im dritten Text entwickelt und im Blick auf das (französische) Hochschulsystem belegt. Zugang zum Studium, Fächerwahl, Studienverhalten und Studienerfolg werden primär – so die Forschungsergebnisse Bourdieus und Passerons – vom sozialen »Schicksal« der Studierenden, d. h. von der Sozialisation in der Familie, und nicht von ihrer individuellen Leistungsfähigkeit bestimmt.

Der abschließende Text, Bourdieus Plädoyer für eine »rationale Hochschuldidaktik« ist typisch für die bereits angedeutete Spannung zwischen dem desillusionierenden Blick Bourdieus auf die realen, scheinbar unüberwindlichen »Mechanismen der Macht« und dem unbeirrten Festhalten an der Hoffnung, daß sie durch »Bewußtwerdung« ein Stück weit außer Kraft gesetzt und »unter Kontrolle« gebracht werden könnten. Auch im Blick auf die Hochschule dient der Abschied von Illusionen und Selbsttäuschungen der Entwicklung neuer Handlungsperspektiven, um die »historische Notwendigkeit ein klein wenig zu verändern«.

*Pierre Bourdieu im Gespräch – Die feinen Unterschiede

Zimmermann, H. D.: Die feinen Unterschiede, oder: Die Abhängigkeit aller Lebensäußerungen vom sozialen Status. Ein Gespräch mit dem französischen Soziologen Pierre Bourdieu. In: L'80 (November 1983). Heft 28. S. 131–144.

Frage: In ihrem Buch zeigen Sie an einer Fülle empirischer Daten, wie sehr das Leben des einzelnen von seiner Klassenzugehörigkeit bestimmt wird. Ob er Johann Strauss oder Johann Sebastian Bach mag, aber auch wieviel Unterhosen er hat, ob er Schlafanzug und Morgenmantel besitzt: das alles wird auf seine soziale Zugehörigkeit zurückgeführt. Ergibt sich denn aus der Fülle solcher Einzelheiten wirklich ein einheitliches Bild, ein »System der Lebensstile«?

Bourdieu: Nun, ich meine, daß es bei diesem Unternehmen nicht bloß darum geht, unterschiedliche Formen der Lebensführung mit der Zugehörigkeit zu dieser oder jener gesellschaftlichen Klasse zu verknüpfen. Im Grunde geht es mir in diesem Buch viel eher darum, die herkömmliche Vorstellung von »Klasse« außer Kraft zu setzen, als sie zu stärken. Mein Versuch geht dahin zu zeigen, daß zwischen der Position, die der einzelne innerhalb eines gesellschaftlichen Raums einnimmt, und seinem Lebensstil ein Zusammenhang besteht. Aber dieser Zusammenhang ist kein mechanischer, diese Beziehung ist nicht direkt in dem Sinne, daß derjenige, der weiß, wo ein anderer steht, auch bereits dessen Geschmack kennt. Als Vermittlungsglied zwischen der Position oder Stellung innerhalb des sozialen Raums und spezifischen Praktiken, Vorlieben, usw. fungiert das, was ich *Habitus* nenne, das ist eine allgemeine Grundhaltung, eine Disposition gegenüber der Welt, die zu systematischen Stellungnahmen führt. Es gibt mit anderen Worten tatsächlich – und das ist meiner Meinung nach überraschend genug – einen Zusammenhang zwischen höchst disparaten Dingen: wie einer spricht, tanzt, lacht, liest, was er liest, was er mag, welche Bekannte und Freunde er hat usw. – all das ist eng miteinander verknüpft. Und das haben, glaube ich, in dieser Klarheit vor mir nur wenige formuliert – unter anderen die Schriftsteller. Für *Balzac* etwa war es eine ausgemachte Sache, daß er, wenn er das Haus schilderte, in dem seine Helden wohnten, zugleich diese selbst beschrieb – und daß bei der Schilderung der Helden auch von deren Häusern die Rede war. Bei *Flaubert* ist das noch deutlicher: In der »Erziehung des Herzens« zeichnet er nach, wie die verschiedenen sozialen Kreise essen – und in der Beschreibung des Essens liefert er die Beschreibung des Milieus. Es handelt sich folglich um etwas, was wir intuitiv immer schon wissen, was die Schriftsteller anschaulich machen, aber was von den Sozialwissenschaften nicht verfolgt wird. Dafür gibt es mannigfache Gründe, zunächst einmal technische: Wenn z. B. die Sozialpsychologie ein solches Thema angeht, wird eine Reihe isolierter Experimente und Untersuchungen gestartet – über ästhetischen Geschmack, über Wahrnehmung, usw. –, und man kann sicher sein, daß es nicht derselbe Wissenschaftler ist, der über beides forscht. Eine der Schwierigkeiten meiner Untersuchung lag darin, mit einem einzigen Fragebogen so viele unterschiedliche Aspekte einer Person wie nur irgend möglich zu erfassen – nach dem Lieblingsessen genauso zu fragen wie nach den Literatur- und Musikvorlieben, ja wenn möglich auch nach den Vorlieben im Zusammenhang mit dem sexuellen Partner. Wobei immer davon auszugehen war, daß hier eine Einheit besteht. Ich bin tatsächlich der Meinung, daß unser Nervensystem auf einheitliche Weise funktioniert – wir vereinheitlichen, machen kohärent, und in diesem Sinne ist unser Geschmack kein bloßes Produkt mechanischer Bestimmungsfaktoren des Milieus, sondern Resultat einer Art Alchemie, eines Umwandlungsprozesses.

Frage: Wenn die Klassenzugehörigkeit das Leben des einzelnen dermaßen prägt – Essen, Wohnung, Sport, Kunst, aber auch Liebe und Religion, alles ist abhängig von der Klassenzugehörigkeit – gibt es da überhaupt noch Platz für Spontaneität und Individualität?

Bourdieu: Der Begriff des »Habitus« besagt genau das. Er bezeichnet im Grunde eine recht simple Sache: wer den Habitus einer Person kennt, der spürt oder weiß intuitiv, welches Verhalten dieser Person verwehrt ist. Mit anderen Worten: der Habitus ist ein System von Grenzen. Wer z. B. über einen kleinbürgerlichen Habitus verfügt, der hat eben auch, wie Marx einmal sagt, Grenzen seines Hirns, die er nicht überschreiten kann. Deshalb sind für ihn bestimmte Dinge einfach undenkbar, unmöglich; es gibt Sachen, die ihn aufbringen oder schockieren. Aber innerhalb dieser seiner Grenzen ist er durchaus erfinderisch, sind seine Reaktionen keineswegs immer schon im voraus bekannt. Die Entsprechung von Lebensstil und künstlerischem Stil gewinnt von hier aus ihren Sinn: Der Stil einer Epoche ist genau das, nämlich schöpferische Kunst, das heißt, man weiß nie genau, was ein Künstler schaffen wird; aber sobald er etwas geschaffen hat, entdeckt man, daß auch er Grenzen hat, daß in der Romantik eben kein gotischer Stil entstehen kann. Mit anderen Worten: jeder Künstler schöpft aus Vorhandenem. Das Gleiche gilt für jeden von uns: wir haben alle unsere Grenzen. Allerdings gibt es die Möglichkeit, sich dessen bewußt zu werden.

Frage: Ein wichtiger Teil Ihres Buches befaßt sich mit der Veränderung im Bildungswesen, mit der »Bildungsexpansion«, die für Frankreich genauso gilt wie für die Bundesrepublik. Mehr Kinder mittlerer und unterer sozialer Schichten als früher absolvieren heute die Gymnasien und Universitäten. Sie sprechen von der »Bildungsinflation« als dem Ergebnis dieser Entwicklung: je mehr Absolventen einen akademischen Titel erwerben, um so weniger wert ist der Titel. Die Hoffnung vieler Jugendlicher auf gesellschaftlichen Aufstieg durch mehr Bildung erfüllt sich nicht. In welchem Zusammenhang steht dieser Komplex mit Ihrem eigentlichen Thema?

Bourdieu: Zunächst einmal denke ich, daß die Inflation und die daraus folgende Entwertung der Bildungsprädikate sehr allgemeine Auswirkungen gehabt haben. Bestimmte Aspekte der Jugendrevolte, der ökologischen und der feministischen Bewegung, aber auch tiefgreifende Veränderungen im politischen Bereich, das Auftreten des Linksradikalismus usw. lassen sich meiner Meinung nach auf die Wandlungsprozesse im Bildungssystem zurückführen. Und natürlich bleibt auch der Geschmack von diesen Einflüssen nicht unverschont. Wenn demnach eine der zentralen Thesen meines Buches stimmt, daß zwischen dem Raum der sozialen Positionen und dem der Lebensstile, Lebensweisen und Geschmacksrichtungen eine Korrespondenz besteht, dann muß sich zwangsläufig jede Veränderung im Bereich der sozialen Positionen auf die eine oder andere Weise innerhalb des Bereichs von Geschmack und Lebensstil niederschlagen. Um eine Reihe neuer Phänomene zu erklären, insbesondere das Auftreten eines »jugendlichen« Geschmacks, den ich ausführlich in meinem Buch beschreibe, oder auch die Wertschätzung, die bestimmte moderne Sportarten wie das Surfen genießen, war ich gezwungen, die tiefgreifenden gesellschaftlichen Wandlungsprozesse in Verbindung mit den Veränderungen innerhalb des Bildungswesens zu analysieren. Zum anderen erscheinen mir diese Veränderungen auch wichtig für die Erklärung jener Phänomene, die gewöhnlich unter dem Begriff der sozialen Mobilität abgehandelt werden: Was sich in der jüngstvergangenen Periode in den USA, in Frankreich, aber wohl auch in der Bundesrepublik vollzogen hat, das ist ein tiefgreifender Wandel im Verhältnis der verschiedenen sozialen Gruppen zum Bildungssystem. Dieser Wandel hat sich ebenfalls auf die Lebensweisen ausgewirkt; nicht zuletzt die Studentenbewegung hat in diesem Zusammenhang eine Art symbolische Führerschaft übernommen, d. h. sie hat neue Formen des politischen Ausdrucks erfunden, neue Formen, Sexualität auszudrücken und zu leben usw.

Frage: Drei große Klassen kann man, grob gesagt, in ihrem Buch unterscheiden: die herrschende Klasse, die den Ton angibt – die mittlere Klasse, die aufsteigen will – und die untere Klasse, die Volksklasse, die in gewisser Weise den Abfall der anderen erhält. Man hat bei der Lektüre Ihres Buches manchmal den Eindruck, Ihr Gesellschaftsbild sei recht statisch.

Bourdieu: Nein, mein Gesellschaftsbild ist keineswegs statisch. Was ich zu zeigen versuche, ist vielmehr: statt wie so häufig in Begriffen von sozialen Klassen zu denken, d. h. von säuberlich geschiedenen, neben- oder übereinander stehenden gesellschaftlichen Gruppen, sollte man eher von einem sozialen Raum ausgehen. Dieser soziale Raum besitzt, wie der geographische eine Struktur – es gibt so etwas wie eine gesellschaftliche Topologie: Einige Menschen stehen »oben«, andere »unten«, noch andere »in der Mitte«. Bei der Beschreibung des sozialen Raums verfahre ich wie ein Geograph, der etwa Deutschland in einen Norden und einen Süden einteilt. Der Norden ist eher protestantisch, der Süden eher katholisch. Der Süden kann nun noch weiter eingeteilt werden in Baden-Württemberg, Bayern usw., und jede dieser Regionen läßt sich mit Bezug auf die übrigen Regionen näher darstellen. Wer »oben« beheimatet ist, dürfte wohl nur in den seltensten Fällen jemanden von »unten« heiraten. Zunächst einmal sind die Aussichten generell gering, daß sie sich überhaupt treffen. Sollte das einmal geschehen, dann wahrscheinlich nur so en passant, kurz, auf einem Bahnhof oder in einem Zugabteil. Von einem wirklichen Zusammentreffen läßt sich da schwerlich reden. Und sollten sie tatsächlich einmal ins Gespräch kommen, werden sie sich wohl nicht wirklich verstehen, kaum sich eine richtige Vorstellung voneinander machen können. Mit anderen Worten: es gibt so etwas wie einen Raum, der sehr starke Zwänge ausübt. Andererseits stehen Menschen, die räumlich nahe beieinander sind, in einem – wie es in der Topologie heißt -Nachbarschaftsverhältnis: sie sehen sich öfter, treten miteinander in Kontakt, zuweilen auch in Konflikt, aber auch der stellt ja noch eine Beziehung dar. Was ich analytisch beschreibe, ist mit anderen Worten die Logik einer räumlichen Verteilung. Diese Logik kann Annäherungen begünstigen: sich persönlich näher zu kommen wird dann um so leichter sein, je näher man sich räumlich ist. Andererseits: Einmal angenommen, ich wäre ein politischer Führer und wollte eine große Massenpartei aufbauen, die sowohl Unternehmer wie Arbeiter anspricht, dann dürfte das letztlich kaum gelingen. Selbst wenn die potentiellen Anhänger sich geographisch nahe sein sollten, sind sie auf der sozialen Ebene durch Welten getrennt. In bestimmten historischen Konstellationen, in Zeiten einer nationalen Krise mag es auf der Grundlage von Nationalismus zu einer Annäherung kommen. Aber die wäre letzten Endes doch fiktiv. Wenn Sie gestatten, möchte ich das Schema einmal in groben Zügen nachzeichnen: Stellen Sie sich eine Art Achsenkreuz vor – die vertikale Achse hat ein »oben« und ein »unten«, die horizontale einen intellektuellen und eine ökonomischen Pol. Dieses Feld sozialer Positionen drückt sich nun in der Art der Lebensstile aus. Das Ganze läßt sich so veranschaulichen, daß Sie auf ein unteres Blatt (mit den sozialen Positionen) ein Transparentpapier legen, auf dem bestimmte Präferenzen, Praktiken usw. eingetragen sind. Schauen Sie sich jetzt einmal die Position »Intellektueller« an, sehen Sie sofort: ah ja, der liest die und die – eher linke – Zeitung, fährt eine »Ente« usw. Andrerseits kann man – ich komme auf Ihre Frage zurück - diese Vorstellung wohl auch als statisch bezeichnen: nur sind die Menschen aber auch in diesem Raum, ausgehend von ihrer Stellung in ihm, in einem fortwährenden Kampf untereinander verwickelt – um die Veränderung dieses Raums. Da liegt der große Unterschied zwischen gesellschaftlichem und geographischem Raum. Der gesellschaftliche Raum ist – wie der geographische – in höchstem Maße determinierend; wenn ich sozial aufsteigen möchte, habe ich eine enorme Steigung vor mir, die ich nur mit äußerstem Kraftaufwand erklettern kann; einmal oben, wird mir die Plackerei auch anzusehen sein, und angesichts meiner Verkrampftheit wird es dann heißen: »Der ist doch nicht wirklich distinguiert!« Das Bild läßt sich zwanglos fortsetzen. Dieser soziale Raum ist also von einer penetranten Realität und wir kämpfen unablässig gegen ihn an, z. B. bestimmte Menschen können wir nicht treffen, andere, denen wir lieber aus dem Weg gehen würden, treffen wir. Allerdings ist dieser Raum veränderbar.

Frage: Sie zählen in Ihrem Buch auch die Intellektuellen zur herrschenden Klasse, die doch keine ökonomische oder politische Macht besitzen. Wie kommen Sie dazu? Zumindest die Linksintellektuellen betrachten sich doch als Gegner der herrschenden Klasse, die sie bekämpfen wollen, die sie vielleicht gar durch eine Revolution stürzen wollen. Sie äußern sich einmal sogar spöttisch über »die Theoretiker der Revolution«.

Bourdieu: Ich meine, um das Problem der Revolution wirklich zu begreifen, darf man nicht übersehen, daß innerhalb dieses Raums fortwährend Bewegungen im Gange sind (die Menschen zirkulieren in ihm entsprechend den ihm eigenen Zwängen). Um zu verdeutlichen, was ich meine, bietet sich noch ein anderes Bild an – das eines Spiels. Der Raum, das sind hier die Spielregeln, denen sich jeder Spieler beugen muß. Vor sich haben die Spieler verschiedenfarbige Chips aufgestapelt, Ausbeute der vorangegangenen Runden. Die unterschiedlich gefärbten Chips stellen unterschiedliche Arten von Kapital dar: Es gibt Spieler mit viel ökonomischem Kapital, wenig kulturellem und wenig sozialem Kapital. Die sind in meinem Raumschema rechts angesiedelt, auf der herrschenden, ökonomisch herrschenden Seite. Am anderen Ende sitzen welche mit einem hohen Stapel kulturellem Kapital, einem kleinen oder mittleren Stapel ökonomischem Kapital und geringem sozialen Kapital: das sind die Intellektuellen. Und jeder spielt entsprechend der Höhe seiner Chips. Wer einen großen Stapel hat, kann bluffen, kann gewagter spielen, risikoreicher. Mit anderen Worten: Die Spielsituation ändert sich fortwährend, aber das Spiel bleibt bestehen, wie auch die Spielregeln. Die Frage ist nun: Gibt es Leute, die daran Interesse haben, den Tisch umzuwerfen und damit dem Spiel ein Ende zu machen? Das kommt wohl sehr selten vor. Ich frage mich, ob das überhaupt jemals der Fall war. Was stattfindet, das sind Auseinandersetzungen um eine Neubewertung der Chips, Auseinandersetzungen darum, ob ein Chip »ökonomisches Kapital« wirklich drei Chips »kulturelles Kapital« wert ist. In meinen Augen sind viele Revolutionen ausschließlich Revolutionen innerhalb der herrschenden Klasse, d. h. in jenen Kreisen, die Chips besitzen und die auch mal auf die Barrikaden steigen, damit ihre Chips an Wert gewinnen.

Frage: Im Gegensatz zu vielen Intellektuellen, vor allem Linksintellektuellen, die die Kultur der Arbeiterklasse durchaus positiv schildern, beschreiben Sie die Kultur der unteren Klasse fast ausschließlich negativ, fast ausschließlich als das, was sie *nicht* ist. Gibt es keine positive, also keine authentische Kultur der unteren Klasse, der Volksklasse, wie Sie es nennen?

Bourdieu: In meiner Beschreibung steckt tatsächlich etwas wie Abwehr gegen eine volkstümelnde Idealisierung der unteren Klassen. Letztere ist, meiner Meinung nach, Produkt des schlechten Gewissens der Intellektuellen, und gibt eher die Intellektuellen wider als das, wovon diese sprechen. Anders gesagt: Wenn die Intellektuellen von den unteren Klassen oder der Arbeiterklasse sprechen, dann sprechen sie von sich, nicht von der Arbeiterklasse, die sie in der Regel nicht kennen. Deshalb habe ich solchen Nachdruck auf die Tatsache gelegt, daß das, was Kultur oder Bildung heißt, d. h. legitime Kultur, jene, die in den Gymnasien oder Oberschulen gelehrt wird und beim Partygeplauder so hoch in Kurs ist, den unteren Klassen komplett fehlt – und das nicht ohne Grund: denn diese Kultur und Bildung ist im allgemeinen gegen sie gerichtet. Was »Distinktion« ist, was »Unterschied« ist, läßt sich, so meine Ansicht, immer nur relativ sagen, in Beziehung zu anderem. Im Grunde heißt »distinguiert« sein: »nicht populär« sein – und nichts sonst. Per Definition sind die unteren Klassen nicht distinguiert; sobald sie etwas ihr eigen nennen, verliert es auch schon diesen Charakter. Die herrschende Kultur zeichnet sich immer durch einen Abstand aus. Nehmen wir ein einfaches Beispiel: Skifahren war früher ein eher aristokratisches Vergnügen. Kaum war es populär geworden, kam Skifahren außerhalb der eingefahrenen Pisten auf. Kultur, das ist im Grunde auch immer etwas »außerhalb der Piste«. Kaum bevölkern die breiten Massen die Meeresstrände, flieht die Bourgeoisie aufs Land. Das ist ein simpler Mechanismus, aber er ist wichtig, will man verstehen, warum der Begriff der »populären« oder Volkskultur ein Widerspruch in sich ist. Damit ist keineswegs behauptet, daß die unteren Klassen nichts hätten. Sie haben etwas und sie sind etwas, sie haben ihren Geschmack und ihre Vorlieben – nur läßt sich das häufig nicht zum Ausdruck bringen, und wenn doch einmal, dann wird es sofort objektiv entwertet. Auf dem Bildungsmarkt springt das ins Auge. Sobald die Vertreter der unteren Klassen dort ihre Sprache anbieten, bekommen sie schlechte Noten; da fehlt ihnen die richtige Aussprache, die richtige Syntax usw. Es gibt mithin eine populäre Kultur im ethnologischen Sinn, aber diese Kultur ist als »Bildung« wertlos.

Frage: Müßte man nicht auch im Bereich der Intellektuellen Unterscheidungen treffen, etwa zwischen Intellektuellen von Ansehen und Einfluß wie den Hochschullehrern und Intellektuellen ohne Ansehen und Einfluß wie den arbeitslosen Künstlern? Und doch haben beide gleichermaßen kulturelles Kapital?

Bourdieu: Das Universum der Intellektuellen ist natürlich nicht in sich homogen, sondern stellt ebenfalls einen Raum dar. In den *»feinen Unterschieden«* arbeite ich mit einem großen Maßstab, und auf meiner Karte des sozialen Raums machen die Intellektuellen nur einen Punkt aus, aber auch dieser Punkt stellt in sich ein Universum dar. Gegenwärtig arbeite ich über das intellektuelle Feld und da bietet sich an, wie bei einer Geographie-Karte vorzugehen: man nimmt Berlin und erstellt eine Vergrößerung. Im Augenblick bin ich an einer vergrößerten Darstellung der Welt der Intellektuellen; auch diese Welt hat natürlich ihre räumliche Ausdehnung, hat ihre Herrschenden und Beherrschten: Da sind die bürgerlichen Künstler, wie es im 19. Jahrhundert hieß, da sind die Vertreter des L'art pour l'art, und da sind die Anhänger gesellschaftlicher Kunst. In diesem intellektuellen Mikrokosmos findet sich der gesamte soziale Raum wieder. Zwischen den einzelnen Gruppen gibt es Kämpfe, die an Klassenkämpfe erinnern. Sehr oft werden die Kämpfe innerhalb dieses Mikrokosmos von den Intellektuellen mit den Kämpfen auf der gesamtgesellschaftlichen Ebene verwechselt, wird der Glaube genährt, als stünden die Auseinandersetzungen zwischen intellektuellen Außenseitern und bürgerlichen Intellektuellen zwangsläufig in engstem Zusammenhang mit den Auseinandersetzungen zwischen Proletariat und Bourgeoisie. Nicht selten nimmt man das den Intellektuellen auch ab. Sie selbst jedenfalls glauben es immer.

Frage: Sie sprechen von der »Illusion der freien Intellektuellen«, und Jean Paul Sartre, der auch bei uns in Deutschland starken Einfluß hatte, nennen Sie den »Ideologen der Intellektuellen«. Was verstehen Sie darunter?

Bourdieu: Sartre ist die Inkarnation dieses Typs und zugleich jemand, den man in höchsten Maße bewundern kann. Denn schließlich hat er den Mythos vom freien Intellektuellen, vom Intellektuellen als dem Widersacher jedweder Macht entwickelt – ein sehr nützlicher Mythos, da er sich ja durchaus auch zum Kampf gegen die Macht, als soziale Waffe einsetzen läßt. Freilich sollte man sich dabei im klaren sein, daß es sich um einen Mythos handelt und daß der Intellektuelle mitnichten frei oder »freischwebend« ist. Auch der Intellektuelle hat seinen Ort im sozialen Gefüge und ist tatsächlich nur in dem Maße frei, wie er sich seiner sozialen Stellung bewußt ist. Mit anderen Worten: Mit diesem Schema, das ich hier fortwährend zu veranschaulichen suche, beabsichtige ich keineswegs, nun den Intellektuellen wie einen toten Schmetterling gleichsam aufzuspießen, ihn ein für allemal an einer Stelle festzunageln; vielmehr sage ich: Nur wenn du, Intellektueller, dir bewußt bist, daß du da stehst, bist du ein bißchen frei. Sobald du aber meinst, nirgendwo zu stehen, hast du deine Freiheit schon verloren, bist du entfremdet, und deine besondere Entfremdung beruht dann in dem Glauben, nirgendwo zu stehen.

Frage: Ihre Auffassung von Soziologie scheint jede Art von »Sozialphilosophie«, jede Art von weitergehender theoretischer Reflexion der Gesellschaft auszuschalten. Aber Ihre Auffassung von Kritik – »Kritik der gesellschaftlichen Urteilskraft« heißt Ihr Buch im Untertitel – erinnert doch wieder an die »kritische Sozialphilosophie«, wenn Sie auch die Art von Sozialphilosophie, wie sie etwa die Frankfurter Schule vertreten hat, ablehnen.

Bourdieu: Ja, das liegt ganz auf der Linie dessen, was ich gerade ausgeführt habe. Es stimmt, ich stehe augenscheinlich auf der Seite der kritischen Philosophie. Wissenschaftliche Praxis an sich impliziert meiner Meinung nach eine kritische Haltung; nur bin ich der Ansicht, daß die traditionelle Sozialphilosophie, das, was ich etwas abschätzig »Sozialphilosophie« nenne, ihren kritischen Anspruch nicht voll und ganz einlösen kann, und zwar deshalb, weil sie auf die entsprechenden Hilfen verzichtet, dabei über alles und nichts redet, und das mit scheinbar radikalen, in Wirklichkeit aber formalen und leeren Begriffen. Zu ihrer wirklichen Stärke gelangt Kritik meiner Überzeugung nach nicht durch eine »Kritik der Waffen«, sondern durch die »Waffen der Kritik« -wie Marx formuliert -, d. h. durch entsprechend ausgerüstete Kritik. Nehmen wir die Kritik der Familie: da kann die Soziologie, die Ethnologie, die Verwandtschaftsanalyse ein umfängliches kritisches Instrumentarium bereitstellen; wo das fehlt, reicht es allenfalls zu einer scheinbaren Radikalität: Mit ein bißchen Freud, ein bißchen Reich, ein bißchen Marx, das alles »neu interpretiert«, lassen sich zwar Banalitäten formulieren, eine wirklich radikale Kritik aber läßt sich nur leisten, indem man Verwandtschaftsstrukturen analysiert, indem man der Frage nachgeht, wie Familienbesitz von einer Generation zur anderen weitergegeben wird, welche Kräfteverhältnisse zwischen den Generationen herrschen, d. h. indem man auf alle Errungenschaften der modernen Sozialwissenschaft zurückgreift.

Frage: Ihr Buch beeindruckt nicht zuletzt durch die Fülle des empirischen Materials, aus dem Sie Ihre Thesen ableiten. Nun wird mancher, gerade wenn er von der Frankfurter Schule beeinflußt ist, rasch den Vorwurf »Positivist« bereit haben. Wie sehen Sie das Verhältnis vom Empirie und Theorie in den Sozialwissenschaften?

Bourdieu: Ich bin über diese Frage sehr erfreut, denn tatsächlich bestand mein erstes Projekt zu Beginn meiner Laufbahn als Sozialwissenschaftler genau darin, mit diesem Gegensatz zwischen Theorie und Empirie zu brechen, auch er ist noch Ausdruck der Struktur des sozialen Raums, die ich vorhin beschrieben habe. Die Theorie steht selbstredend oben. Das theorein, das ist das Schauen, das ist die Gesamtschau. Ich zitiere in diesem Zusammenhang gerne einen Satz von Virginia Woolf: »Die generellen Ideen sind Generalsideen.« Der General steht oben, auf einem Hügel, er hat Überblick, er sieht alles – das ist der Philosoph, der Sozialphilosoph; er denkt sich Schlachten aus, beschreibt den Klassenkampf und taucht natürlich nicht in Waterloo auf. Meine Perspektive ist dagegen die von Fabrizius, dem Helden Stendhals aus der »Kartause von Parma«, der nichts sieht, nichts versteht, dem die Kugeln nur so um die Ohren fliegen. Selbst Marx ist noch General, das ist offensichtlich, man muß nur einmal sehen, wie er sich über Proudhon äußert, das ist der Generalsblick, er verachtete Proudhon. In der Tat genügt es, sich einmal an die vordersten Linien zu begeben, damit der Blick auf die gesellschaftliche Welt ein grundlegend anderer wird. Natürlich ist die Sicht der Generäle nützlich; ideal wäre es, könnte man beides verbinden: den Überblick des Generals und die einzelne Wahrnehmung des gemeinen Soldaten im Getümmel. Theorie und Empirie ist nichts anderes! Meine originellsten theoretischen Gedanken – wenn ich denn überhaupt theoretische Gedanken habe – sind mir in der Praxis gekommen, beim Codieren eines Fragebogens etwa. Die Kritik der sozialen Klassen, an der ich gegenwärtig arbeite, ist z. B. daraus entstanden, aus der Einsicht in die virtuelle Beliebigkeit, Willkür sozialer Klassifikationen. Hätte ich mich mit allgemeinen Aussagen über gesellschaftliche Klassen begnügt, wäre nichts weiter herausgekommen als ein neuerlicher Aufguß von Marx, Weber, and so on – vage und geschwätzige Allgemeinheiten.

Arbeitsaufgaben

1. *Erläutern Sie, was Bourdieu unter »sozialem Raum« versteht. Von welchen Faktoren ist demnach Bourdieu zufolge die Stellung der einzelnen im sozialen Raum abhängig? Inwieweit ist es nach Bourdieu für den einzelnen möglich, seine Position im sozialen Raum zu verändern?*
2. *Veranschaulichen Sie Bourdieus Konstruktion des sozialen Raums, indem Sie die soziale Stellung folgender mehr oder weniger fiktiver Personen in sein Koordinatensystem eintragen: einen erfolgreichen Unternehmer mit niedrigem Schulabschluß, eine Facharbeiterin, einen arbeitslosen Privatdozenten, eine mäßig erfolgreiche Künstlerin, einen angelernten Arbeiter, einen Studienrat, Philip Reemtsma, eine Sozialhilfeempfängerin ohne Schulabschluß, einen Taxi fahrenden Philosophiestudenten, Boris Becker.*
3. *Was versteht Bourdieu unter dem Begriff des Habitus? In welchem Zusammenhang stehen seiner Meinung nach der Habitus einer Person und ihre Position im sozialen Raum? In welchen Merkmalen und Verhaltensweisen äußert sich demnach der Habitus einer Person?*
4. *Auch Heirats- und Kontaktanzeigen verraten etwas über den Habitus der Inserentinnen und Inserenten und damit über deren Position im sozialen Raum. Interpretieren Sie mit Bourdieu die nachfolgenden Anzeigen.*

Wer mag auch nicht allein am Skilift stehen, in die Cézanne-Ausstellung gehen, Reisen, Musik hören ...? Sie, 51 J., schlank und flott, sucht Gleichgesinnten. R 7 ...

Er, 25, 1,65, PKW, geordnete Verhältnisse, Ersparnisse, sucht Sie ab 21–28 Jahre für Gemeinsamkeiten und alles Schöne im Leben. Bildzuschriften unter ...

Warten auf Godot? Ich geb's auf und suche lieber aktiv nach dem liebevollen und großzügigen Mann (NR), der sich schmückt mit Persönlichkeit, Witz und geistiger/emotionaler Lebendigkeit. Steckt er zufällig in Süddeutschland (6/7)? Dann finde ich ihn bestimmt und überrasche ihn mit Frau Godot, sportlich, Anfang 40, 1,68/57, beruflich engagiert und erfolgreich, ausgestattet mit Esprit und Temperament sowie einem gehörigen Schuß Nachdenklichkeit und Sensibilität. Bildzuschriften sind herzlich willkommen. ...

Miteinander leben und Füreinander dasein, Er, 30/185/NR, led., treu, ehrlich und solide, wünscht sich ebensolche liebe Sie, aus E/MH/OB, um eine innige und feste Bindung einzugehen. Freue mich sehr über alle Bildzuschriften (gar. zurück) u. ...

5. *Der Autor unterscheidet drei soziale Klassen, die sich wiederum aus unterschiedlichen »Fraktionen« oder sozialen Milieus zusammensetzen. Charakterisieren Sie die unterschiedlichen »Kulturen« bzw. »Lebensstile« dieser drei Klassen.*
6. *Wie kann man mit Bourdieu die »Dynamik« des sozialen Raums, soziale Auf- bzw. Abstiegsprozesse einzelner bzw. sozialer Gruppen erklären?*
7. *Wie bestimmt Bourdieu die Position der Intellektuellen im sozialen Raum? Inwiefern übt er vor allem am Selbstverständnis krititscher Intellektueller Kritik?*
8. *Inwiefern geht Bourdieus Konzept des Habitus bzw. der Habitualisierung über die bisher erarbeiteten Sozialisationstheorien hinaus?*
9. *Welche Bedeutung mißt Bourdieu empirischer Forschung für eine sich kritisch verstehende Soziologie zu?*

Bourdieu: Ökonomisches, kulturelles und soziales Kapital

Bourdieu, P.: Ökonomisches, kulturelles und soziales Kapital. In: Ders.: Die verborgenen Mechanismen der Macht. Hamburg 1992. S. 49–75.

Die gesellschaftliche Welt ist akkumulierte Geschichte. Sie darf deshalb nicht auf eine Aneinanderreihung von kurzlebigen und mechanischen Gleichgewichtszuständen reduziert werden, in denen die Menschen die Rolle von austauschbaren Teilchen spielen. Um einer derartigen Reduktion zu entgehen, ist es wichtig, den Kapitalbegriff wieder einzuführen, und mit ihm das Konzept der Kapitalakkumulation mit allen seinen Implikationen. Kapital ist akkumulierte Arbeit, entweder in Form von Material oder in verinnerlichter, »inkorporierter« Form. Wird Kapital von einzelnen Aktoren oder Gruppen privat und exklusiv angeeignet, so wird dadurch auch die Aneignung sozialer Energie in Form von verdinglichter oder lebendiger Arbeit möglich. Als *vis insita* ist Kapital eine Kraft, die den objektiven und subjektiven Strukturen innewohnt; gleichzeitig ist das Kapital – als *lex insita* – auch grundlegendes Prinzip der inneren Regelmäßigkeiten der sozialen Welt. Auf das Kapital ist es zurückzuführen, daß die Wechselspiele des gesellschaftlichen Lebens, insbesondere des Wirtschaftslebens, nicht wie einfache Glücksspiele verlaufen, in denen jederzeit eine Überraschung möglich ist: Beim Roulette z. B. kann in kürzester Zeit ein ganzes Vermögen gewonnen und damit gewissermaßen in einem einzigen Augenblick ein neuer sozialer Status erlangt werden; im nächsten Augenblick kann dieser Gewinn aber bereits wieder aufs Spiel gesetzt und vernichtet werden. Das Roulette entspricht ziemlich genau dem Bild eines Universums vollkommener Konkurrenz und Chancengleichheit, einer Welt ohne Trägheit, ohne Akkumulation und ohne Vererbung von erworbenen Besitztümern und Eigenschaften. Jeder Augenblick wäre dort vollkommen unabhängig von allen vorausgegangenen, jeder Soldat trüge dort den Marschallstab im Tornister und jeder könnte dort unverzüglich jedes Ziel verwirklichen, so daß jedermann zu jeder Zeit alles werden könnte. Aber die Akkumulation von Kapital, ob nun in objektivierter oder verinnerlichter Form, braucht Zeit. Dem Kapital wohnt eine Überlebenstendenz inne; es kann ebenso Profite produzieren wie sich selbst reproduzieren oder auch wachsen. Das Kapital ist eine der Objektivität der Dinge innewohnende Kraft, die dafür sorgt, daß nicht alles gleich möglich oder gleich unmöglich ist.[1] Die zu einem bestimmten Zeitpunkt gegebene Verteilungsstruktur verschiedener Arten und Unterarten von Kapital entspricht der

1. Dieses Beharrungsvermögen der Kapitalstrukturen hängt zum einen damit zusammen, daß sie sich in der Regel im Rahmen von Institutionen und Dispositionen reproduzieren, die ihrerseits Pro-

immanenten Struktur der gesellschaftlichen Welt, d. h. der Gesamtheit der ihr innewohnenden Zwänge, durch die das dauerhafte Funktionieren der gesellschaftlichen Wirklichkeit bestimmt und über die Erfolgschancen der Praxis[2] entschieden wird. [...]

Das Kapital kann auf drei grundlegende Arten auftreten. In welcher Gestalt es jeweils erscheint, hängt von dem jeweiligen Anwendungsbereich sowie den mehr oder weniger hohen Transformationskosten ab, die Voraussetzung für sein wirksames Auftreten sind: Das *ökonomische Kapital* ist unmittelbar und direkt in Geld konvertierbar und eignet sich besonders zur Institutionalisierung in der Form des Eigentumsrechts; das *kulturelle Kapital* ist unter bestimmten Voraussetzungen in ökonomisches Kapital konvertierbar und eignet sich besonders zur Institutionalisierung in Form von schulischen Titeln; das *soziale Kapital*, das Kapital an sozialen Verpflichtungen oder »Beziehungen«, ist unter bestimmten Voraussetzungen ebenfalls in ökonomisches Kapital konvertierbar und eignet sich besonders zur Institutionalisierung in Form von Adelstiteln.

1. Das kulturelle Kapital

Das kulturelle Kapital kann in drei Formen existieren: (1.) in verinnerlichtem, *inkorporiertem Zustand*, in Form von dauerhaften Dispositionen des Organismus, (2.) in *objektiviertem Zustand*, in Form von kulturellen Gütern, Bildern, Büchern, Lexika, Instrumenten oder Maschinen, in denen bestimmte Theorien und deren Kritiken, Problematiken usw. Spuren hinterlassen oder sich verwirklicht haben, und schließlich (3.) in *institutionalisiertem Zustand*, einer Form von Objektivation, die deswegen gesondert behandelt werden muß, weil sie – wie man beim schulischen Titel sieht – dem kulturellen Kapital, das sie ja garantieren soll, ganz einmalige Eigenschaften verleiht.

---

dukte von Kapitalstrukturen sind und deshalb auch auf sie abgestimmt sind; selbstverständlich wird es aber durch gezieltes politisch-konservatives Handeln noch verstärkt, nämlich durch eine Politik der Demobilisierung und Depolitisierung, die darauf abzielt, die Beherrschten in einem bloß praktischen Gruppenzustand zu halten, so daß sie lediglich durch das Zusammenspiel von Anordnungen miteinander in Verbindung treten und dazu verurteilt sind, wie ein Aggregat zu funktionieren und auf die immer gleichen isolierten und additiven Praktiken (wie die Entscheidung des Marktes oder des Wählens) beschränkt zu bleiben.

2. Zum Begriff der Praxis vgl. Bourdieu, P.: Entwurf einer Theorie der Praxis auf der ethnologischen Grundlage der kabylischen Gesellschaft, Frankfurt am Main: Suhrkamp 1976 (franz. Original: Genf 1972).

Der etwas apodiktische Eindruck, den mein »Axiomatisierungsversuch« machen könnte, soll nicht täuschen:[3] Der Begriff des kulturellen Kapitals hat sich mir bei der Forschungsarbeit als theoretische Hypothese angeboten, die es gestattete, die Ungleichheit der schulischen Leistungen von Kindern aus verschiedenen sozialen Klassen zu begreifen. Dabei wurde der »Schulerfolg«, d. h. der spezifische Profit, den die Kinder aus verschiedenen sozialen Klassen und Klassenfraktionen auf dem schulischen Markt erlangen können, auf die Verteilung des kulturellen Kapitals zwischen den Klassen und Klassenfraktionen bezogen. [...]

a) Inkorporiertes Kulturkapital

Die meisten Eigenschaften des kulturellen Kapitals lassen sich aus der Tatsache herleiten, daß es grundsätzlich *körpergebunden* ist und Verinnerlichung (incorporation) voraussetzt. Die Akkumulation von Kultur in korporiertem Zustand – also in der Form, die man auf französisch »culture«, auf deutsch »Bildung«, auf englisch »cultivation« nennt – setzt einen *Verinnerlichungsprozeß* voraus, der in dem Maße, wie er Unterrichts- und Lernzeit erfordert, *Zeit kostet*. Die Zeit muß vom Investor *persönlich* investiert werden: Genau wie wenn man sich eine sichtbare Muskulatur oder eine gebräunte Haut zulegt, so läßt sich auch die Inkorporation von Bildungskapital nicht durch eine fremde Person vollziehen. Das *Delegationsprinzip* ist hier ausgeschlossen.

Wer am Erwerb von Bildung arbeitet, arbeitet an sich selbst, er »bildet sich«. Das setzt voraus, daß man »mit seiner Person bezahlt«, wie man im Französischen sagt. D. h., man investiert vor allen Dingen Zeit, aber auch eine Form von sozial konstituierter Libido, die *libido sciendi*, die alle möglichen Entbehrungen, Versagungen und Opfer mit sich bringen kann. Daraus folgt, daß vor allen Maßen für kulturelles Kapital diejenigen am wenigsten ungenau sind, die die *Dauer des Bildungserwerbs* zum Maßstab nehmen – selbstverständlich unter der Voraussetzung, daß dabei keine Reduktion auf die bloße Dauer des Schulbesuches vorgenommen wird. Auch die Primärerziehung in der Familie muß in Rechnung gestellt werden, und zwar je nach dem Abstand zu den Erfordernissen des schulischen Marktes entweder als positiver Wert, als gewonnene Zeit und Vorsprung, oder als negativer Faktor, als *doppelt* verlorene Zeit, weil zur *Korrektur* der negativen Folgen nochmals Zeit eingesetzt werden muß.[4]

---

3. Spricht man, wie hier, über Begriffe um ihrer selbst willen, statt sie anzuwenden, so muß man immer schematisch und formal sein, also »theoretisch« im üblichen – aber auch im üblicherweise akzeptierten – Sinne dieses Wortes.

4. Diese Aussage impliziert keinerlei Anerkennung des Wertes schulischer Leistungsbeurteilungen.

Inkorporiertes Kapital ist ein Besitztum, das zu einem festen Bestandteil der »Person«, zum Habitus geworden ist; aus »Haben« ist »Sein« geworden. Inkorporiertes und damit verinnerlichtes Kapital kann deshalb (im Unterschied zu Geld, Besitz- oder sogar Adelstiteln) nicht durch Schenkung, Vererbung, Kauf oder Tausch *kurzfristig* weitergegeben werden. Daraus folgt, daß die Nutzung oder Ausbeutung kulturellen Kapitals sich für die Eigner ökonomischen oder sozialen Kapitals als besonders problematisch erweist. Ob es sich nun um private Mäzene handelt oder, im Gegenteil, um Unternehmer, die ein »Kaderpersonal« mit spezifischen kulturellen Kompetenzen beschäftigen (von den neuen Staatsmäzenen ganz zu schweigen), immer stellt sich folgendes Problem: Wie läßt sich diese so eng an die Person gebundene Kapitalform kaufen, ohne die Person selbst zu kaufen – denn das würde zum Verlust des Legitimationseffekts führen, der auf der Verschleierung von Abhängigkeiten beruht? Wie ist die für bestimmte Unternehmen erforderliche Konzentration von kulturellem Kapital zu bewerkstelligen, ohne zugleich eine Konzentration der Träger dieses Kapitals herbeizuführen, was vielerlei unerwünschte Folgen haben könnte?

Die Inkorporierung von kulturellem Kapital kann sich – je nach Epoche, Gesellschaft und sozialer Klasse in unterschiedlich starkem Maße – ohne ausdrücklich geplante Erziehungsmaßnahmen, also völlig unbewußt vollziehen. Verkörpertes Kulturkapital bleibt immer von den Umständen seiner ersten Aneignung geprägt. Sie hinterlassen mehr oder weniger sichtbare Spuren, z. B. die typische Sprechweise einer Klasse oder Region. Dadurch wird auch der jeweilige Wert eines kulturellen Kapitals mitbestimmt, denn über die Aufnahmefähigkeit eines einzelnen Aktors hinaus kann es ja nicht akkumuliert werden. Es vergeht und stirbt, wie sein Träger stirbt und sein Gedächtnis, seine biologischen Fähigkeiten usw. verliert. D. h., das kulturelle Kapital ist auf vielfältige Weise mit der Person in ihrer biologischen Einzigartigkeit verbunden und wird auf dem Wege der sozialen Vererbung weitergegeben, was freilich immer im Verborgenen geschieht und häufig ganz unsichtbar bleibt. Weil die sozialen Bedingungen der Weitergabe und des Erwerbs von kulturellem Kapital viel verborgener sind, als dies beim ökonomischen Kapital der Fall ist, wird es leicht als bloßes symbolisches Kapital aufgefaßt; d. h. seine wahre Natur als Kapital wird verkannt, und es wird stattdessen als legitime Fähigkeit oder Autorität anerkannt, die auf allen

---

Sie stellt lediglich fest, daß eine tatsächliche Beziehung zwischen einem bestimmten kulturellen Kapital und den Gesetzen des schulischen Marktes vorliegt: Verhaltensdispositionen, die auf dem schulischen Markt negativ bewertet werden, können auf anderen Märkten – in erster Linie sicherlich bei den sozialen Beziehungen innerhalb der Schulklasse – einen sehr positiven Wert haben.

den Märkten (z. B. dem Heiratsmarkt) zum Tragen kommt, wo das ökonomische Kapital keine volle Anerkennung findet. Des weiteren ergibt sich aus dieser wahrhaft »symbolischen Logik«, daß der Besitz eines großen kulturellen Kapitals als »etwas besonderes« aufgefaßt wird und deshalb zur Basis für weitere materielle und symbolische Profite wird: Wer über eine bestimmte Kulturkompetenz verfügt, z. B. über die Fähigkeit des Lesens in einer Welt von Analphabeten, gewinnt aufgrund seiner Position in der Verteilungsstruktur des kulturellen Kapitals einen *Seltenheitswert*, aus dem sich Extraprofite ziehen lassen. D. h., derjenige Teil des Profits, der in unserer Gesellschaft aus dem Seltenheitswert bestimmter Formen von kulturellem Kapital erwächst, ist letzten Endes darauf zurückzuführen, daß nicht alle Individuen über die ökonomischen und kulturellen Mittel verfügen, die es ihnen ermöglichen, die Bildung ihrer Kinder über das Minimum hinaus zu verlängern, das zu einem gegebenen Zeitpunkt für die Reproduktion der Arbeitskraft mit dem geringsten Marktwert erforderlich ist.[5] Die ungleiche Verteilung von Kapital, also die *Struktur des gesamten Feldes*, bildet somit die Grundlage für die spezifischen Wirkungen von Kapital, nämlich die Fähigkeit zur Aneignung von Profiten und zur Durchsetzung von Spielregeln, die für das Kapital und seine Reproduktion so günstig wie möglich sind.

Die stärkste Grundlage für die symbolische Wirksamkeit von kulturellem Kapital ergibt sich aber zweifellos aus der Logik seiner Übertragung. Einerseits ist der Prozeß der Aneignung von objektiviertem kulturellem Kapital (also: die dafür erforderliche Zeit) bekanntlich in erster Linie von dem in der gesamten Familie verkörperten kulturellen Kapital abhängig; andererseits ist aber auch bekannt, daß die Akkumulation kulturellen Kapitals von frühester Kindheit an – die Voraussetzung zur schnellen und mühelosen Aneignung jeglicher Art von nützlichen Fähigkeiten – ohne Verzögerung und Zeitverlust nur in Familien stattfindet, die über ein so starkes Kulturkapital verfügen, daß die gesamte Zeit der Sozialisation zugleich eine Zeit der Akkumulation ist. Daraus folgt, daß die Übertragung von Kulturkapital zweifellos die am besten verschleierte Form erblicher Übertragung von Kapital ist. Deshalb gewinnt sie in dem System der Reproduktionsstrategien von Kapital um so mehr an Gewicht, je mehr die direkten und sichtbaren Formen der Übertragung sozial mißbilligt und kontrolliert werden.

5. In einer wenig differenzierten Gesellschaft, in der die Möglichkeiten des Zuganges zu den Instrumenten der Aneignung des kulturellen Erbes sehr ungleich verteilt sind, fungiert die inkorporierte Kultur nicht als Kulturkapital, also als Instrument zum Erwerb exklusiver Vorteile.

Es ist unmittelbar ersichtlich, daß die zum Erwerb erforderliche *Zeit* das Bindeglied zwischen ökonomischem und kulturellem Kapital darstellt. Unterschiedliches Kulturkapital in der Familie führt zunächst zu Unterschieden beim Zeitpunkt des Beginns des Übertragungs- und Akkumulationsprozesses, sodann zu Unterschieden in der Fähigkeit, den im eigentlichen Sinne kulturellen Anforderungen eines langandauernden Aneignungsprozesses gerecht zu werden. In engem Zusammenhang damit steht außerdem die Tatsache, daß ein Individuum die Zeit für die Akkumulation von kulturellem Kapital nur so lange ausdehnen kann, wie ihm seine Familie freie, von ökonomischen Zwängen befreite Zeit garantieren kann.

b) Objektiviertes Kulturkapital

Das objektivierte Kulturkapital hat eine Reihe von Eigenschaften, die sich nur durch seine Beziehung zum inkorporierten, verinnerlichten Kulturkapital bestimmen lassen. Kulturelles Kapital ist materiell übertragbar, auf dem Wege über seine materiellen Träger (z. B. Schriften, Gemälde, Denkmäler, Instrumente usw.). Eine Gemäldesammlung etwa läßt sich ebensogut übertragen wie ökonomisches Kapital – wenn nicht sogar besser, weil sie sich leichter verbergen läßt. Übertragbar ist allerdings nur das juristische Eigentum. Dagegen ist dasjenige Merkmal, das die eigentliche Aneignung erst ermöglicht, nicht (oder nicht notwendigerweise) übertragbar: nämlich die Verfügung über kulturelle Fähigkeiten, die den Genuß eines Gemäldes oder den Gebrauch einer Maschine erst ermöglichen; diese kulturellen Fähigkeiten sind nichts anderes als inkorporiertes Kulturkapital, für das die zuvor dargestellten Übertragungsregeln gelten.

c) Institutionalisiertes Kulturkapital

Inkorporiertes Kulturkapital ist den gleichen biologischen Grenzen unterworfen wie seine jeweiligen Inhaber. Die Objektivierung von inkorporiertem Kulturkapital in Form von *Titeln* ist ein Verfahren, mit dem dieser Mangel ausgeglichen wird: Titel schaffen einen Unterschied zwischen dem kulturellen Kapital des Autodidakten, das ständig unter Beweiszwang steht, und dem kulturellen Kapital, das durch Titel schulisch sanktioniert und rechtlich garantiert ist, die (formell) unabhängig von der Person ihres Trägers gelten. Der schulische Titel ist ein Zeugnis für kulturelle Kompetenz, das seinem Inhaber einen dauerhaften und rechtlich garantierten konventionellen Wert überträgt. Die Alchimie des gesellschaftlichen Lebens hat daraus eine Form von kulturellem Kapital geschaffen, dessen Geltung nicht nur relativ unabhängig von der Person seines Trägers ist, sondern auch von dem kulturellen Kapital, das dieser tatsächlich zu einem gegebenen Zeitpunkt besitzt: Durch kollektive Magie wird das kulturelle Kapital ebenso *institutionalisiert* wie, nach *Merleau-Ponty*, die Lebenden ihre Toten mit Hilfe von Trauerriten »institutionalisieren«. Man denke nur an die Prüfungsform des »concours«,[6] die aus einem Kontinuum von minimalen Leistungsunterschieden dauerhafte, brutale Diskontinuitäten *produziert*. Nach dem Alles-oder-Nichts-Prinzip wird zwischen dem letzten erfolgreichen und dem ersten durchgefallenen Prüfling ein wesensmäßiger Unterschied institutionalisiert, der die offiziell anerkannte und garantierte *Kompetenz* vom einfachen Kulturkapital scheidet, das unter ständigem Beweiszwang steht. In diesem Fall sieht man deutlich, welche schöpferische Magie sich mit dieser *institutionalisierten Macht* verbindet, der Macht, Menschen zu veranlassen, etwas zu sehen und zu glauben oder mit einem Wort, etwas *anzuerkennen*.

Durch den schulischen oder akademischen Titel wird dem von einer bestimmten Person besessenen Kulturkapital institutionelle Anerkennung verliehen. Damit wird es u. a. möglich, die Besitzer derartiger Titel zu vergleichen und sogar auszutauschen, indem sie füreinander die *Nachfolge* antreten. Durch die Bestimmung des Geldwertes, der für den Erwerb eines bestimmten schulischen Titels erforderlich ist, läßt sich sogar ein »Wechselkurs« ermitteln, der die *Konvertibilität* zwischen kulturellem und ökonomischem Kapital garantiert. Weil der Titel das Produkt einer Umwandlung von ökonomischem in kulturelles Kapital ist, ist die Bestimmung des kulturellen Wertes eines Titelinhabers im Vergleich zu anderen unauflöslich mit dem Geldwert verbunden, für den er auf dem Arbeitsmarkt getauscht werden kann; denn die Bildungsinvestition hat nur Sinn, wenn die Umkehrbarkeit der ursprünglichen Umwandlung von ökonomischem in kulturelles Kapital zumindest teilweise objektiv garantiert ist. Da aber die materiellen und symbolischen Profite, die der schulische Titel garantiert, auch von dessen Seltenheitswert abhängen, kann es vorkommen, daß die Investition an Zeit und Anstrengung sich als weniger rentabel herausstellen, als bei ihrer ursprünglichen Verausgabung erwartet werden konnte. In diesem Falle hat sich der Wechselkurs zwischen kulturellem und ökonomischem Kapital de facto verändert. Die Rückumwandlungsstrategien von ökonomischem in kulturelles Kapital gehören zu den veränderlichen Faktoren, die die Bildungsexplosion und die Titelinflation

---

6. Der »concours« ist eine französische Prüfungsform, bei der nur eine im voraus festgelegte Zahl von Prüfungen erfolgreich sein kann (Anmerkung des Übersetzers).

beeinflußt haben. Sie werden von der Struktur der Profitchancen bestimmt, die für die unterschiedlichen Kapitalformen jeweils gilt.

2. Das soziale Kapital

Das Sozialkapital ist die Gesamtheit der aktuellen und potentiellen Ressourcen, die mit dem Besitz eines dauerhaften Netzes von mehr oder weniger institutionalisierten *Beziehungen* gegenseitigen Kennens oder Anerkennens verbunden sind; oder, anders ausgedrückt, es handelt sich dabei um Ressourcen, die auf der *Zugehörigkeit zu einer Gruppe* beruhen.[7] Das Gesamt-Kapital, das die einzelnen Gruppenmitglieder besitzen, dient ihnen allen gemeinsam als Sicherheit und verleiht ihnen – im weitesten Sinne des Wortes – *Kreditwürdigkeit*. Sozialkapitalbeziehungen können nur in der Praxis auf der Grundlage von materiellen und/oder symbolischen Tauschbeziehungen existieren, zu deren Aufrechterhaltung sie beitragen. Sie können auch gesellschaftlich institutionalisiert und garantiert werden, und zwar sowohl durch die Übernahme eines gemeinsamen Namens, der die Zugehörigkeit zu einer Familie, einer Klasse, einem Stamm oder auch einer Schule, einer Partei usw. kennzeichnet, als auch durch eine Vielzahl anderer *Institutionalisierungsakte*, die die davon Betroffenen gleichzeitig prägen und über das Vorliegen eines Sozialkapitalverhältnisses informieren. Dieses nimmt dadurch eine quasi-reale Existenz an, die durch Austauschbeziehungen am Leben erhalten und verstärkt wird. Bei den Austauschbeziehungen, auf denen das Sozialkapital beruht, sind materielle und symbolische Aspekte untrennbar verknüpft. Sie können nur in Gang gebracht und aufrechterhalten werden, wenn diese Verknüpfung erkennbar bleibt. Deshalb lassen sie sich niemals ganz auf Beziehungen objektiver physischer (geographischer) oder auch ökonomischer und sozialer Nähe reduzieren.[8]

---

7. Auch der Begriff des Sozialkapitals ist nicht aus einer rein theoretischen Arbeit entstanden, noch weniger als eine analoge Ausweitung ökonomischer Begriffe. Vielmehr hat er sich angeboten zur Benennung des *Prinzips der sozialen Wirkungen*, von Wirkungen also, die zwar auf der Ebene der individuell Handelnden – wo die statistischen Erhebungen sich zwangsläufig bewegen – klar erfaßbar sind, ohne sich jedoch auf die Summe von individuellen Eigenschaften bestimmter Handelnder reduzieren zu lassen. Diese Wirkungen, die von der Spontansoziologie gerne als das Wirken von »Beziehungen« identifiziert werden, sind in all den Fällen besonders gut sichtbar, wo verschiedene Individuen aus einem etwa gleichwertigen (ökonomischen oder kulturellen) Kapital sehr ungleiche Erträge erzielen, und zwar je nachdem, inwieweit sie in der Lage sind, das Kapital einer mehr oder weniger institutionalisierten und kapitalkräftigen Gruppe (Familie, Ehemalige einer »Elite«-Schule, vornehmer Club, Adel usw.) stellvertretend für sich zu mobilisieren.

8. Bekanntlich kann es vorkommen, daß Nachbarschaftsbeziehungen eine elementare Form der Insti-

Der Umfang des Sozialkapitals, das der einzelne besitzt, hängt demnach sowohl von der Ausdehnung des Netzes von Beziehungen ab, die er tatsächlich mobilisieren kann, als auch von dem Umfang des (ökonomischen, kulturellen oder symbolischen) Kapitals, das diejenigen besitzen, mit denen er in Beziehung steht.[9] Obwohl also das Sozialkapital nicht unmittelbar auf das ökonomische und kulturelle Kapital eines bestimmten Individuums oder auch der Gesamtheit derer, die mit ihm verbunden sind, reduziert werden kann, ist es doch niemals völlig unabhängig davon; denn die in den Tauschbeziehungen institutionalisierte gegenseitige Anerkennung setzt das Anerkennen eines Minimums von »objektiver« Homogenität unter den Beteiligten voraus; außerdem übt das Sozialkapital einen Multiplikatoreffekt auf das tatsächlich verfügbare Kapital aus.

Die Profite, die sich aus der Zugehörigkeit zu einer Gruppe ergeben, sind zugleich Grundlage für die Solidarität, die diese Profite ermöglicht.[10] Das bedeutet nicht, daß sie bewußt angestrebt werden – nicht einmal in den Fällen, wo bestimmte Gruppen, z. B. exklusive Clubs, offen darauf ausgerichtet sind, *Sozialkapital zu konzentrieren* und dadurch den Multiplikatoreffekt voll auszunützen, der sich aus dieser Konzentration ergibt. Aus der Zugehörigkeit zu einer derartigen Gruppe ergeben sich materielle Profite, wie etwa die vielfältigen mit nützlichen Beziehungen verbundenen »Gefälligkeiten« und symbolische Profite, die z. B. aus der Mitgliedschaft in einer erlesenen und angesehenen Gruppe entstehen.

---

tutionalisierung erfahren. In Béarn oder im Baskenland z. B. tragen die Nachbarn aufgrund weitgehend kodifizierter Regeln bestimmte Bezeichnungen und besondere Funktionen, die nach Rängen (»erster Nachbar«, »zweiter Nachbar« usw.) differenziert sind und besonders bei den großen zeremoniellen Anlässen des gesellschaftlichen Lebens, wie Beerdigungen und Hochzeiten, zum Tragen kommen. Aber selbst in diesem Falle decken sich die tatsächlich stattfindenden Beziehungen keineswegs immer mit den sozial institutionalisierten Beziehungen.

9. Auch die *Manieren* (Benehmen, Sprechweise usw.) lassen sich zumindest insoweit dem Sozialkapital zurechnen, als sie auf eine bestimmte Weise ihrer Aneignung hinweisen und damit die ursprüngliche Zugehörigkeit zu einer mehr oder weniger angesehenen Gruppe zu erkennen geben.

10. So kann man z. B. den nationalen Emanzipationsbewegungen und nationalistischen Ideologien nicht völlig gerecht werden, wenn man nur die streng ökonomischen Profite in Betracht zieht, d. h. nur die antizipierten Profite aus der Umverteilung eines Teils des Reichtums zum Nutzen der Einheimischen (Nationalisierung) und aus der Eroberung von gutbezahlten Arbeitsplätzen berücksichtigt (vgl. Breton, A.: »The economics of Nationalism«, in: Journal of Political Economy 72 (1964), S. 367–386). Diese (diskontierten) Profite rein ökonomischer Natur würden nur den Nationalismus der privilegierten Klassen erklären; man muß zu ihnen die ganz realen und unmittelbaren Profite hinzuzählen, die sich aus der Tatsache der Zugehörigkeit (Sozialkapital) ergeben. Sie sind um so größer, je weiter unten man sich in der sozialen Hierarchie befindet (»arme Weiße«) oder – genauer – je mehr man von wirtschaftlichem und sozialem Niedergang bedroht ist.

Für die Reproduktion von Sozialkapital ist eine unaufhörliche *Beziehungsarbeit* in Form von ständigen Austauschakten erforderlich, durch die sich die gegenseitige Anerkennung immer wieder neu bestätigt. Bei der Beziehungsarbeit wird Zeit und Geld und damit, direkt oder indirekt, auch ökonomisches Kapital verausgabt. Ein solcher Einsatz ist nur rentabel, ja er ist überhaupt nur denkbar, wenn eine besondere Kompetenz – nämlich die Kenntnis genealogischer Zusammenhänge und reeller Beziehungen sowie die Kunst, sie zu nutzen – in sie investiert wird. Sie ist ebenso fester Bestandteil des Sozialkapitals, wie die (erworbene) Bereitschaft, sich diese Kompetenz anzueignen und zu bewahren.[11] Das ist einer der Gründe, weshalb der Ertrag der für die Akkumulation und Unterhaltung von Sozialkapital erforderlichen Arbeit umso größer ist, je größer dieses Kapital selber ist. Deshalb sind die Träger eines berühmten Familiennamens, der auf ein ererbtes Sozialkapital deutet, in der Lage, alle ihre Gelegenheitsbekanntschaften in dauernde Beziehungen umzuwandeln: Wegen ihres Sozialkapitals sind sie besonders gefragt. Weil sie bekannt sind, lohnt es sich, sie zu kennen. Sie haben es nicht nötig, sich allen ihren »Bekannten« selbst bekanntzumachen, denn es gibt mehr Leute, denen sie bekannt sind, als sie selber kennen. Wenn sie überhaupt einmal Beziehungsarbeit leisten, so ist deren Ertrag deshalb sehr hoch. [...]

3. Die Kapitalumwandlungen

Die anderen Kapitalarten können mit Hilfe von ökonomischem Kapital erworben werden, aber nur um den Preis eines mehr oder weniger großen Aufwandes an *Transformationsarbeit*, die notwendig ist, um die in dem jeweiligen Bereich wirksame Form der Macht zu produzieren. So gibt es z. B. bestimmte Güter und Dienstleistungen, die mit Hilfe von ökonomischem Kapital ohne Verzögerung und sekundäre Kosten erworben werden können. Es gibt aber auch solche, die nur aufgrund eines sozialen Beziehungs- oder Verpflichtungskapitals erworben werden können. Derartige Beziehungen oder Verpflichtungen können nur dann kurzfristig, zum richtigen Zeitpunkt, eingesetzt werden, wenn sie bereits seit langem etabliert und lebendig gehalten worden sind, als seien sie ein Selbstzweck. Dies muß außerhalb der Zeit ihrer Nutzung geschehen sein, also um den Preis einer Investition von Beziehungsarbeit, die notwendigerweise langfristig angelegt sein muß; denn die Dauer der verflossenen Zeit ist selbst einer der Faktoren, die

11. Man kann wohl annehmen, daß das Talent zum »Mondänen« (oder, allgemeiner, das »Beziehungstalent«) zwischen den sozialen Klassen – und, bei identischer Klassenzugehörigkeit, auch zwischen Individuen unterschiedlicher sozialer Herkunft – sehr ungleich verteilt ist.

dafür sorgen, daß eine einfache und direkte Schuld sich in ein allgemeines Schuldanerkenntnis »ohne Titel und Vertrag« umwandelt – also in Anerkennung.[12]

Man muß somit von der *doppelten* Annahme ausgehen, daß das ökonomische Kapital einerseits allen anderen Kapitalarten zugrundeliegt, daß aber andererseits die transformierten und travestierten Erscheinungsformen des ökonomischen Kapitals niemals ganz auf dieses zurückzuführen sind, weil sie ihre spezifischsten Wirkungen überhaupt nur in dem Maße hervorbringen können, wie sie verbergen (und zwar zu allererst vor ihrem eigenen Inhaber), daß das ökonomische Kapital ihnen zugrundeliegt und insofern, wenn auch nur in letzter Instanz, ihre Wirkungen bestimmt. Es ist nur möglich, das Funktionieren des Kapitals in seiner Logik, die Kapitalumwandlungen und das sie bestimmende Gesetz der Kapitalerhaltung zu verstehen, wenn man zwei einseitige und einander entgegengesetzte Betrachtungsweisen bekämpft: Die eine ist der *»Ökonomismus«*, der alle Kapitalformen für letztlich auf ökonomisches Kapital reduzierbar hält und deshalb die spezifische Wirksamkeit der anderen Kapitalarten ignoriert; die andere ist der *»Semiologismus«*, der heute durch den Strukturalismus, den symbolischen

12. Um einem wahrscheinlichen Mißverständnis entgegenzuwirken, muß präzisiert werden, daß Investitionen im hier erörterten Sinne nicht notwendigerweise auf einem bewußten *Kalkül* beruhen; vielmehr ist es sehr wahrscheinlich, daß sie in der *Logik affektiver Investitionen* erlebt werden, d. h. als eine gleichzeitig notwendige und uneigennützige Verpflichtung (involvement). Damit wende ich mich gegen die Historiker, die (selbst wenn sie so sensibel für symbolische Effekte sind wie E. P. Thompson) zu der Vorstellung neigen, die symbolischen Praxen – gepuderte Perücken und Prunkgewänder – seien ausdrückliche Herrschaftsstrategien, die für das Gesehenwerden (von unten) *bestimmt* und *gemacht* sind (intended to be seen). Außerdem neigen sie dazu, großzügige oder wohltätige Verhaltensweisen als »kalkulierte Handlungen zur Befriedigung des Klassenkonfliktes« zu interpretieren. Diese naiv-materialistische Auffassung läßt vergessen, daß gerade die ehrlichsten und uneigennützigsten Handlungen dem objektiven Interesse am meisten konform sein können. Viele Handlungsbereiche, besonders wenn dort das *Leugnen* von Eigennutz und jeder Art von Berechnung große Bedeutung hat, wie im Bereich der kulturellen Produktion, gewähren nur denjenigen volle Anerkennung – und damit die Weihe, die den Erfolg definiert -, die sich durch den unmittelbaren Konformismus ihrer Investitionen hervortun und damit ihre *Aufrichtigkeit* und ihre Verbundenheit mit den jeweils geltenden grundlegenden Prinzipien unter Beweis stellen. In der Tat wäre es völlig falsch, die Sprache der rationellen Strategie und des zynischen Kalküls von Kosten und Profit zu verwenden, um die »Wahl« des Habitus zu beschreiben, die einen Artisten, Schriftsteller oder Forscher zu dem »ihm gemäßen« Ort (bzw. Objekt, Material, Stil, Genre usw.) führen. Dies gilt, obwohl z. B. die Veränderung eines Genres, einer Schulenzugehörigkeit oder eines Spezialgebietes – also *Wandlungen*, die man »mit ganzer Seele« vollzieht – immer als *Rückumwandlungen* verstanden werden können, deren Orientierung und Triebkraft (die häufig über ihren Erfolg entscheidet), von einem *Sinn für Investitionen* bestimmt sind. Die Chance, daß dieser nicht als solcher erkennbar ist, ist um so größer, je schärfer er entwickelt ist. Die Unschuld ist das Privileg derer, die in ihrem Bereich wie Fische im Wasser sind ...

Interaktionismus und die Ethnomethodologie vertreten wird. Er reduziert die sozialen Austauschbeziehungen auf Kommunikationsphänomene und ignoriert die brutale Tatsache der universellen Reduzierbarkeit auf die Ökonomie.[13] [...]

Wir haben bereits gesehen, daß beispielsweise die Umwandlung von ökonomischem in soziales Kapital eine spezifische Arbeit voraussetzt. Dabei handelt es sich um eine scheinbar kostenlose Verausgabung von Zeit, Aufmerksamkeit, Sorge und Mühe. Die Austauschbeziehung verliert dadurch ihre rein monetäre Bedeutung, was sich z. B. an dem Bemühen um die »persönliche« Gestaltung eines Geschenkes zeigen läßt. Gleichzeitig wird dadurch der Sinn der Austauschbeziehung selbst verändert, die aus einem engen »ökonomischen« Blickwinkel als reine Verschwendung erscheinen muß, während sie im Rahmen der umfassenden Logik des sozialen Austausches eine sichere Investition darstellt, deren Profite über kurz oder lang in monetärer oder anderer Gestalt wahrgenommen werden können. Gleiches gilt bei der Umwandlung von ökonomischem in kulturelles Kapital. Das beste Maß für kulturelles Kapital ist zweifellos die Dauer der für seinen Erwerb aufgewendeten Zeit. D. h. die Umwandlung von ökonomischem in kulturelles Kapital setzt einen Aufwand an Zeit voraus, der durch die Verfügung über ökonomisches Kapital ermöglicht wird. Oder, genauer gesagt, das kulturelle Kapital, das in Wirklichkeit ja in der Familie weitergegeben wird, hängt nicht nur von der Bedeutung des in der häuslichen Gemeinschaft verfügbaren kulturellen Kapitals ab, das nur um den Preis der Verausgabung von Zeit akkumuliert werden konnte, es hängt vielmehr auch davon ab, wieviel nutzbare Zeit (vor allem in Form von freier Zeit der Mutter) in der Familie zur Verfügung steht, um die Weitergabe des Kulturkapitals zu ermöglichen und einen verzögerten Eintritt in den Arbeitsmarkt zu gestatten. Das in der Familie verfügbare ökonomische Kapital spielt dabei eine entscheidende Rolle. Der so ermöglichte spätere Eintritt in den

13. Um die Prägnanz dieser beiden antagonistischen Positionen verstehen zu können, die sich gegenseitig als Alibi dienen, müßte man die *unbewußten Profite* (profits inconscients) und die *Profite der Unbewußtheit* (profits d'inconscience) analysieren, die sie den Intellektuellen verschaffen. Während die einen im Ökonomismus ein Mittel finden, sich selbst für unbeteiligt zu erklären, indem sie das kulturelle Kapital und alle die spezifischen Profite verschwinden lassen, die sie an die Seite der Herrschenden stellen, bewegen die anderen sich nur im Reich der Symbole und weichen dem – wahrhaft verabscheuungswürdigen – Feld der Ökonomie aus, wo alles sie daran erinnert, daß sie sich letztlich nach ökonomischen Gesichtspunkten bewerten lassen. (Sie tun damit nichts anderes, als auf theoretischer Ebene die Strategie zu reproduzieren, mit der die Intellektuellen und die Artisten ihre Werte – das heißt: ihren Wert – durchzusetzen versuchen, indem sie das Gesetz des Marktes umkehren, wo das, was man hat oder was man verdient, vollkommen bestimmt, was man »wert« ist und was man ist.)

Arbeitsmarkt gestattet den Erwerb von schulischer Bildung und Ausbildung – ein Kredit, dessen Ertrag nicht, oder jedenfalls nur auf lange Frist garantiert ist.[14]

Die Tatsache der gegenseitigen Konvertierbarkeit der verschiedenen Kapitalarten ist der Ausgangspunkt für Strategien, die die Reproduktion des Kapitals (und der Position im sozialen Raum) mit Hilfe möglichst geringer Kapitalumwandlungskosten (Umwandlungsarbeit und inhärente Umwandlungsverluste) erreichen möchten. Die unterschiedlichen Kapitalarten unterscheiden sich nach ihrer Reproduzierbarkeit, also danach, wie leicht sie sich übertragen lassen. Dabei geht es zum einen um das Ausmaß der bei der Kapitalübertragung auftretenden Schwundquote, zum anderen darum, in welchem Maße sich die Kapitalübertragung verschleiern läßt; das Schwundrisiko und die Verschleierungskosten haben die Tendenz, mit entgegengesetzten Vorzeichen zu variieren. Alles, was zur Verschleierung des Ökonomischen beiträgt, trägt auch zur Erhöhung des Schwundrisikos bei, insbesondere bei der Kapitalübertragung zwischen den Generationen. Die auf den ersten Blick gegebene scheinbare Unvereinbarkeit der verschiedenen Kapitalarten trägt deshalb ein beträchtliches Maß an Unsicherheit in alle Transaktionen zwischen Inhabern unterschiedlicher Kapitalarten hinein. Ebenso verhält es sich auch bei dem Sozialkapital, bei dem es sich ja um ein Kapital von langfristig nützlichen Verpflichtungen handelt, das durch gegenseitige Geschenke, Gefälligkeiten, Besuche, u. ä. produziert und reproduziert wird – durch Tauschbeziehungen also, die Kalküle und Garantien explizit ausschließen und damit das Risiko der »Undankbarkeit« heraufbeschwören; denn es besteht immer die Gefahr, daß die Anerkennung einer Schuldverpflichtung, die angeblich aus einer derartigen vertragslosen Austauschbeziehung entstanden ist, verweigert wird. Ebenso steht auch dem für die Transmission von Kulturkapital charakteristischen hohen Maß an Verschleierung nicht nur das inhärente Schwundrisiko gegenüber, sondern auch die Tatsache, daß der *schulische Titel* die institutionalisierte Form

---

14. Einer der wertvollsten Vorteile aller Kapitalarten ist die Zunahme der Menge von nützlicher *Zeit*, die als Aneignung der Zeit anderer (in Form von Dienstleistungen) durch die verschiedensten Formen der Stellvertretung ermöglicht wird. Sie kann entweder die Form der Zunahme von freier Zeit annehmen, als Korrelat für die Beschränkung des Zeitaufwandes für Tätigkeiten, die direkt auf die Produktion von Mitteln zur Reproduktion der häuslichen Gruppenexistenz abzielen; oder sie führt zu einer Intensivierung der Nutzung der Arbeitszeit aufgrund der Nutzung von fremder Arbeit oder von Instrumenten und Methoden, die nur um den Preis einer Ausbildung, also von Zeit zugänglich sind: Man »gewinnt Zeit« (z. B. mit den schnellen Transportmitteln, mit Wohnungen möglichst nahe am Arbeitsplatz usw.). Umgekehrt werden die Geldersparnisse des Armen mit Zeitverlust bezahlt – das Basteln, die Suche nach Sonderangeboten oder dem günstigen Preis lassen sich nur auf Kosten langer Wege, Wartezeiten usw. durchführen.

von Bildungskapital darstellt. Er ist nicht übertragbar (wie der Adelstitel) und nicht käuflich (wie der Börsentitel). Genauer gesagt, die Übertragung von kulturellem Kapital vollzieht sich in größter Heimlichkeit, aber auch mit größerem Risiko als die des ökonomischen Kapitals; denn die ständige diffuse Übertragung von Kulturkapital in der Familie entzieht sich dem Bewußtsein ebenso wie aller Kontrolle.[15] Um seine volle Wirksamkeit, zumindest auf dem Arbeitsmarkt, ausspielen zu können, bedarf das kulturelle Kapital deshalb in zunehmendem Maße der Bestätigung durch das Unterrichtssystem, also der Umwandlung in schulische Titel: In dem Maße nämlich, wie der schulische Titel – versehen mit der eigentümlichen Wirksamkeit des »*Offiziellen*« – zur Vorbedingung für den legitimen Zugang zu einer immer größeren Zahl von Positionen, insbesondere herrschenden Positionen wird, tendiert das Unterrichtssystem dazu, der häuslichen Gruppe immer mehr das Monopol für die Übertragung von Macht und Privilegien zu entziehen.

Arbeitsaufgaben

1. *Für die Gesellschaftstheorie Bourdieus sind die Begriffe »Kapital« und »Arbeit« – ähnlich wie bei Karl Marx – von zentraler Bedeutung. Erläutern Sie den Begriff des Kapitals bei Bourdieu und die drei grundlegenden Arten, in denen es in der Gesellschaft auftritt und wirksam wird. Aus welchen Gründen hält Bourdieu diese Erweiterung für erforderlich?*
2. *Welche Formen des »kulturellen Kapitals« sind nach Bourdieu zu unterscheiden, und durch welche Merkmale sind sie jeweils gekennzeichnet? Suchen Sie für die unterschiedlichen Formen kulturellen Kapitals nach Beispielen.*
3. *In welcher Hinsicht unterscheiden sich die Formen der Aneignung von »kulturellem«, »sozialem« und »ökonomischem Kapital«? Veranschaulichen Sie das Gemeinte anhand von »Bildungstiteln«, »Adelstiteln« und »Besitztiteln« etwa in Form von Aktien.*
4. *Auf welche Art und Weise lassen sich kulturelles Kapital, soziales Kapital und ökonomisches Kapital konvertieren, d. h. ineinander umwandeln?*
5. *Aus welchem Grund muß nach Bourdieu die »Vererbung« von kulturellem Kapital in modernen Gesellschaften verschleiert werden? Wieso ist das System schuli-*

15. Deshalb entsteht der Anschein, als beruhe die Aufteilung der verschiedenen Titel, die das Unterrichtssystem zuerkennt, allein auf der Verteilung *natürlicher* Eigenschaften.

scher Auslese nach dem Leistungsprinzip besonders geeignet, diese »Vererbung« zu verschleiern?

6. *Der Wert des Kapitals, insbesondere des kulturellen Kapitals, unterliegt Bourdieu zufolge konjunkturellen Schwankungen. Veranschaulichen Sie dies am Beispiel begehrter Bildungstitel, etwa des Abiturs.*

*Bourdieu/Passeron: Bildungsprivileg und Bildungschancen an der Hochschule

Bourdieu, P./Passeron, J.-C.: Die Illusion der Chancengleichheit. Stuttgart 1971. S. 19–45. *Anm. d. Hrsg.:* Beim Abdruck des Textes wurde auf die Wiedergabe der Anmerkungen verzichtet, da sie sich auf andere Teile des Buches von Bourdieu/Passeron beziehen.

[...] Zweifellos drückt sich auf Hochschulniveau die ursprüngliche Ungleichheit der Bildungschancen vor allem in der Tatsache aus, daß die verschiedenen sozialen Klassen sehr ungleich vertreten sind. Es muß hinzugefügt werden, daß der relative Studentenanteil diese Ungleichheit nur partiell widerspiegelt, da die an der Hochschule am stärksten vertretenen Klassen in der aktiven Bevölkerung am schwächsten vertreten sind. Eine Schätzung der Chancen für den Hochschulbesuch ergibt, daß diese je nach dem Beruf des Vaters von knapp 1 Prozent für Landarbeiterkinder bis zu 70 Prozent für Industriellenkinder und bis zu über 80 Prozent für die Kinder von Freiberuflichen ansteigen. Diese Statistik zeigt, daß das Schulsystem objektiv eine um so totalere Eliminierung vornimmt, je unterprivilegierter die Klassen sind. Seltener dagegen werden die verborgeneren Formen zur Kenntnis genommen, in denen sich die Ungleichheit der Bildungschancen manifestiert, wie beispielsweise die Abdrängung der Kinder aus den unteren und mittleren Klassen auf bestimmte Fakultäten und die Verlängerung oder Unsicherheit im Studiengang.

Die Chancen für den Hochschulbesuch sind das Ergebnis einer Auslese, die die gesamte Schulzeit hindurch mit einer je nach der sozialen Herkunft der Schüler unterschiedlichen Strenge gehandhabt wird; bei den unterprivilegierten Klassen führt dies ganz einfach zu *Eliminierung*. Die Aussichten auf Hochschulbesuch sind für den Sohn eines Führungskaders achtzigmal größer als für den eines Landarbeiters und vierzigmal größer als für den eines Arbeiters; dabei sind sie immer noch doppelt so groß wie die für Söhne mittlerer Kader. Aufgrund der Statistiken lassen sich für den Hochschulbesuch vier Kategorien erkennen: Für die Kinder der unterprivilegierten Klassen besteht heute nur eine symbolische Chance zum Hochschulbesuch (weniger als 5 Prozent); die Chancen für bestimmte mittlere Schichten (Angestellte, Handwerker, Kaufleute), deren Anteil in den letzten Jahren gestiegen ist, betragen 10 bis 15 Prozent; für die mittleren Kader haben sich die Chancen demgegenüber verdoppelt (etwa 30 Prozent), für die Führungskader und freien Berufe liegen sie wiederum doppelt so hoch (bis zu 60 Prozent). Ein derartiges Gefälle der objektiven Bildungschancen wirkt sich, selbst wenn es den Betroffenen nicht klar zu Bewußtsein kommt, doch tausendfach im täglichen Erfahrungsbereich aus. Auf diese Weise entsteht, entsprechend dem sozialen Milieu, die Vorstellung vom Studium als einer »unerreichbaren«, »möglichen« oder »normalen« Zukunfsaussicht, wonach sich wiederum die Wahl des Ausbildungsganges richtet. Die Bildungserwartung sieht für das Kind eines Führungskaders zwangsläufig anders aus als für ein Arbeiterkind; die Chancen des ersteren für den Hochschulbesuch betragen mehr als *50 Prozent*, es erlebt in seiner Umgebung und der eigenen Familie das Studium als einen gewöhnlichen, alltäglichen Weg, wogegen das letztere, mit knapp *2 Prozent* der Chancen, Studium und Studenten indirekt nur aus anderen Milieus kennt. [...]

Innerhalb dieser herkunftsbedingten ungleichen Verteilung der Bildungschancen sind Jungen und Mädchen im großen und ganzen gleichgestellt. Die leichte Benachteiligung der Mädchen ist jedoch in den unteren Klassen spürbarer: Die Chancen der Mädchen zum Hochschulbesuch betragen, allgemein gerechnet, etwas mehr als 8 Prozent, die der Jungen 10 Prozent; auf den unteren Stufen der gesellschaftlichen Hierarchie ist der Unterschied größer, bei Führungskadern und mittleren Kadern verringert er sich oder gleicht sich ganz aus.

Die Ungleichheit der Bildungschancen zeigt sich außerdem in der *Einschränkung der Studienwahl*. Darum darf angesichts der Tatsache, daß Jungen und Mädchen gleicher sozialer Herkunft annähernd gleiche Chancen zum Hochschulbesuch haben, nicht übersehen werden, daß sie bei Beginn ihres Studiums wahrscheinlich nicht die gleichen Fächer wählen. Ganz allgemein werden die Mädchen, unabhängig von ihrer sozialen Herkunft, mit großer Wahrscheinlichkeit in die Philosophische Fakultät gehen, die Jungen in die Naturwissenschaftliche Fakultät: Die traditionellen Modelle der Arbeits- und Begabungsteilung zwischen den Geschlechtern wirken sich hier aus. Die Mehrzahl der Mädchen ist verurteilt, sich in der Philosophischen und Naturwissenschaftlichen Fakultät auf einen Lehrberuf vorzubereiten. [...]

Ganz allgemein unterliegt die Studienwahl der unteren Klassen einer größeren Beschränkung als die der Privilegierten, die der Studentinnen einer größeren als die Studenten, wobei sich die Benachteiligung der Mädchen um so deutlicher zeigt, je niedriger ihre Herkunft ist. Während sich die geschlechtsbedingte Benachteiligung vor allem in einer Abdrängung auf die Philosophische Fakultät auswirkt, hat die herkunftsbedingte insgesamt viel schwerwiegendere Folgen. Die Kinder der unterprivilegierten Klassen werden unmittelbar eliminiert; die wenigen übriggebliebenen sind in ihren Wahlmöglichkeiten stark eingeengt. Diese Studenten bezahlen den Besuch der Hochschule, die ihnen nicht fünf, sondern nur zwei Pforten öffnet, mit der Unfreiwilligkeit ihrer Entscheidung für die Philosophische oder Naturwissenschaftliche Fakultät. Die Aussichten der Söhne und Töchter von Führungskadern zum Jura-, Medizin- oder Pharmakologiestudium betragen 33,5 Prozent, die der Kinder mittlerer Kader 23,9 Prozent, die der Arbeiterkinder 17,3 Prozent, die der Landarbeiterkinder 15,3 Prozent.

Die bedingten Chancen einer Einschreibung in die Philosophische Fakultät für Studenten einer bestimmten sozialen Kategorie zeigen aber nur unvollständig, in welcher Weise die Kinder aus unterprivilegierten Schichten *abgedrängt* werden. Es handelt sich hier um zwei interferierende Phänomene: Die Philosophische Fakultät, und in ihrem Rahmen Fächer wie Soziologie, Psychologie oder Sprachen, kann auch als *Refugium* für Studenten aus den Oberschichten mit der stärksten Bildungsbeteiligung dienen; sozial zum Studium »verpflichtet«, wenden sie sich mangels wirklicher Berufung Fächern zu, die wenigstens den Schein gesellschaftlicher Legitimation verbürgen. Dem relativen Studentenanteil einer bestimmten sozialen Schicht kommt also kein eindeutiger Aussagewert zu, da die Philosophische Fakultät für die einen Zwang, für die anderen Refugium ist.

Wenn sich in der unfreiwilligen Wahl der Philosophischen oder Naturwissenschaftlichen Fakultät die Ungleichheit der Bildungschancen für die unteren und mittleren Klassen ausdrückt (auch dann, wenn dieses Schicksal subjektiv als Berufung empfunden wird), wenn das Studium der Naturwissenschaften in geringerem Maß an die soziale Herkunft gebunden zu sein scheint und wenn es wahr ist, daß der Einfluß der sozialen Herkunft in der Philosophischen Fakultät am stärksten ist, erscheint es legitim, die Philosophische Fakultät als das geeignete Feld zu wählen, um die bei der Ungleichheit der Bildungschancen wirksamen kulturellen Faktoren zu analysieren: Die Synchronschnitte der Statistik zeigen hier nur die Endergebnisse: Eliminierung, Abdrängung, Studienzeitverlängerung. Paradoxerweise leiden die am stärksten kulturell Benachteiligten unter dieser Benachteiligung gerade in jenen Fächern, in die sie aufgrund ihrer Benachteiligung abgedrängt werden.

Daß die »Sterblichkeitsrate« im Bildungswesen so stark nach sozialen Schichten variiert, erklärt sich nicht allein aus den wirtschaftlichen Hindernissen. Die Größe der kulturellen Hindernisse, die die Kinder aus unterprivilegierten Klassen zu überwinden haben, wird bereits daran deutlich, daß noch auf Hochschulebene signifikante Unterschiede im Verhalten und in den Fähigkeiten zwischen Studenten verschiedener sozialer Herkunft bestehen, obwohl sie sämtlich fünfzehn bis zwanzig Jahre lang der homogenisierenden Wirkung der Schule ausgesetzt waren. Hinzu kommen die vielfältigen und oft indirekten Wege, auf denen das Bildungswesen die Kinder aus unterprivilegierten Klassen eliminiert. Wer doch bis auf die

Hochschule gelangt, verdankt dies besonderer Anpassungsfähigkeit oder einem ungewöhnlich günstigen Familienmilieu.

Die soziale Herkunft ist zweifellos unter allen Differenzierungsfaktoren derjenige, der sich im Studentenmilieu am stärksten auswirkt, stärker jedenfalls als Geschlecht und Alter, vor allem aber stärker als ein so manifester Faktor wie die Religion beispielsweise.

Die soziale Herkunft ist mit den durch sie bedingten unterschiedlichen Chancen, Lebens- und Arbeitsverhältnissen unter allen Determinanten diejenige, deren Einfluß sich auf sämtliche Gebiete und alle Stufen des studentischen Erfahrungsbereichs, vor allem aber auf die Existenzbedingungen erstreckt. Die Wohnverhältnisse und die damit verbundene Lebensführung, die Höhe der finanziellen Mittel und ihre Verteilung auf die verschiedenen Budgetposten, Stärke und Art des Abhängigkeitsgefühls, das nach der Quelle der finanziellen Mittel variiert, wie die Art der Erfahrung und die mit ihrem Erwerb verbundenen Wertvorstellungen hängen unmittelbar von der sozialen Herkunft ab, deren unmittelbare Wirkung sie gleichzeitig ablösen.

Diese Unterschiede sind zu evident, um in Zweifel gezogen zu werden. Daher sucht man im allgemeinen im Studium selbst nach dem Definitionsprinzip, um die Vorstellung von der Einheitlichkeit und vereinheitlichenden Wirkung der Studentensituation aufrechtzuerhalten. Wie verschieden die Studenten sonst auch sein mögen, eine Rolle ist ihnen gemeinsam, das Student-Sein, das heißt, sie sind, selbst wenn ihnen aller Eifer und alle Übung mangeln, im Hinblick auf ihre berufliche Zukunft objektiv und subjektiv einer Institution unterworfen, die mit dem Examen ein wesentliches Mittel zum gesellschaftlichen Erfolg monopolisiert. Aber daß die Studenten sich in der gleichen Situation befinden, bedeutet nicht, daß sie sie auch in der gleichen Art und vor allem kollektiv erfahren.

Als Benutzer des Bildungswesens sind die Studenten zugleich dessen Produkt, und keine andere soziale Kategorie ist so stark in ihren aktuellen Verhaltensweisen und Fähigkeiten durch das früher Erworbene geprägt. Die soziale Herkunft ist, wie eine beträchtliche Anzahl von Untersuchungen ergeben hat, für den gesamten Bildungsgang und besonders an dessen großen Wendepunkten ausschlaggebend: Das Bewußtsein, daß ein Studium (besonders in manchen Fächern) teuer ist und verschiedene Berufe ein Vermögen voraussetzen, die ungleiche Information über Studien- und Berufsmöglichkeiten, kulturelle Vorbilder, die bestimmte Berufe und Fächer (Latein zum Beispiel) mit einem bestimmten sozialen Milieu verbinden, und endlich die gesellschaftlich bedingte Fähigkeit, sich den im Bildungswesen herrschenden Vorbildern, Regeln und Wertvorstellungen anzupassen, bilden eine Gesamtheit von Faktoren, aufgrund derer man sich »am richtigen Platz« oder »fehl am Platz« fühlt und entsprechend beurteilt wird. Sie bewirken bei gleicher Befähigung eine nach Gesellschaftsklassen ungleiche Erfolgsquote, vor allem in jenen Fächern, die schon vorhandenes intellektuelles Handwerkszeug, kulturelle Gewohnheiten oder finanzielle Möglichkeiten voraussetzen. So ist zum Beispiel erwiesen, daß der Studienerfolg eng mit der (wirklichen oder scheinbaren) Fähigkeit zusammenhängt, die dem Bildungswesen spezifische Sprache zu beherrschen, und daß diejenigen, die eine humanistische Bildung genossen haben, besonders erfolgreich sind. Daran wird deutlich, daß die aktuellen Erfolge oder Mißerfolge, die von Studenten und Professoren (die nur in der Kategorie von Studienjahren denken) gerne der unmittelbaren Vergangenheit, wenn nicht überhaupt der Begabung oder der Persönlichkeit zugeschrieben werden, in Wirklichkeit von frühzeitigen Orientierungen abhängig sind, die unweigerlich durch das familiäre Milieu bestimmt werden. Die unmittelbare Wirkung der aus dem Herkunftsmilieu übernommenen kulturellen Gewohnheiten und Möglichkeiten wird also verstärkt und multipliziert durch die frühzeitigen Orientierungen (welche ihrerseits durch die Primärdeterminaten bestimmt sind). Sie lösen eine Kettenreaktion weiterer Determinanten aus, die deshalb so wirksam sind, weil sie der inneren Logik des Bildungswesens zu gehorchen scheinen, dessen Sanktionen die soziale Ungleichheit gerade dann verschärfen, wenn sie sie scheinbar ignorieren.

In einer Studentenpopulation ist nur noch das Endergebnis einer Gesamtheit von seit langer Zeit wirksamen, herkunftsbedingten Einflüssen greifbar. Die ursprünglichen Nachteile von Studenten aus den unteren Klassen, die der Eliminierung entgangen sind, haben sich aufgrund verfrühter und durch mangelhafte Information entstandener Orientierungen, aufgrund unfreiwilliger Fächerwahl und Studienzeitverlängerung in einen Bildungsrückstand verwandelt. So beträgt zum Beispiel bei einer Gruppe von Studenten der Philosophischen Fakultät der Prozentsatz derer, die in der höheren Schule Latein gelernt haben, bei Arbeiter- und Bauernkindern 41 Prozent und steigt bei Kindern von Führungskadern und Freiberuflichen bis zu 83 Prozent, womit *a fortiori* (da es sich um Studenten der Philosophischen Fakultät handelt) der Zusammenhang zwischen sozialer Herkunft und humanistischer Bildung mit all ihren Studienvorteilen evident wird. Ein anderes Indiz für den Einfluß des Familienmilieus liefert die Tatsache, daß die Anzahl der Studenten, die nach eigener Angabe die Fächer für den ersten und zweiten Teil des *baccalauréat* auf Anraten ihrer Familie gewählt haben, mit der gesellschaftlichen Herkunft steigt, während parallel dazu der Einfluß des Lehrers geringer wird.

Analoge Unterschiede lassen sich in der Einstellung zum Studium beobachten. Studenten bürgerlicher Herkunft vertreten entschiedener die Begabungsideologie und sind stärker von ihrer eigenen Begabung überzeugt (was zusammengehört), sie kennen, wie alle anderen Studenten auch, die Techniken der intellektuellen Arbeit, bringen aber jenen Arbeitsmethoden, die im allgemeinen mit dem romantischen Bild vom intellektuellen Abenteuer als unvereinbar gelten (eine Kartei führen, fester Stundenplan und so weiter), größere Verachtung entgegen. Der willkürliche Charakter des intellektuellen Engagements bei Studenten aus den oberen Klassen zeigt sich noch in den subtilen Modalitäten der Berufswahl und des Studienverhaltens. Während diese Studenten von ihrer Berufung und ihren Fähigkeiten überzeugter sind und ihr vorgegebener oder wirklicher Eklektizismus und mehr oder minder ergiebiger Dilettantismus sich in einer größeren Vielfalt kultureller Interessen ausdrücken, ist bei Studenten anderer Klassen eine stärkere Abhängigkeit von der Universität festzustellen. Fragt man Soziologiestudenten, ob sie lieber ihre eigene Gesellschaft, die der Entwicklungsländer oder aber Ethnologie studieren wollen, so ergibt sich, daß die Vorliebe für »exotische« Themen und Gebiete parallel zur gesellschaftlichen Herkunft steigt. Legt die Tatsache, daß die privilegiertesten unter den Studenten schneller Mode-Ideen aufgreifen (indem sie zum Beispiel das Studium der »Mythologien« als das eigentliche Thema der Soziologie betrachten) nicht die Vermutung nahe, daß ihr bisheriges behütetes Dasein sie darauf vorbereitet, mehr dem Lustprinzip als dem Realitätsprinzip zu gehorchen? [...]

Man muß sich in der Tat hüten, in der distanzierteren Einstellung bürgerlicher Studenten zum Studium nur einen Nachteil zu sehen, der andere Privilegien aufheben könnte: Intelligenter Eklektizismus gestattet vielmehr gerade, den größten Nutzen aus dem Angebot der Universität zu ziehen. Nichts hindert einen Teil (ungefähr ein Drittel) der privilegierten Studenten, das, was für andere ein Nachteil sein kann, in ein Privileg umzuwandeln, da die Universität paradoxerweise – wie wir sehen werden – die Kunst, zu ihren Werten und Fächern Distanz zu wahren, besonders honoriert.

Die privilegiertesten Studenten verdanken ihrem Herkunftsmilieu nicht nur Gewohnheiten, Fähigkeiten und Einstellungen, die für das Studium unmittelbar nützlich sind; sie haben auch andere Kenntnisse, Verhaltensweisen, Interessen und einen »guten Geschmack« ererbt, die dem Studium indirekt zugute kommen. »Freie« Interessen, implizite Bedingung für einen Studienerfolg in bestimmten Fächern, sind ganz unterschiedlich auf die Studenten verschiedener Herkunft verteilt; dieses Gefälle läßt sich jedoch nicht einfach aus der Ungleichheit des Einkommens erklären. Das kulturelle Privileg ist nachzuweisen, wo es um die Vertrautheit mit Kunstwerken geht, die nur durch regelmäßigen Theater-, Museums- oder Konzertbesuch entstehen kann (die Schule organisiert solche Besuche nicht oder nur sporadisch). Dies gilt besonders für die modernsten und am wenigsten »schulmäßigen« Werke.

Die Wirkung des Privilegs wird meist nur in ihren brutalsten Formen, Empfehlungen, Beziehungen, Hilfe bei den Schularbeiten, Nachhilfeunterricht, Information über Bildungs- und Berufsmöglichkeiten zur Kenntnis genommen. Im wesentlichen wird das kulturelle Erbe aber diskreter, indirekter und vielfach ohne methodische Bemühungen und greifbare Maßnahmen vermittelt. Gerade in den »kultiviertesten« Klassen sind Ermahnungen und eine bewußte Einführung in die Kultur fast überflüssig. Im Gegensatz zum kleinbürgerlichen Milieu, wo die Eltern meist nur den guten Willen zur Bildung weitergeben können, gehen von einem kultivierten Milieu diffuse Reize aus, durch deren geheime Überzeugungskraft das kulturelle Interesse mühelos geweckt wird.

Die Unterschiede in den kulturellen Interessen und Möglichkeiten, die sich immer auf Privilegien oder soziale Nachteile zurückführen lassen, wirken sich im Hinblick auf konkrete Studienanforderungen nicht immer gleich aus: Die unterprivilegierten Studenten können mangels anderer Möglichkeiten durch schulmäßigen Eifer, indem sie beispielsweise Theaterstücke lesen, ihre Benachteiligung kompensieren. Während die cineastische Bildung gemäß der Logik des Privilegs auftritt, derzufolge Studenten aus gutsituiertem Milieu Lust und Muße genug haben, ihre kulturellen Gepflogenheiten auf außerschulische Bereiche auszudehnen, werden die Filmklubs, eine zugleich sparsame, kompensatorische und quasi schulische Einrichtung, vor allem von Studenten der mittleren Klassen frequentiert. Für die Angehörigen der unterprivilegierten Klassen bleibt schulmäßiges Lernen auf allen Stufen des Bildungsganges der einzig mögliche Zugang zur Kultur; das Erziehungswesen könnte infolgedessen der Königsweg zur Demokratisierung der Bildung sein, wenn es die ursprünglichen Unterschiede im Bildungsniveau nicht dadurch, daß es sie ignoriert, perpetuieren würde; indem es Schularbeiten als zu »schulmäßig« verwirft, wertet es die von ihm vermittelte Bildung zugunsten der ererbten Kultur ab, welche ohne die Spuren vulgärer Anstrengung durch die Attribute der Leichtigkeit und Grazie besticht.

Da sich die Studenten durch ein ganzes System milieubedingter Einstellungen, Fähigkeiten und Vorkenntnisse unterscheiden, sind sie im Studium nur *formal* gleichgestellt. Die Unterschiede sind nicht immer statistisch greifbar und eindeutig differenzierbar; sie sind durch Systeme kultureller Besonderheiten bedingt, welche die Studenten zum Teil mit ihrer Herkunftsschicht gemein haben, auch wenn sie es nicht wahrhaben wollen. Sowohl Inhalt und Form der Berufspläne als auch die Art, wie das Studium betrieben wird, und ebenso die freie Wahl der künstlerischen Interessen, kurz alles, was die Beziehung einer Studentengruppe zum Studium ausmacht, läßt das Grundverhältnis der jeweiligen Herkunftsschicht zur Gesamtgesellschaft, zum sozialen Erfolg und zur Kultur erkennen.

Jeder Unterricht, besonders in den Bildungsfächern (aber auch in den Naturwissenschaften), setzt implizit gewisse Grundkenntnisse, Techniken und vor allem Ausdrucksmöglichkeiten voraus, die das Privileg der gebildeten Klassen sind. Als Erziehung *ad usum delphini* vermittelt die humanistische Schulbildung ein Wissen zweiten Grades, das auf einem ganzen Schatz von Erfahrungen ersten Grades aufbaut, auf Lektüre, die durch die väterliche Bibliothek angeregt und ermöglicht wird, auf Theaterbesuch, bei dem einem die Wahl abgenommen ist, auf Reisen in Form kultureller Wallfahrten, auf Gesprächen voll von Andeutungen, die nur der bereits Gebildete versteht. Muß daraus nicht eine fundamentale Chancenungleichheit entstehen, da alle ein Spiel mitspielen müssen, das unter dem Vorwand der Allgemeinbildung eigentlich nur für Privilegierte bestimmt ist? [...]

Zu meinen, wenn man allen gleiche wirtschaftliche Mittel bereitstelle, gäbe man auch allen, sofern sie die unerläßliche »Begabung« mitbrächten, gleiche Chancen für den Aufstieg in die höchsten Stufen der Bildungshierarchie, hieße in der Analyse der Hindernisse auf halbem Wege stehenbleiben und übersehen, daß die an Prüfungskriterien gemessenen Fähigkeiten weit mehr als durch natürliche »Begabung« (die hypothetisch bleibt, solange sich der unterschiedliche schulische Erfolg auf andere Ursachen zurückführen läßt) durch die mehr oder minder große Affinität zwischen den kulturellen Gewohnheiten einer Klasse und den Anforderungen des Bildungswesens oder dessen Erfolgskriterien bedingt sind. Für die sogenannten Bildungsfächer, von denen zu einem großen Teil die Chancen für ein Elitestudium (Ecole Nationale d'Administration, Polytechnique, aber auch die *agrégation* in der Philosophischen Fakultät) abhängen, müssen sich die Schüler Kenntnisse und Techniken aneignen, die niemals ganz frei von gesellschaftlichen Wertvorstellungen sind und oftmals im Gegensatz zu denen der eigenen Herkunftsklasse stehen. Für Kinder von Arbeitern, Bauern, Angestellten und Einzelhändlern bedeutet Schulbildung immer zugleich Akkulturation.

Daß die Betroffenen selbst ihre Ausbildung selten als Verzicht oder Verleugnung empfinden, liegt daran, daß das zu erringende Wissen in der Gesamtgesellschaft ein hohes Prestige genießt und den Zugang zur Elite symbolisiert. Es besteht ein entscheidender Unterschied zwischen der Leichtigkeit beim Erwerb der Schulbildung (um so größer, je höher die soziale Herkunft) und der Lernwilligkeit (am größten in den Mittelschichten). Obwohl der Wunsch nach Aufstieg durch Bildung in den unteren Klassen ebenso stark ist wie in den mittleren Klassen, muß er illusionär und abstrakt bleiben, solange die objektiven Chancen für seine Verwirklichung minimal sind. Ohne eine Ahnung von der Statistik, die feststellt, daß nur zwei von hundert Arbeiterkindern die Hochschule erreichen, verhalten die Arbeiter sich so, wie es die empirische Einschätzung der realen Chancen nahelegt. Das Kleinbürgertum dagegen ist als Übergangsklasse am stärksten schulisch orientiert, da ihm das Bildungswesen Erfüllung all seiner Erwartungen verheißt, indem es die Werte des Sozialaufstiegs und des kulturellen Prestiges verbindet. Der Unterschied zwischen mittleren und unteren Klassen (auf den die ersteren Wert legen) besteht darin, daß die mittleren Klassen der Elitekultur, von der auch sie häufig nur einen vagen Begriff haben, eine entschiedene Anerkennung zollen. Diese zeugt von ihrer Bildungswilligkeit, dem unbestimmten Wunsch, an der Kultur teilzuhaben. Die Bauern- und Arbeiterkinder sind sowohl in bezug auf leichtes Lernen als auch in bezug auf ihre Bildungsbereitschaft doppelt benachteiligt: Bis vor kurzem unterstützte das Familienmilieu noch nicht einmal jenen Lerneifer, der es den mittleren Klassen ermöglicht, Besitzlosigkeit durch Besitzwillen zu kompensieren; es bedurfte einer kontinuierlichen Erfolgsserie (und außerdem eines hartnäckigen Volksschullehrers), bis das Kind die höhere Schule besuchen durfte, und so fort.

Wenn überhaupt an solche Selbstverständlichkeiten erinnert werden muß, dann, weil der Erfolg einiger weniger zu oft vergessen läßt, daß diese das kulturelle Handikap nur aufgrund außergewöhnlicher Fähigkeiten und eines ungewöhnlichen familiären Milieus überwinden konnten. Da manche Studenten den Hochschulbesuch einzig einer nicht abreißenden Kette von Wundern und Anstrengungen verdanken, kann es geschehen, daß die relative Gleichheit unter den mit ganz unterschiedlicher Strenge ausgelesenen Studenten die fundamentale Ungleichheit verbirgt.

Selbst wenn der Schulerfolg sich gleichmäßig auf die Kinder der mittleren Klassen und die Kinder der gebildeten Klassen verteilte, blieben sie durch subtile Unterschiede im kulturellen Verhalten getrennt. Es kann vorkommen, daß ein Lehrer, der einen »brillanten« oder »begabten« Schüler einem »fleißigen« vorzieht, vielfach nur die sozial bedingte Einstellung zur Bildung beurteilt. Ein Student aus den mittleren Klassen, der dazu neigt, die Schulpflichten ernst zu nehmen und das seinem Milieu spezifische Berufsethos (beispielsweise den Kult gewissenhafter und mühseliger Arbeit) auf das Lernen zu übertragen, wird nach den Bildungskriterien der Elite beurteilt, die von vielen Lehrern um so bereitwilliger übernommen werden, als sie ihr selbst erst seit ihrer »Bestallung« angehören. Die aristokratische Vorstellung von Bildung und intellektueller Arbeit deckt sich so weitgehend mit dem, was allgemein als vollendete Bildung angesehen wird, daß ihr selbst jene erliegen, die Elitetheorien ablehnen, und dadurch gehindert werden, über die Forderung nach formaler Gleichheit hinauszugehen.

Sobald jedoch kleinbürgerliches Ethos den Kriterien der Elite standhalten muß und am Dilettantismus des kultivierten Sohns aus gutem Hause gemessen wird, der sein Wissen mühelos erworben hat und, seines Heute und Morgen gewiß, mit distanzierter Eleganz auftreten und das Risiko der Virtuosität eingehen kann, kehrt sich das Wertsystem um, indem es durch eine Bedeutungsverschiebung Ernsthaftigkeit in Sturheit und Arbeitsethos in spitzfindige und kleinliche Strebsamkeit abwertet. Die Schulbildung orientiert sich aber so stark an der Elitekultur, daß ein Kind aus kleinbürgerlichem und mehr noch aus bäuerlichem oder Arbeitermilieu mühsam erwerben muß, was Kinder der gebildeten Klasse mitbekommen: Stil, Geschmack, Esprit, kurz, die Leichtigkeit und Lebensart, die dieser Klasse, da es ihre eigene Kultur ist, natürlich sind. Für die einen bedeutet Elitekultur eine teuer erkaufte Eroberung, für die anderen ein Erbe, das durch seinen mühelosen Erwerb auch Versuchungen in sich birgt.

Der Einfluß sozialer Differenzierungsfaktoren macht sich also, auch wenn er verkannt oder verdrängt wird, im Studentenmilieu geltend, allerdings nicht in Form eines mechanischen Determinismus. Man muß sich zum Beispiel vor der Annahme hüten, das kulturelle Erbe begünstige alle, die seiner teilhaftig werden, automatisch in gleicher Weise. Tatsächlich lassen sich zumindest zwei Arten der Einstellung zum Privileg und zwei verschiedene Wirkungsweisen desselben beobachten. Die Gefahr einer Vergeudung bringt das Erbe als solches mit sich, besonders, wenn es sich um kulturelles Erbe handelt, also um einen Besitz, bei dem die Art des Erwerbs das Erworbene selbst konstituiert. Wird das Erbe nur zum oberflächlichen Zeitvertreib der guten Gesellschaft genutzt, ist es auf den verschiedenen Stufen des Bildungsgangs weniger rentabel als das unerläßliche Bemühen der Studenten aus den unteren Klassen um die sichersten Investitionen. Wird das kulturelle Erbe dagegen rational eingesetzt, begünstigt es den Erfolg, ohne dabei an die mehr oder minder begrenzten reinen Studienanforderungen zu fesseln; ein gebildetes Milieu kann durch seine Vertrautheit mit den eigentlichen intellektuellen und wissenschaftlichen Werten den Einfluß der Lehrer relativieren, der auf den anderen mit zu großer Autorität und übermäßigem Prestige lastet. Ebenso leicht ließe sich nachweisen, daß Kinder aus unterprivilegierten Klassen – obwohl sie mit großer Gewißheit durch die Macht ihres sozialen Schicksals erdrückt werden – in Ausnahmefällen gerade in ihrer extremen Benachteiligung einen Ansporn sehen können, um ihre Lage zu überwinden. [. . .]

Arbeitsaufgaben

1. *Bourdieu stützt sich bei seinen Aussagen zur Bedeutung der sozialen Herkunft für den Erfolg im Bildungssystem auf Daten der französischen Hochschulstatistik der 60er Jahre. Vergleichen Sie diese Daten mit den nachfolgenden Zahlenangaben (Tab. 1) über die soziale Herkunft deutscher Studenten und Studentinnen, und überprüfen Sie, inwiefern Bourdieus Annahmen zutreffend sind.*
2. *Vergleichen Sie die Erklärungen Bourdieus für die ungleichen Erfolgschancen von Heranwachsenden im Wettbewerb um hohe Bildungsabschlüsse mit denjenigen von Parsons.*
3. *Auch nach Bourdieu gibt es Ausnahmen von der Regel, daß Kinder der Unterschichten in der Konkurrenz um hohe Bildungsabschlüsse scheitern. Wie lassen sich nach seiner Auffassung solche Ausnahmen erklären? Und welchen Preis müssen sie nach Bourdieu für ihren Erfolg zahlen?*
4. *Folgt man den Untersuchungen Bourdieus, so besteht ein starker Zusammenhang zwischen der sozialen Herkunft der Studierenden und ihrer Fächerwahl. Beschreiben Sie diesen Zusammenhang, und überprüfen Sie, ob er sich anhand neuerer Ergebnisse zum Studienwahlverhalten deutscher Studierender belegen läßt.*
5. *Wie erklärt Bourdieu den Zusammenhang zwischen sozialer Herkunft und Studienfachwahl der Studierenden? Welche Bedeutung haben bei seiner Erklärung die unterschiedlichen finanziellen Ressourcen der Herkunftsfamilie?*
6. *Nach Bourdieu beeinflußt nicht allein die soziale Herkunft, sondern auch das Geschlecht die Studienfachwahl. Fassen Sie seine diesbezüglichen Forschungsergebnisse zusammen, und vergleichen Sie sie mit den neueren Ergebnissen der nachfolgenden Hochschulstatistik. (Tab. 2)*
7. *Nicht nur die Zugangschancen zur Hochschule und die Fächerwahl, sondern auch die Einstellung zum Studium und das reale Studienverhalten hängen nach Bourdieu in starkem Maße von den Einflüssen in der Familie ab. Skizzieren Sie seine Annahmen zu unterschiedlichen Habitusformen bei Studierenden.*
8. *Bourdieu ist der Auffassung, daß der Habitus der privilegierten sozialen Schichten in der Regel eine günstigere Voraussetzung für den Studienerfolg darstellt als der-*

jenige anderer Sozialschichten. Mit welchen Hinweisen versucht er, diese These zu belegen?

9. *Folgt man der Analyse Bourdieus hinsichtlich der ungleichen Studienerfolgschancen an der Universität, so lassen sich daraus Folgerungen für eine Reorganisation der universitären Lehre ableiten. Wie könnten solche Konsequenzen aussehen?*

Tabelle 1: Studienanfängerquoten an Hochschulen ohne Fachhochschulen nach sozialer Herkunft im Studienjahr 1987/88 (Schätzung)

Bildung und berufliche Stellung des Familienvorstandes (Bevölkerung) bzw. des Vaters (Studienanfänger)	Geschätzte deutsche Bevölkerung entspr. Alters	Deutsche Studienanfänger	
	in 1.000	absolut	in % von Spalte 1
Selbständige mit Hochschulabschluß	10,5	8.577	81,7
Selbständige ohne Hochschulabschluß	148,2	23.257	15,7
Zusammen	158,7	31.834	20,1
Beamte mit Abitur	33,5	22.557	67,3
Beamte mit mittlerem Abschluß	30,3	6.293	20,8
Beamte ohne mittleren Abschluß	37,8	5.535	14,6
Zusammen	101,6	34.385	33,8
Angestellte mit Abitur	35,4	20.629	58,3
Angestellte mit mittlerem Abschluß	104,0	20.291	19,5
Angestellte ohne mittleren Abschluß	173,7	22.562	13,0
Zusammen	313,1	63.482	20,3
Arbeiter mit Lehrabschluß	258,9	14.558	5,6
Arbeiter ohne Lehrabschluß	112,0	2.151	1,9
Zusammen	370,9	16.709	4,5
Insgesamt	944,8	146.347	15,5

Aus: Köhler, Helmut: Bildungsbeteiligung und Sozialstruktur in der Bundesrepublik. Zu Stabilität und Wandel der Ungleichheit von Bildungschancen. Studien und Berichte 53. Hrsg. vom Max-Planck-Institut für Bildungsforschung. Berlin 1992. S. 95.

Tabelle 2: Studienanfängerquoten an Hochschulen ohne Fachhochschulen nach sozialer Herkunft und Geschlecht im Studienjahr 1987/88 (Schätzung)

Bildung und berufliche Stellung des Familienvorstandes (Bevölkerung) bzw. des Vaters (Studienanfänger)	Männer			Frauen		
	Geschätzte dt. Bevölkerung entspr. Alters	dt. Studienanfänger		Geschätzte dt. Bevölkerung entspr. Alters	dt. Studienanfänger	
	in 1.000	absolut	in % von Spalte 1	in 1.000	absolut	in % von Spalte 4
Selbständige mit Hochschulabschluß	5,4	4.630	85,7	5,1	3.947	77,4
Selbständige ohne Hochschulabschluß	75,3	12.815	17,0	72,9	10.442	14,3
Zusammen	80,7	17.445	21,6	78,0	14.389	18,4
Beamte mit Abitur	17,0	11.988	70,5	16,5	10.569	64,1
Beamte mit mittlerem Abschluß	15,6	3.555	22,8	14,7	2.738	18,6
Beamte ohne mittleren Abschluß	19,4	3.307	17,0	18,4	2.228	12,1
Zusammen	52,0	18.850	36,3	49,6	15.535	31,3
Angestellte mit Abitur	18,0	11.079	61,6	17,4	9.550	54,9
Angestellte mit mittlerem Abschluß	49,0	11.823	24,1	55,0	8.468	15,4
Angestellte ohne mittleren Abschluß	89,8	13.394	14,9	83,9	9.168	10,9
Zusammen	156,8	36.296	23,1	156,3	27.186	17,4
Arbeiter mit Lehrabschluß	136,9	8.764	6,4	122,0	5.794	4,7
Arbeiter ohne Lehrabschluß	58,8	1.323	2,3	53,2	828	1,6
Zusammen	195,7	10.087	5,2	175,2	6.622	3,8
Insgesamt	484,9	82.678	17,1	458,9	63.669	13,9

Aus: Köhler, Helmut: Bildungsbeteiligung und Sozialstruktur in der Bundesrepublik. Zu Stabilität und Wandel der Ungleichheit von Bildungschancen. Studien und Berichte 53. Hrsg. vom Max-Planck-Institut für Bildungsforschung. Berlin 1992. S. 96.

Bourdieu: Plädoyer für eine rationale Hochschuldidaktik

Bourdieu, P.: Pädagogische Folgerungen: Plädoyer für eine rationale Hochschuldidaktik. In: Ders./ Passeron, J. G.: Die Illusion der Chancengleichheit. Untersuchungen zur Soziologie des Bildungswesens am Beispiel Frankreichs. Stuttgart 1971. S. 82–92.

Blindheit gegenüber sozialer Ungleichheit zwingt und berechtigt zugleich, jegliche Ungleichheit, besonders aber die des akademischen Erfolgs, als natürliche, als Ungleichheit der Begabung anzusehen[1]. Eine derartige Haltung entspricht der Logik eines Systems, das – um funktionieren zu können – die formale Gleichheit aller Studenten postulieren muß und das infolgedessen keine andere Ungleichheit als die individueller Begabung anerkennen kann. [...]

Könnte es anders sein? Das Erziehungssystem muß – abgesehen von seinen sonstigen Funktionen – Individuen hervorbringen, die ein für allemal und für das ganze Leben ausgewählt und in eine Rangordnung eingestuft sind. Wenn man innerhalb dieser Logik soziale Privilegien oder Nachteile berücksichtigen und den Anspruch erheben wollte, die Individuen nach ihrem tatsächlichen Verdienst, das heißt gemessen an den überwundenen Hindernissen einzustufen, bedeutete das in letzter, *bis zum Absurden* getriebener Konsequenz entweder einen Wettbewerb nach Klassen (wie beim Boxkampf), oder aber man wäre gezwungen – wie in der Kantischen Verdienstethik –, den algebraischen Unterschied zwischen dem Ausgangspunkt, das heißt den gesellschaftlich bedingten Möglichkeiten, und dem Endresultat, das heißt dem an den Prüfungsergebnissen ablesbaren Erfolg zu messen, kurz gesagt, man müßte nach dem Handikap einstufen. [...]

Auslesende wie Ausgelesene beachten die sozialen Handikaps wohl deshalb nicht, weil die Hochschule, um ausgelesene und auslesbare Studenten produzieren zu können, einen unbestrittenen Konsens in bezug auf das Ausleseverfahren

---

1. Wenn wir hervorheben, daß die Berufung auf Begabungsunterschiede unter bestimmten Bedingungen ideologische Funktion hat, wollen wir nicht die natürliche Ungleichheit menschlicher Fähigkeiten bestreiten; selbstverständlich gehen wir davon aus, daß es keinen Grund für die Annahme gibt, die Zufälle der Genetik verteilten die Begabungsunterschiede ungleichmäßig auf die verschiedenen Gesellschaftsschichten. Aber das ist eine abstrakte Einsicht; die soziologische Forschung muß deshalb in jedem Fall von dem Verdacht ausgehen, daß scheinbar natürliche Ungleichheit in Wirklichkeit gesellschaftlich bedingte kulturelle Ungleichheit ist, die sie systematisch aufdecken muß. Erst wenn keine andere Erklärung mehr bleibt, darf sie auf die »Natur« schließen. Ungleichheit unter Menschen in einer gegebenen gesellschaftlichen Situation darf daher niemals mit Gewißheit auf natürliche Gegebenheiten zurückgeführt werden; solange nicht alle Formen, in denen gesellschaftliche Ungleichheitsfaktoren wirksam sind, erforscht, nicht alle pädagogischen Mittel zu ihrer Ausschaltung erschöpft sind, ist Zweifel immer angebracht.

besitzen beziehungsweise herstellen muß, der durch die Einführung konkurrierender Prinzipien relativiert würde. Wer sich auf das Spiel einläßt, muß die Regeln eines Wettbewerbs anerkennen, in dem ausschließlich die Kriterien des Studienerfolgs zählen. Die französische Universität ist darin offenbar besonders erfolgreich, da das Bestreben, in der als absolut genommenen Universitätshierarchie möglichst hoch zu steigen, die konsequentesten und effektivsten Studienanstrengungen hervorruft. Die innere Abhängigkeit von der übernommenen Werthierarchie des akademischen Erfolges ist so groß, daß Studenten, ganz unabhängig von ihren individuellen Interessen und Möglichkeiten, nach Karrieren und Prüfungen drängen, die im Schulsystem an oberster Stelle stehen; dies ist einer der Gründe für die sonst oft unerklärliche Anziehungskraft der *agrégation* oder der *grandes écoles* und – ganz allgemein – der abstrakten Studien, die ein höheres Prestige genießen. [...]

Kurz, in einem System, dessen Funktion darin besteht, ausgelesene und miteinander vergleichbare Studenten zu produzieren, ist das Ausleseverfahren, das bei vollkommen formaler Gleichheit nur die am Examenserfolg gemessenen Leistungen berücksichtigt, indem es grundlegend ungleiche Kandidaten gleichen Prüfungen und gleichen Kriterien unterwirft und dadurch der wahren Gerechtigkeit widerspricht, trotzdem das einzig angemessene Verfahren. Die Logik dieses Systems schließt jedoch keineswegs den Versuch aus, die Berücksichtigung der tatsächlichen Ungleichheit *in die Lehre selbst* einzubeziehen.

Die privilegierten Klassen rechtfertigen ihre kulturellen Privilegien mit einer Ideologie, die man als charismatisch bezeichnen könnte (da sie nach »Gaben« und »Begabung« wertet), wobei die gesellschaftliche Erbschaft in individuelle Begabung oder persönliches Verdienst umgewertet wird. In dieser Maskierung kann ein »Klassenrassismus« auftreten, der sich seiner selbst niemals bewußt wird. Diese Alchimie gelingt um so besser, als die unteren Klassen ihr keineswegs ein anderes Bild des Studienerfolges entgegenstellen, sondern ihrerseits den Essentialismus der oberen Klassen übernehmen und ihre Unterprivilegierung als persönliches Schicksal erleben. [...]

Als junge Lehrlinge sind die Studenten um so anfälliger für den Essentialismus, als sie – immer auf der Suche nach sich selbst – existentiell vom eigenen Tun betroffen sind. Die Professoren, Inkarnation des Studienerfolges und ewige Richter über die Fähigkeiten anderer, werden durch Berufsmoral und Selbstgefühl dazu verleitet, Fähigkeiten, die sie selbst mehr oder weniger mühsam erworben haben, ebenso wie die Fähigkeit, Fähigkeiten zu erwerben, auf persönliche Begabung zurückzuführen; und dies um so mehr, als das Bildungssystem ihnen Mittel genug bietet, einer Selbstreflexion auszuweichen, die Zweifel an sich selbst als Person und als Vertreter der gebildeten Klasse aufkommen lassen könnte. Die Professoren neigen um so mehr zur charismatischen Ideologie, die die Willkür des kulturellen Privilegs rechtfertigt, als sie häufig den mittleren Klassen oder Lehrerfamilien entstammen und an den Privilegien der Bourgeoisie in ihrer Eigenschaft als Intellektuelle nur partiell teilhaben. Vielleicht wird darum die *agrégation* so entschieden verteidigt, weil sie eines der Privilegien darstellt, das ausschließlich vom persönlichen Erfolg bestimmt und durch eine (formal) höchst demokratische Prozedur garantiert zu sein scheint. [...]

Es wird jetzt klar, warum schon die einfache Beschreibung der sozialen Unterschiede und der durch sie hervorgerufenen Ungleichheit der Bildungschancen keine bloße Routinearbeit ist und in sich selbst bereits das gegenwärtige System prinzipiell in Frage stellt. Die Enthüllung des kulturellen Privilegs vernichtet die apologetische Ideologie, die es den privilegierten Klassen als hauptsächlichen Nutznießern des Bildungssystems gestattet, ihren Erfolg als Bestätigung naturgegebener und persönlicher Begabung anzusehen: Da die Begabungsideologie vor allem auf Blindheit gegenüber der sozialen Ungleichheit der Bildungschancen beruht, hat die einfache Beschreibung der Relation zwischen Studienerfolg und sozialer Herkunft bereits kritische Sprengkraft. Auch die Studenten aus den unteren Klassen sind gezwungen, die eigene Leistung nach der charismatischen Ideologie zu beurteilen, und halten deshalb ihr Tun für ein bloßes Produkt ihrer Person, wobei das dunkle Vorgefühl ihres sozialen Schicksals nur die Wahrscheinlichkeit des Scheiterns nach der Logik der *self-fulfilling prophecy* verstärkt. Der implizite Essentialismus der charismatischen Ideologie intensiviert infolgedessen die Wirkung der sozialen Determinanten: Weil die Abhängigkeit des Scheiterns von einer bestimmten sozialen Situation, zum Beispiel der intellektuellen Atmosphäre im Familienmilieu, der Struktur der dort gesprochenen Sprache und der Einstellung zu Bildung und Kultur, die es vermittelt, nicht wahrgenommen wird, kann der schulische Mißerfolg wie selbstverständlich auf fehlende Begabung zurückgeführt werden. Wirklich sind die Kinder der unteren Schichten die prädestinierten und gefügigen Opfer dieser essentialistischen Definition, auf die ungeschickte (und, wie wir gesehen haben, zur soziologischen Relativierung ihrer Urteile kaum geneigte) Lehrer die Individuen fixieren. Eine Mutter, die von – und oft vor – ihrem Sohn sagt, er sei »schlecht in Französisch«, macht sich zur Komplizin des Systems und übt in dreierlei Hinsicht einen schlechten Einfluß aus: Erstens deutet sie, da sie nicht weiß, daß die Leistungen ihres Sohnes unmittelbar durch die kulturelle Familienatmosphäre bedingt sind, das Produkt einer Erziehung, die vielleicht zum Teil noch durch pädagogische Maßnahmen korrigiert werden könnte, in ein individuelles Schicksal um. Zweitens zieht sie, mangels Informationen über das Schulwesen und oft auch, weil sie der Autorität der Lehrer nichts entgegenzusetzen hat, aus einer bloßen Note verfrühte und definitive Schlüsse. Schließlich bestärkt sie ihr Kind, indem sie derartige Urteile sanktioniert, in dem Gefühl, von Natur so und nicht anders zu sein. Die soziale Ungleichheit wird auf diese Weise durch die legitimierende Autorität der Schule verdoppelt, da sich die unterprivilegierten Klassen ihres Geschickes zu sehr, seiner Mechanismen aber zu wenig bewußt sind und daher selbst zu seiner Erfüllung beitragen.

Da den Studenten die Ungleichheit der Bildungschancen immer nur partiell und undeutlich bewußt wird, stellen sie oft diffuse Forderungen, die nur die umgekehrte Spiegelung jener Kasuistik sind, aufgrund deren die Professoren beim Examen die Situation des einen als Werkstudenten, des anderen als Waisen und des dritten als Kindergelähmten in ihr Urteil einbeziehen. Die Durchbrechung des Systems dient hier noch seiner Logik; die individuelle Berücksichtigung des Elends ist reiner Paternalismus. In der Ausbildung (als noch etwas zu machen war) hat man soziale Handikaps übersehen, am Tag des Examens scheut man sich nicht, sie (allerdings nur als »Sonderfall«) zu bemerken, weil man hier nur zur Großzügigkeit verpflichtet ist. Kurz, Studenten und Professoren könnten versucht sein, sich auf das soziale Handikap als Alibi oder Entschuldigung zu berufen, um sich den formalen Anforderungen des Bildungswesens zu entziehen. Eine andere Form dieses Verzichts, gefährlicher, da mit dem Anschein von Logik und soziologischem Relativismus umgeben, ist die populistische Illusion, die zu der Forderung führen könnte, eine Parallelkultur mit eigenen Bildungsgängen für die unteren Klassen zu schaffen, die dem traditionellen Bildungswesen formal gleichgestellt wäre. Es genügt nicht festzustellen, daß das Bildungswesen die Kultur einer bestimmten Klasse repräsentiert, da diese Feststellung isoliert gerade zur Verewigung des gegenwärtigen Zustands beiträgt.

Selbstverständlich sind bestimmte Anforderungen des Bildungswesens, wie schriftliche und mündliche Sprachbeherrschung oder Vielseitigkeit, für die gelehrte Bildung konstitutiv und werden es immer bleiben. Ein Literaturprofessor darf sprachliche und rhetorische Virtuosität, die ihm nicht ohne Grund eng mit dem Gehalt der Bildung, die er vermittelt, verbunden scheint, aber nur dann erwarten, wenn er diese Fähigkeiten als das, was sie sind, ansieht, nämlich als Techniken, die durch Übung erworben werden können, und wenn er es sich gleichzeitig zur Aufgabe macht, allen die Möglichkeit zu ihrem Erwerb zu geben. Bei der augenblicklichen Beschaffenheit der Gesellschaft und der pädagogischen Traditionen bleibt die Vermittlung der intellektuellen Techniken und Denkgewohnheiten, auf denen das Bildungssystem aufbaut, in erster Linie dem Familienmilieu vorbehalten. Jede wirkliche Demokratisierung setzt also voraus, daß man sie dort lehrt, wo die Unterprivilegierten sie erwerben können: in der Schule; der Bereich dessen, was rational und technisch durch methodisches Lernen erworben werden kann, muß deshalb auf Kosten dessen, was unweigerlich dem Zufall der individuellen Talente und das heißt der Logik der sozialen Privilegien überlassen bleibt, erweitert werden. Man müßte jene Fähigkeiten, die die charismatische Ideologie als totale und unteilbare Begabung ansieht, in schrittweise Lernstufen aufgliedern. Die Studenten müßten sich ihrer heute nur halbbewußten, unbewußten oder verschämten pädagogischen Interessen bewußt werden und die Lehrenden auffordern, ihnen ihr Wissen zugänglich zu machen, statt exemplarische und unnachahmliche Virtuosität hervorzukehren, die vergessen läßt (und selbst vergißt), daß die Gnade mühsam erworben oder sozial ererbt ist. Es ist falsch, daß der Pädagogik endgültig und für ein ganzes Studienjahr Genüge getan ist, wenn man Rezepte liefert, die durch bornierte Zweckhaftigkeit (die berühmten Anleitungen für schriftliche Arbeiten) entwertet sind, oder wenn man sie dadurch ad absurdum führt, daß man sie mit virtuosen Illustrationen begleitet, die keineswegs nur auf diesen Rezepten beruhen. Es lassen sich leicht weitere Beispiele für jene Unaufrichtigkeit anführen, die die Vermittlung von Techniken in ein Ritual zum höheren Ruhm des professoralen Charismas verwandelt: erschreckende und faszinierende Bibliographien, Leselisten, Ermahnungen zu selbständigem Schreiben und Forschen, die sich selbst hohnsprechen, und schließlich die schlimmste aller pädagogischen Fiktionen, die Vorlesung, die sich an nur formal und scheinbar gleiche Studenten richtet. Die rationale Pädagogik müßte erst erfunden werden, und es wäre falsch, sie mit den heute bekannten pädagogischen Verfahren zu verwechseln, die, auf bloßen psychologischen Grundlagen beruhend, de facto einem System dienen, das soziale Ungleichheit übersieht und übersehen will. Wir wollen uns keinesfalls auf die sogenannte wissenschaftliche Pädagogik berufen, die dadurch, daß sie die (formale) Rationalität der Lehre scheinbar steigert, der realen Ungleichheit Vorschub leistet und ihr ein besseres Alibi liefert. Eine wirklich rationale Pädagogik müßte auf einer Analyse der relativen Kosten der verschiedenen Unterrichtsformen (Vorlesungen, Übungen, Seminare, Arbeitsgruppen) und der verschiedenen Typen pädagogischen Handelns (vom bloßen technischen Rat bis hin zur wirklichen Anleitung der Studenten) fußen; eine solche Analyse müßte den Inhalt und die beruflichen Ziele der Ausbildung in Rechnung stellen und niemals außer acht lassen, daß die verschiedenen Formen der pädagogischen Beziehung je nach der sozialen Herkunft der Studenten zu unterschiedlichen Ergebnissen führen. Die Hypothese ist erlaubt, daß sich eine rationale Pädagogik an einer genauen Kenntnis der sozial bedingten kulturellen Ungleichheit orientieren und entschlossen sein müßte, sie zu verringern.

Von allen Lehrfunktionen wird die des möglichst vollständigen und schnellen Erwerbs der materiellen und intellektuellen Techniken intellektueller Arbeit am häufigsten vergessen: Professoren sind an dieser zusätzlichen Arbeit, die kaum Reiz und Prestige verspricht, meist nicht interessiert, Studenten fürchten oft ein verstärktes Abhängigkeitsverhältnis. Professoren und Studenten gehen häufig eine stillschweigende Komplicenschaft ein, die Leistungen, die von Lehrenden und Lernenden erwartet werden können, möglichst niedrig zu veranschlagen. Will sich der Professor als geistiger Führer, als hochqualifizierter Lehrer hochqualifizierter Schüler bestätigen, muß er das ganze Schuljahr über von der Fiktion ausgehen, die Studenten seien freie oder besser autonome Intellektuelle, die selbst imstande sind, einen Arbeitsplan und eine konsequente methodische Disziplin zu organisieren. Er darf niemals als Pauker oder Schulpedant auftreten und beispielsweise den regelmäßigen Besuch der Lehrveranstaltungen oder die pünktliche Ablieferung der Arbeiten verlangen, da damit das illusionäre Bild und Spiegelbild zerstört würde.

Da sich der Student zwangsläufig vor die in jeder Ausbildung notwendigen Anforderungen (regelmäßige Arbeit, Disziplin) gestellt sieht, schwankt er zwischen dem Wunsch nach strengeren Regeln und »Verschulung« des Studentenlebens und dem glanzvollen Ideal edler und freier Arbeit, die über jede Kontrolle und Disziplin erhaben ist. Das gleiche Schwanken und die gleiche Ambivalenz ließe sich in den Erwartungen der Professoren nachweisen. Oft kommt es vor, daß ein Professor, der sich während des ganzen Schuljahres kühn und virtuos gibt, die Arbeiten seiner Studenten nach ganz anderen Kriterien beurteilt, als sein Auftreten hatte vermuten lassen; dadurch tut er kund, daß er die eigene Leistung mit anderen Maßstäben mißt als die der Studenten. Allgemeiner gesagt: Die Professoren entscheiden, mangels methodischer Darlegung der Prinzipien und Bemühungen um Einheitlichkeit, nach besonderen Kriterien, die von Professor zu Professor variieren und die, wie in der »Kadi-Justiz«, unmittelbar an den Einzelfall gebunden bleiben. Man versteht, daß die Studenten im allgemeinen dazu verdammt sind, wie die Auguren zu rätseln, die Geheimnisse der Götter zu erforschen und sich doch mit großer Wahrscheinlichkeit zu täuschen. Es ist ganz offensichtlich nicht nötig, das soziale Handikap der Kandidaten in Rechnung zu stellen, wenn man das Examen rationalisieren und dadurch auf eine Rationalisierung der Einstellung zum Examen hinwirken will, diesen Hort des Irrationalen. Die Studenten aus den gebildeten Klassen können sich tatsächlich noch am besten (oder mit den geringsten Schwierigkeiten) einem System diffuser und impliziter Anforderungen anpassen, da sie selbst implizit die Mittel zu ihrer Erfüllung besitzen. Aufgrund dieser offensichtlichen Affinität zwischen dem Bildungswesen und der Kultur der gebildeten Klassen verfügen Studenten aus diesen Klassen anläßlich der persönlichen Begegnung, wie sie das »Mündliche« darstellt, über jene unwägbaren Qualitäten, die das Urteil des Professors beeinflussen, auch wenn er sie gar nicht bewußt registriert. Die »kleinen Erkennungszeichen« einer Klasse sind um so tückischer, als eine bewußte und ausdrückliche Zurkenntnisnahme der sozialen Herkunft als skandalös empfunden würde.

Jeder Schritt auf dem Weg zu einer wirklichen Rationalisierung in Richtung auf eine Präzisierung der gegenseitigen Anforderungen von Lehrenden und Lernenden oder eine Studienorganisation, die Studenten aus unterprivilegierten Klassen bei der Überwindung ihrer Handikaps helfen könnte, wäre ein Schritt zur Gerechtigkeit: Studenten aus den unteren Klassen, die am stärksten unter dem Einfluß der charismatischen Ideologie und der Tradition leiden und die zugleich von der Hochschule alles erwarten und fordern, würden auch als erste von dem Versuch profitieren, für alle jene sozialen »Gaben« zu erschließen, die die Wahrheit des kulturellen Privilegs ausmachen.

Wenn es das höchste Ziel eines wirklich demokratischen Bildungswesens wäre, *einer möglichst großen Zahl von Individuen in möglichst kurzer Zeit Gelegenheit zum möglichst vollständigen Erwerb möglichst vieler der Fähigkeiten zu geben, die zu einem bestimmten Zeitpunkt akademische Bildung bedeuten*, stände dieses in ebenso krassem Gegensatz zum traditionellen, an der Bildung und Auslese einer Elite aus den oberen Klassen orientierten, wie zum technokratischen Bildungswesen, das auf die Serienproduktion von Spezialisten nach Maß abzielt. Aber die bloße Forderung nach realer Demokratisierung des Bildungswesens genügt nicht. Mangels einer rationalen Pädagogik, die vom Kindergarten bis zur Hochschule methodisch und kontinuierlich die Wirkung der sozialen Faktoren kultureller Ungleichheit zu neutralisieren suchte, kann der politische Wille, allen gleiche Bildungschancen zu geben, die bestehende Ungleichheit selbst dann nicht überwinden, wenn er alle institutionellen und finanziellen Mittel in Bewegung setzte; umgekehrt könnte eine wirklich rationale, das heißt auf einer Soziologie der kulturellen Ungleichheit basierende Pädagogik zweifellos dazu beitragen, die Ungleichheit der Bildungschancen zu verringern. Sie ließe sich jedoch nur dann verwirklichen, wenn alle Bedingungen für eine wirkliche Demokratisierung der

Auslese von Lehrenden und Lernenden gegeben wären, angefangen mit der Entwicklung einer rationalen Pädagogik.

Arbeitsaufgaben

1. *Skizzieren Sie das nach Bourdieu an der Universität, unter ihren Lehrenden und Studierenden, vorherrschende »Denkmuster«, mit dem Studienerfolg und -mißerfolg erklärt und die Selektionsfunktion der Institution Hochschule begründet wird.*
2. *Warum hält Bourdieu dieses »Denkmuster« für eine die wirkliche Funktion des Bildungssystems im allgemeinen und die der Universität im besonderen verschleiernde Beschreibung? Beachten Sie dabei die Fußnote zum Problem der »natürlichen« Begabung und die im vorangegangenen Text referierten Ergebnisse zur sozialen Herkunft der Studierenden und ihrer Fächerwahl.*
3. *Skizzieren Sie die »Mechanismen«, die nach Bourdieu zu unterschiedlichen Erfolgschancen von Studierenden unterschiedlicher Herkunft an der Hochschule führen. Warum bleiben diese »Mechanismen« nicht nur den Hochschullehrerinnen und -lehrern, sondern auch den Studierenden, sogar den Benachteiligten, in der Regel verborgen?*
4. *Mit Hinweis auf die Untersuchungen Bourdieus könnte man jede Leistungsauslese an der Universität grundsätzlich in Frage stellen oder aber dafür plädieren, an die Leistungen der Studierenden je nach sozialer Herkunft unterschiedliche Maßstäbe anzulegen. Mit welchen Argumenten würde Bourdieu solche Schlußfolgerungen ablehnen?*
5. *Fassen Sie die hochschuldidaktischen Überlegungen Bourdieus zum Abbau sozialer Benachteiligungen im Hochschulsystem zusammen, und diskutieren Sie, inwieweit diese aus den 1960er Jahren stammenden Vorschläge Bourdieus inzwischen verwirklicht worden sind.*
6. *Inwiefern könnte man behaupten, daß diese Einführung in Theorien der Sozialisation, deren Ende Sie mit dieser Frage erreicht haben, ein bescheidener Beitrag zu einer rationaleren Hochschuldidaktik im Sinne Bourdieus sein könnte? Worin sehen Sie die Schwächen und Stärken dieses Projekts?*

Anhang

Bibliographie

Bibliographische Nachweise
Literaturempfehlungen

Biliographische Nachweise

Die nachfolgenden Literaturangaben sind nicht als umfassende Bibliographie zur Sozialisationstheorie und -forschung zu verstehen. Sie enthalten nur diejenigen Titel, die in den Texten dieses Studienbuchs in abgekürzter Form genannt wurden.

Arbeitsgruppe Schulforschung: Leistung und Versagen – Alltagstheorien von Schülern und Lehrern. München 1980.

Bourdieu, P.: La distinction. Critique social du jugement. Paris 1979. (Die feinen Unterschiede. Kritik der gesellschaftlichen Urteilskraft. Frankfurt/Main ²1983.)

———: Die verborgenen Mechanismen der Macht. Schriften zu Politik und Kultur 1. Hrsg. v. Margareta Steinrücke. Hamburg 1992.

———: Soziologische Fragen. Frankfurt/Main 1993.

Bourdieu, P./Passeron, J.-C.: Les héritiers. Les etudians et la culture. Paris 1964. (Die Illusion der Chancengleichheit. Untersuchungen zur Soziologie des Bildungswesens am Beipiel Frankreichs. Stuttgart 1971.)

Brandtstätter, J.: Entwicklungsberatung unter dem Aspekt der Lebensspanne: Zum Aufbau eines entwicklungspsychologischen Anwendungskonzeptes. In: Brandtstätter, J./Gräser, H. (Hrsg.): Entwicklungsberatung unter dem Aspekt der Lebensspanne. Göttingen 1985.

Brecht, B.: Flüchtlingsgespräche. Frankfurt/Main 1961.

Brim, O. G.: Sozialisation im Lebenslauf. In: Brim, O. G./Wheeler, S.: Erwachsenen-Sozialisation. Stuttgart 1974.

Brumlik, M./Holtappels, H. G.: Mead und die Handlungsperspektive schulischer Akteure – interaktionistische Beiträge zur Schultheorie. In: Tillmann, K.-J. (Hrsg.): Schultheorien. Hamburg 1987.

Brusten, M./Hurrelmann, K.: Abweichendes Verhalten in der Schule – Eine Untersuchung zu Prozessen der Stigmatisierung. München 1973.

Cranach, M. v./Kalbermatten, U./Indermühle, K./Gugler, B.: Zielgerichtetes Handeln. Bern 1980.

Dahrendorf, R.: Struktur und Funktion. Talcott Parsons und die Entwicklung der soziologischen Theorie. In: Kölner Zeitschrift für Soziologie und Sozialpsychologie 7 (1955), S. 491–519.

Dewey, J.: Demokratie und Erziehung. Eine Einleitung in die philosophische Pädagogik (1916). Braunschweig 1964.

Durkheim, É.: De la division du travail social: Étude sur l'organisation des sociétés supérieures. Paris 1893. (Über soziale Arbeitsteilung: Studie über die Organisation höherer Gesellschaften. Frankfurt/Main 1983.)

———: Les règles de la méthode sociologique. Paris 1895. (Die Regeln der soziologischen Methode. Neuwied 1961.)
———: Le suicide: Étude de sociologie. Paris 1897. (Der Selbstmord. Frankfurt/Main 1983.)
———: Éducation et sociologie. Paris 1911.
———: L'éducation morale. Paris 1934. (Erziehung, Moral und Gesellschaft: Vorlesung an der Sorbonne 1902/1903. Frankfurt/Main 1984.)
Eder, K. (Hrsg.): Klassenlage, Lebensstil und kulturelle Praxis. Theoretische und empirische Beiträge zur Auseinandersetzung mit Pierre Bourdieus Klassentheorie. Frankfurt/Main 1989.
Furtner-Kallmünzer, M./Gardei-Biermann, S.: Leistung, Lehrer und Mitschüler. In: Beisenherz, H.G. u.a.: Schule in der Kritik der Betroffenen. München 1982. S. 21–62.
Geißler, R.: Die Sozialisationstheorie von Talcott Parsons. Anmerkungen zur Parsons-Rezeption in der deutschen Soziologie. In: Kölner Zeitschrift für Soziologie und Sozialpsychologie (31). Opladen 1979, S. 267–281.
Geulen, D.: Das vergesellschaftete Subjekt. Frankfurt 1977.
Geulen, D./Hurrelmann, K./Ulich, D. (Hrsg.): Handbuch der Sozialisationsforschung. Weinheim 1980.
Gottlieb, B.H.: Social Support Strategies. Beverly Hills 1983.
Gripp, H.: Jürgen Habermas: und es gibt sie doch – zur kommunikationstheoretischen Vernunft bei Jürgen Habermas. Paderborn 1984.
Habermas, J.: Strukturwandel der Öffentlichkeit. Frankfurt/Main 1961.
———: Stichworte zu einer Theorie der Sozialisation. (1968) In: Ders.: Kultur und Kritik. Verstreute Aufsätze. Frankfurt/Main 1973. S. 125 ff.
———: Legitimationsprobleme im Spätkapitalismus. Frankfurt/Main 1973.
———: Moralentwicklung und Ich-Identität. In: Ders.: Zur Rekonstruktion des Historischen Materialismus. Frankfurt/Main 1976. S. 63–91.
———: Theorie des kommunikativen Handelns. 2 Bände. Frankfurt/Main 1981.
———: Erläuterungen zur Diskursethik. Frankfurt/Main 1991.
———: Faktizität und Geltung. Frankfurt/Main 1992.
Haferkamp, H.: Soziologie als Handlungstheorie. Opladen 1975.
Hargreaves, D.H.: Reaktionen auf soziale Etikettierung. In: Asmus, H.J./Peukert, R. (Hrsg.): Abweichendes Schülerverhalten. Heidelberg 1979. S. 141–154.
Hartshorne, N./May, M.A.: Studies in the Nature of Character. Bd. 1, Studies in Deceit. New York 1928.

Hartshorne, N. /May, M. A. /Maller, J. B.: Studies in the Nature of Character. Bd. 2, Studies in Service and Self-control. New York 1929.

Hartshorne, N. /May, M. A. /Shuttleworth, F.: Studies in the Nature of Character. Bd. 3, Studies in Organization of Character. New York 1930.

Hauck, G.: Geschichte der soziologischen Theorie. Eine ideologiekritische Einführung. Reinbek 1984.

Heinze, Th.: Unterricht als soziale Situation. Zur Interaktion von Schülern und Lehrern. München 1976.

Higgins, A.: Reasearch and Measurement Issues in Moral Education Interventions. In: Mosker, R. (Hrsg.): Moral Education. New York 1980. S. 92 – 107.

Holtappels, H. G.: Abweichendes Verhalten oder Schulalltagsbewältigung? Subjektive Deutungsmuster von Schülern zu Problemen im Schulalltag. In: Die Deutsche Schule 1 (1984). S. 18 – 30.

———: Schülerprobleme und abweichendes Verhalten aus der Schülerperspektive. Bochum 1987.

Hurrelmann, K. (Hrsg.): Lebenslage, Lebensalter, Lebenszeit. Weinheim 1986.

Hurrelmann, K. /Rosewitz, B. /Wolf, H. K.: Lebensphase Jugend. Weinheim / München 1985.

Hurrelmann, K. /Ulich, D. (Hrsg.): Neues Handbuch der Sozialisationsforschung. Weinheim /Basel [4]1991.

Jensen, S.: Einleitung. In: Parsons, T.: Zur Theorie sozialer Systeme. Opladen 1976.

Kant, I.: Kritik der praktischen Vernunft. Werkausgabe. Hrsg. von W. Weischedel. Bd. 7. Frankfurt [5]1980.

Krebs, R. /Kohlberg, L.: Moral Judgement and Ego Controls as Determinants of Resistance to Cheating. In: Kohlberg, L. /Candee, D. (Hrsg.): Reasearch in Moral Development. Cambridge 1985.

Lerner, R. M. /Rossnagel N. A. (Hrsg.): Individuals as Producers of their Development. A Life-Span Perspective. New York 1981.

Lockwood, A.: The Effects of Value Clarification and Moral Development on School-Age Subjects: A Critical Review of Recent Research. Review of Educational Research 48. S. 325 – 364.

Mayntz, R.: Stichwort »pattern variables«. In: Bernsdorf, W. (Hrsg.): Wörterbuch der Soziologie. Bd. 2. Frankfurt /Main 1972 b. S. 608 – 611.

———: Stichwort »strukturell-funktionale Theorie«. In: Bernsdorf, W. (Hrsg.): Wörterbuch der Soziologie. Bd. 3. Frankfurt /Main 1972 a. S. 836 – 839.

Mead, G. H.: Mind, Self, and Society from the Standpoint of a Social Behaviorist. Hrsg. von Ch. W. Morris. Chicago 1934. (Geist, Identität und Gesellschaft aus der Sicht des Sozialbehaviorismus. Frankfurt/Main 1973.)

Oerter, R./Montada, L. (Hrsg.): Entwicklungspsychologie. München 1982.

Parsons, T.: Sozialstruktur und Persönlichkeit. Frankfurt/Main 1968 b.

———: Systematische Theorie in der Soziologie. Gegenwärtiger Stand und Ausblick. In: Rüschemeyer, D. (Hrsg.): Talcott Parsons' Beiträge zur soziologischen Theorie. Neuwied ²1968 a, S. 31–64.

———: The Social System. Glencoe 1951.

———: Zur Theorie sozialer Systeme. Opladen 1976.

Parsons, T./Bales, R. T.: Socialization and Interaction Process. Glencoe 1955.

Parsons, T./Shiles, E. A. (Hrsg.): Toward a General Theory of Action. Cambridge/MA 1951.

Parsons, T./N. S. Smelser: Family, Socialization, and Interaction Process. Glencoe/IL 1955.

Projektgruppe Jugendbüro und Hauptschülerarbeit: Die Lebenswelt von Hauptschülern. München 1975.

Projektgruppe Jugendbüro: Subkultur und Familie als Orientierungsmuster. Zur Lebenswelt von Hauptschülern. München 1977.

Raths, L. E. u. a.: Werte und Ziele. Methoden zur Sinnfindung im Unterricht. München 1976.

Silbereisen, R.: Entwicklung als Handlung im Kontext. In: Zeitschrift für Sozialisationsforschung und Erziehungssoziologie 6 (1986). S. 29–46.

Silbereisen, R./Kastner, P.: Jugend und Problemverhalten. In: Oerter, R./Montada, L. (Hrsg.): Entwicklungspsychologie. München 1986.

Simon, S. B. u. a.: Values Clarification. A Handbook of Practical Strategies for Teachers and Students. New York 1972.

Wittpoth, J.: Rahmungen und Spielräume des Selbst. Ein Beitrag zur Theorie der Erwachsenensozialisation im Anschluß an George H. Mead und Pierre Bourdieu. Frankfurt/Main 1994.

Emile Durkheim, Erziehung, Moral und Gesellschaft: Vorlesung an der Sorbonne 1902–1903.

Übersetzung: Ludwig Schmidts.

Literaturempfehlungen

Die nachfolgenden Literaturempfehlungen beschränken sich auf wenige Titel. Es werden lediglich das wichtigste Handbuch, eine Zeitschrift und drei Gesamtdarstellungen zum Thema Sozialisation genannt, wobei die Monographien – ähnlich wie dieses Studienbuch – den Charakter von Einführungen haben. Diese wenigen Titel können und sollen zugleich dazu dienen, weiterführende Literatur zu einzelnen Sozialisationstheorien und empirischen Forschungsergebnissen zu erschließen.

Böhnisch, L. (Hrsg.): Pädagogische Soziologie. Eine Einführung. 2. überarbeitete und erweiterte Auflage. Weinheim/München 2003. [Ein anspruchsvoller Versuch, die Bedeutung soziologischer Theorien und Forschungsstrategien für die Analyse pädagogischer Interaktionen und Institutionen deutlich zu machen.]

Fend, H.: Sozialisierung und Erziehung. Eine Einführung in die Sozialisierungsforschung. Weinheim/Berlin/Basel [8]1976. [Eine etwas ältere, aber noch immer lesenswerte Darstellung, die für die Rezeption sozialisationstheoretischer Fragestellungen und Forschungen in der Erziehungswissenschaft seit den 60er Jahren von großer Bedeutung war.]

Hurrelmann, K.: Einführung in die Sozialisationstheorie. Über den Zusammenhang von Sozialstruktur und Persönlichkeit. Weinheim/Basel [9]2006. [Die Perspektive, unter der der Autor den Themenbereich Sozialisation und Sozialisationstheorie bearbeitet, läßt sich im ersten Quellentext des vorliegenden Studienbuchs nachlesen.]

Hurrelmann, K./Ulich, D. (Hrsg.): Handbuch der Sozialisationsforschung. Weinheim/Basel [6]2002. [Bei dieser Veröffentlichung handelt es sich um ein unverzichtbares Nachschlagewerk zu allen zentralen Bereichen der Sozialisationsforschung. Das Themenspektrum reicht von der Darstellung klassischer Theorieansätze über Ausführungen zu Methoden der Sozialisationsforschung, zu zentralen Sozialisationsinstanzen wie Familie, Schule, Beruf bis hin zur Erörterung einzelner Dimensionen der Sozialisation wie Sprache, Kognition, Wertorientierungen u. a. Besonders wertvoll sind die umfassenden bibliographischen Hinweise zu den jeweiligen Beiträgen des Handbuchs.]

Tillmann, K.-J.: Sozialisationstheorien. Eine Einführung in den Zusammenhang von Gesellschaft, Institution und Subjektwerdung. Reinbek [14]2006. [Dieses Buch, das aus einer Vorlesung zu diesem Thema entstanden ist, verbindet eine Einführung in klassische Sozialisationstheorien mit der Darstellung zentraler, für eine umfassende Theorie der Sozialisation unentbehrlicher Entwicklungs- und Lerntheorien einerseits und einer Erörterung einzelner Bereiche der Sozialisation, z. B. geschlechtsspezifischer und schulischer Sozialisation andererseits.]

Zeitschrift für Soziologie der Erziehung und Sozialisation. 1 (1980) ff. [Ein interdisziplinäres Publikationsorgan, das über neueste Forschungsarbeiten zum Thema Sozialisation und Erziehungssoziologie informiert.]